21世纪普通高等院校系列规划教材

中美食品贸易案例解析

ZHONGMEI SHIPIN MAOYI ANLI JIEXI

主　编　韩大平
副主编　许倩倩

西南财经大学出版社
中国 · 成都

图书在版编目(CIP)数据

中美食品贸易案例解析 / 韩大平主编 .—成都:西南财经大学出版社,2018. 12

ISBN 978-7-5504-3617-6

Ⅰ.①中… Ⅱ.①韩… Ⅲ.①中美关系—食品—双边贸易—研究 Ⅳ.①F752.771.2

中国版本图书馆 CIP 数据核字(2018)第 165020 号

中美食品贸易案例解析

主　编　韩大平

副主编　许倩倩

责任编辑:植　苗

助理编辑:金欣蕾

封面设计:杨红鹰　张姗姗

责任印制:朱曼丽

出版发行	西南财经大学出版社(四川省成都市光华村街 55 号)
网　　址	http://www.bookcj.com
电子邮件	bookcj@foxmail.com
邮政编码	610074
电　　话	028-87352211　87352368
照　　排	四川胜翔数码印务设计有限公司
印　　刷	郫县犀浦印刷厂
成品尺寸	185mm×260mm
印　　张	11.25
字　　数	237 千字
版　　次	2018 年 12 月第 1 版
印　　次	2018 年 12 月第 1 次印刷
书　　号	ISBN 978-7-5504-3617-6
定　　价	40.00 元

山东省
基于四位一体理念的创业教育创新实验区系列教材
编委会

总序

人才培养质量是大学的生命线，人才培养质量改革是大学发展永恒的主题。人才培养的优势和特色，决定着学校的发展方向、前途和命运。自2007年3月起，德州学院组织全体教授认真学习研究了《教育部财政部关于实施高等学校本科教学质量与教学改革工程的意见》和《教育部关于进一步深化本科教学改革全面提高教学质量的若干意见》两个重要文件，先后出台了《德州学院关于深化教学改革全面提高教学质量的意见》《德州学院关于人才培养模式改革的实施意见》和《德州学院人才培养模式创新实验区建设与管理办法（试行）》三个执行文件。2009年年初，德州学院决定集全校之力，开展创业型人才培养模式创新实验区建设工作。

德州学院于2011年3月17日制定了《德州学院关于培养创新性应用型人才的实施意见》，提出了创新性应用型人才的教育改革思路。2011年10月，德州学院决定以经管类创业教育创新实验区建设为试点，集全校之力，开展创新创业型人才培养模式改革工作；同时明确了创业教育创新实验区的任务，即扎实开展创业型人才培养模式的理论研究和实践探索，总结培养创新性应用型人才的经验和教训，为创建山东省应用型人才培养特色名校提供理论支持和工作经验。2012年8月，德州学院基于四位一体理念的创业教育创新实验区，被山东省教育厅评为省级人才培养模式创新实验区。

从国家与山东省经济发展战略来看，急需培养一大批创新性应用型人才。目前，我国经济正在从工业化初期向工业化后期转变，以培养基础扎实的专业型人才为主要目标的人才培养模式暴露出了不能满足社会多元化需求的缺陷，造成了大量学生的就业困难。人才培养模式的改革，首先，需要转变教育理念。教育不能局限于知识的传授，教师的作用应该是培养学生的自学能力，注重发掘学生的特长，帮助学生形成良好的个性品质，树立培养学生创新与创业精神的教育理念。其次，要调整培养目标，应该以适应地方经济和社会发展变化的岗位工作需要为导向，把培养目标转向知识面宽、能力强、素质高、适应能力强的复合型人才上来，同时，把质量标准从单纯的学术专业水平标准变成社会适应标准。最后，要改变培养方式。要与社会对接和交流，要从封闭式走向开放式，同时，应该加快素质教育和能力培养内容与方法的改革，全面提升学生的社会适应能力和不同环境下的应变能力，把学生培养成为具有较高的创新意识，长于行动、勇担风险、百折不挠的创新创业型人才。

人才培养内容与方法的改革是人才培养模式改革的核心内容。创新实验区工作小组对德州学院创业型人才培养目标从政治方向、知识结构、应用能力、综合素质、就业岗位、办学定位和办学特色七个方面进行了综合描述，从经管类人才培养的知识结构、能力结构和综合素质三个方面进行了规格设计，针对每一项规格制订了相应的课程、实验、实习实训、专业创新设计、科技文化竞赛等教学环节培养方案，构建形成了以能力为主干，创新为核心，素质、知识、能力和就业和谐统一的理论教学体系、实践教学体系和创新创业教学体系。

人才培养内容与方法的改革是人才培养模式改革的核心内容。创新实验区工作小组提出，要以创业教育创新实验区系列教材编写与使用为突破口，利用3~5年的时间，初步实现课程教学从知识传授向能力培养的转型。这标志着德州学院人才培养模式改革进入核心与攻坚阶段，既是良好的机遇，更面临巨大的挑战。

这套创业教育创新实验区系列教材的编写基于以下逻辑：德州学院经济管理学院率先完成了创新性应用型人才培养理论教学体系、实践教学体系和创新创业性创业教育教学体系的框架构建，其中，理论课程内容的创新在理论教学体系改革中居于核心和统领地位。该人才培养内容与方法的创新把专业课程划分为核心课程、主干课程、特色课程三类，分别采取不同的建设措施，其中，核心课程建设按照强化专业知识、培养实践能力和提高学生素质的要求，划分为经典课程教学选用、案例与实训教程设计和教师教学指导设计三个环节进行建设。

这套创业教育创新实验区系列教材是在许许多多的人，包括学校教务处、学生处、经管学院教师和部分学生家长的共同努力下完成的，凝聚了大家的智慧和心血。希望这套教材能为新建本科院校的创新性应用型人才培养特别是人才培养模式的改革创新探索出一条成功之路。

季桂起

2013年10月

前言 Foreword

自2009年德州学院开展山东省创业教育创新实验区创建活动以来，德州学院在2012年被山东省教育厅评为省级人才培养模式创新实验区。由创新创意实验区、产品（创意）研发实验区、创业计划实验区和创业企业孵化区四部分构成的实验区的整体规划已基本完成。

2013年，实验区按照规划建设任务和教育部办公厅印发的《普通本科学校创业教育教学基本要求（试行）》（教育厅〔2012〕4号）编写了《创业基础》和《创业基础案例与实训》公共选修课教材，并在全校范围内开设了创业基础、创业融资、创业营销、创业与就业等公共选修课程，取得了积极的反应和良好的效果。

根据创业教育创新实验区工作小组安排，中美食品贸易案例解析课程教学团队正式编写《中美食品贸易案例解析》教材，实验区把中美食品贸易案例解析课程列为知识传授位置，所以，本教材各章节结构安排及特点如下：

本书通过对美国食品贸易法规的全面系统的解析，同时分析美国食品贸易法规对我国食品贸易的影响，提出相应的应对措施，不仅有利于我国正确应对美国食品安全标准贸易壁垒，更有利于我国食品出口贸易的长远发展。

本书由韩大平担任主编，并负责全书写作框架的拟定，编写的组织与管理、章节要点审核与指导，以及全书编纂工作。具体章节如下：

本书共分为六章。第一章中美贸易概述，从人口、资源和环境的视角概述中美食品贸易对两国经济增长和社会发展的影响及意义；第二章美国食品贸易法规政策，主要介绍了美国食品HCCAP管理体系、美国食品中微生物限量标准、致敏原标识标准、农药兽药残留限量标准、营养标签法规、有机食品标准、转基因食品标准、食品添加剂限量标准；第三章反倾销与食品贸易，对中美反倾销法进行阐述，并分析了中国食品遭遇反倾销的原因及以后的应对措施；第四章美国食品贸易法规对我国食品贸易的影响，分析了我国食品安全监管存在的不足及其原因，提出完善监管的对策建议；第五章中国应对美国食品贸易法规的措施，从政府、地方部门、食品企业等方面提出应对措施；第六章典型案例评析，对四个案例进行深入详细的分析和点评。

本书可以作为普通高等学校和高职高专院校公共选修课教学使用，也可以作为管理类专业本科学生自学之参考书。由于主编和编写人员能力有限，本书存在的不当之处，欢迎广大读者和同行给予指导、批评。

编者

2018 年 3 月

目录

第一章　中美贸易概述

第一节　中国进出口贸易概况

一、中国进出口总体情况

除了2009年，从2004年到2012年，中国进出口贸易总额都保持较快的增速。2004—2012年中国进出口的有关数据见表1.1。

表1.1　2004—2012年中国进出口总体情况　金额单位：亿美元

年份	进出口		出口		进口		差额
	总额	增速（%）	总额	增速（%）	总额	增速（%）	
2004	11 545.54	35.7	5 933.26	35.4	5 612.29	36.0	320.97
2005	14 219.06	23.2	7 619.53	28.4	6 599.53	17.6	1 020.00
2006	17 604.39	23.8	9 689.78	27.2	7 914.61	19.9	1 775.17
2007	21 765.72	23.6	12 204.56	26.0	9 561.16	20.8	2 643.40
2008	25 632.60	17.8	14 306.93	17.3	11 325.67	18.5	2 981.26
2009	22 075.35	-13.9	12 016.12	-16.0	10 059.23	-11.2	1 956.89
2010	29 740.01	34.7	15 777.54	31.3	13 962.47	38.8	1 815.07
2011	36 418.64	22.5	18 983.81	20.3	17 434.84	24.9	1 548.97
2012	38 670.75	6.2	20 487.64	7.9	18 183.11	4.3	2 304.53

资料来源：中国海关统计。

二、中国出口的主要品种

由于我国具有丰富的劳动力资源，因此我国的劳动力密集型农产品的生产和出口具有比较优势。在加入 WTO 后，我国这些产品的比较优势逐步得到发挥，出口比重稳步提高，因而我国食品出口的产品特征明显。由表 1.2 可知，食品及活动物的出口总值从 2005 年的 224.81 亿美元增长到 2012 年的 520.8 亿美元，饮料及烟类的出口总值也从 2005 年的 11.83 亿美元增长到 2012 年的 25.9 亿美元，增速都比较快。

表 1.2　　2005—2012 年中国出口结构　　单位：亿美元

	2005 年	2006 年	2007 年	2008 年	2009 年	2010 年	2011 年	2012 年
总值	7 619.53	9 689.78	12 204.56	14 306.93	12 016.12	15 777.54	18 983.81	20 487.64
初级产品	490.39	529.25	615.47	778.48	630.99	817.17	1 005.52	1 005.81
食品及活动物	224.81	257.22	307.51	327.64	326.03	411.53	504.97	520.80
饮料及烟类	11.83	11.93	13.96	15.30	16.41	19.06	22.76	25.90
非食用原料	74.85	78.62	91.54	113.46	81.56	116.02	149.78	143.41
矿物燃料、润滑油及有关原料	176.21	177.76	199.44	316.35	203.83	267.00	322.76	310.26
动、植物油脂及蜡	2.68	3.73	3.03	5.74	3.16	3.56	5.26	5.45
工业制成品	7 129.60	9 161.47	11 564.68	13 506.98	11 385.64	14 962.16	17 980.48	19 483.54
化学品及有关产品	357.72	445.31	603.56	793.09	620.48	875.87	1 147.87	1 136.29
按原料分类的制成品	1 291.26	1 748.36	2 198.94	2 617.43	1 847.75	2 491.51	3 196.00	3 331.68
机械及运输设备	3 522.62	4 563.64	5 771.89	6 733.25	5 904.27	7 803.30	9 019.12	9 644.22
杂项制品	1 941.91	2 380.29	2 968.53	3 346.06	2 996.7	3 776.80	4 594.10	5 357.18
未分类的其他商品	16.09	23.88	21.76	17.15	16.45	14.68	23.39	14.17

资料来源：中国海关统计。

以出口食品货值为例，我国出口食品货值列前十位的品种分别为：水产品及其制品、蔬菜及其制品、罐头、果汁及饮料、粮食制品、谷物、禽肉及其制品、干果及坚果、其他加工食品、茶叶。

三、中国出口的市场结构

目前，我国商品出口到 200 多个国家和地区。我国的主要贸易伙伴国有日本、美国、韩国、俄罗斯、德国、马来西亚、荷兰、印度尼西亚、英国等。2005—2012

年我国出口分国别（地区）情况见表 1.3。

表 1.3　2005—2012 年我国出口分国别（地区）情况　单位：亿美元

	2005 年	2006 年	2007 年	2008 年	2009 年	2010 年	2011 年	2012 年
总值	7 619.53	9 689.78	12 204.56	14 306.93	12 016.12	15 777.54	18 983.81	20 487.64
亚洲	3 664.31	4 558.36	5 680.11	6 632.95	5 685.97	7 320.66	8 991.42	10 069.63
日本	839.92	916.39	1 022.71	1 161.34	979.11	1 210.61	1 482.98	1 516.43
韩国	351.09	445.26	561.41	739.51	536.80	687.71	829.24	876.81
中国香港	1 244.81	1 553.85	1 844.32	1 907.43	1 662.33	2 183.17	2 680.25	3 235.27
中国台湾	165.50	207.35	234.58	258.78	205.05	296.77	351.12	367.79
东盟成员	553.71	713.14	941.79	1 141.43	1 062.97	1 382.07	1 700.83	2 042.72
新加坡	166.33	231.85	296.38	323.00	300.66	323.48	355.70	407.52
非洲	186.83	266.90	372.90	508.40	477.36	599.58	730.99	853.20
欧洲	1 656.37	2 153.72	2 878.82	3 428.91	2 647.34	3 552.04	4 136.16	3 964.24
欧盟成员	1 437.12	1 860.01	2 451.92	2 928.78	2 362.84	3 112.35	3 560.20	3 339.89
英国	189.77	241.63	316.58	360.69	312.77	387.71	441.25	462.99
德国	325.28	403.16	487.18	591.74	499.20	680.47	764.35	692.18
法国	116.40	139.10	203.26	233.04	214.60	276.54	299.97	269.00
意大利	116.91	159.73	211.72	266.09	202.44	311.41	336.98	256.57
荷兰	258.77	308.61	414.13	459.10	366.82	497.06	595.00	589.04
俄罗斯	132.12	158.32	284.89	330.05	175.14	296.13	389.04	440.58
拉丁美洲	236.83	360.29	515.43	714.77	570.96	918.21	1 217.31	1 352.17
北美洲	1 746.77	2 191.37	2 521.84	2 741.79	2 385.68	3 058.61	3 501.17	3 801.30
加拿大	116.54	155.17	193.97	217.89	176.75	222.17	252.68	281.26
美国	1 629.00	2 034.72	2 327.04	2 522.97	2 208.16	2 833.04	3 244.93	3 517.96
大洋洲	128.87	160.10	211.05	258.63	249.32	330.23	408.95	448.80
澳大利亚	110.62	136.25	179.94	222.38	206.46	272.26	339.10	377.40

四、中国出口食品的安全性

根据我国食品出口所遭遇的技术性贸易壁垒，我们可以大体分析出我国食品出口的不合格产品主要有哪些。它们主要包括以下几种：

1. 水果

2004 年以来，因农药残留等问题，中国的水果在越南一直难以打开市场，中国水果在越南甚至要用“韩国水果”的包装才能顺利出售。2005 年，根据中泰两国签订的《中国水果输泰检验检疫条件的议定书》的要求，中国出口泰国的苹果、梨、葡萄、柑橘和枣等水果必须符合六个条件。2007 年 2 月，英国将枸杞列为“新资源食品”，导致我国枸杞出口欧洲面临新的贸易壁垒。

2. 蔬菜

日本既是我国蔬菜出口的主要地，也是对我国蔬菜出口采取技术性贸易措施最多的国家。2005 年年初，日本以检测出我国蔬菜残留农药超标为由限制我国蔬菜出口日本市场。2006 年 11 月，日本厚生劳动省向日本进口商下发了针对中国新鲜姜和新鲜紫苏两大蔬菜品种的检查指令。2006 年 5 月 29 日，日本开始实施“肯定列表制度”。这给我国蔬菜出口贸易带来严重影响。

3. 茶叶

我国传统大宗出口商品——茶叶出口的最大障碍就是农药残留超标。2000 年，欧盟实施了严格的茶叶农药残留标准，并在随后几年陆续出台了新的茶叶农药残留标准。这对我国茶叶出口影响显著，导致我国茶叶出口呈现大幅下降的趋势。欧盟茶叶委员会于 2007 年 4 月 19 日公布了欧盟茶叶农药残留的新标准，涉及内容共 227 项。这一标准再次提高了我国茶叶出口的门槛。此外，2006 年日本的“肯定列表制度”实施以来，我国茶叶对日出口也大幅下降。

4. 蜂蜜

我国是蜂蜜出口量最大的发展中国家，其中，对欧盟、美国和日本等市场的出口额占出口总额的 90%以上。2002 年年初，欧盟确认我国动物源食品中氯霉素残留超标，并决定禁止我国蜂蜜出口欧盟市场，进而影响了美国和加拿大等国市场。2005 年年初，欧盟恢复了我国蜂蜜对欧盟市场的出口，但欧盟成员对我国蜂蜜仍存在排斥心理。日本执行的“肯定列表制度”也大幅度提高了蜂蜜进口的门槛。

5. 畜禽产品

2004 年 11 月，韩国针对从中国进口的新鲜、冷藏或冷冻的鸡、鸭、鹅、火鸡、野鸡及鹌鹑等禽肉产品制定了 15 项卫生标准。这些标准都与家禽生前的疫病防治和禽肉产品中药物残留有关。2005 年 2 月，欧盟委员会决定将对包括中国在内的部分亚洲国家的禽肉进口禁令延长到 2005 年 9 月 30 日。

6. 水产品

2005 年，欧盟考察了中国的水产品农药残留监控体系，同时根据 2005/34/EC 指令，对动物源产品中残留问题做了新规定，添加了甲羟孕酮和孔雀石绿等苛刻的检测指标，使我国出口淡水小龙虾面临新的技术壁垒。同年，日本也将水产品检测项目由 800 项提高到 2 600 项。2006 年 10 月 19 日，由于检测出的大肠杆菌群呈阳性，日本神户检验所扣留我国舟山产冷冻章鱼，大阪检验所扣留我国舟山产冷冻鱿鱼。

第二节　中国对美国出口贸易概述

随着贸易自由化进程的不断加快，中国对美国出口贸易迅猛的增长态势十分引人注目。从总体上看，中国对美国的出口贸易额呈现逐年上升的趋势。20 世纪 80 年代中美建交初期，中国对美国的出口商品贸易额仅不到 10 亿美元。而后随着中美双边贸易关系的不断加深，到 1993 年，中国对美国的商品出口额就突破了一百亿美元，达到了 169 亿美元，与前一年相比，增长了一倍。自此以后，中美贸易进入了良好的发展阶段。到 2000 年，中国对美国的出口商品贸易额已达到 521 亿美元。随后的几年里，不仅出口额增长率保持稳定，且中国对美国的出口占中国总出口的比重也一直保持在 20%以上。与此同时，美国也成功转变为我国的第一大出口伙伴国。2004 年，中国对美国的出口额突破千亿美元达到了 1 251 亿美元。2006 年年底，美国“次贷危机”逐步显现并引发了有史以来范围最广且伤害程度最深的一次全球性金融危机，这导致了 2007—2009 年中国对美国出口的年增长率及美国占中国总出口贸易比重均明显下降。特别是在 2009 年，年增长率首次出现了负值，但美国依然保持其中国第二大贸易伙伴的地位。2010 年以后，全球经济不断复苏，中国对美国的出口贸易也逐渐恢复至经济危机以前的水平。尽管出口年增长率已经逐渐有所反弹，但是总体出口水平仍未达到危机爆发前的水平。

2001—2012 年中国对美国的详细出口额如表 1. 4 所示。

表 1. 4　　2001—2012 年中国对美国出口额

年份	中国对世界出口总额（亿美元）	中国对美国出口总额（亿美元）	中国对美国出口额占出口总额比重（%）	中国对美国出口的年增长率（%）	美国在中国出口贸易伙伴中所占位次
2001	2 660. 98	543. 55	20. 43	21. 29	1
2002	3 255. 96	700. 50	21. 51	28. 87	2
2003	4 382. 28	926. 26	21. 14	32. 23	1
2004	5 933. 26	1 251. 49	21. 09	35. 11	1
2005	7 619. 53	1 631. 80	21. 28	30. 38	1
2006	9 689. 36	2 038. 01	21. 03	24. 89	2
2007	12 200. 60	2 331. 68	19. 11	14. 41	2
2008	14 306. 93	2 528. 44	17. 67	8. 44	2
2009	12 016. 47	2 212. 95	18. 41	-12. 58	2
2010	15 777. 64	2 837. 80	17. 99	28. 24	2
2011	18 983. 88	3 250. 11	17. 12	14. 53	2
2012	20 487. 82	3 524. 38	17. 20	8. 44	2

从美国方面来看，中国是其最主要的进口来源国。尤其是随着中国对外贸易和整体经济的国际竞争力不断上升，美国从中国进口的贸易规模也在不断扩张。

由于中国对各个贸易伙伴国家的出口市场分布在不断调整，出口产品组合也随之发生变化。我们按照国际通行的 HS 编码标准将我国对美国出口产品分为 13 种类型，并且根据 UN Comtrade（联合国贸易商品统计数据库）中 2 位 HS92 标准的出口数据计算出不同类型产品在各年出口中所占比重，计算结果如表 1.5 所示。

表 1.5　2007—2012 年中国对美国出口的各类商品分布情况　单位:%

产品种类	HS 章节	2007 年	2008 年	2009 年	2010 年	2011 年	2012 年
农产品	1~24	1.90	2.01	2.6	2.02	2.05	2.02
矿产品	25~27	0.76	1.14	0.49	0.43	0.48	0.50
化工产品	28~38	2.60	3.52	3.84	3.25	3.59	3.33
塑料制品	39~40	3.88	3.76	4.70	3.72	4.15	4.57
皮革制品	41~43	1.76	1.69	2.13	1.97	2.21	2.04
木制品	44~49	2.08	1.94	2.43	1.84	1.83	1.89
纺织品	50~63	9.82	9.22	13.68	11.09	10.80	10.28
鞋帽产品	64~67	4.27	4.40	5.89	4.70	4.62	4.66
陶瓷玻璃	68~71	1.78	1.70	2.24	2.08	2.29	2.33
五金制品	72~83	7.67	8.17	6.67	5.31	5.51	5.42
机电产品	84~85	50.11	44.93	58.20	46.85	46.18	46.37
运输设备	86~89	3.83	3.76	3.51	3.68	3.89	3.80
杂项制品	90~99	13.37	13.75	16.54	13.05	12.41	12.78

第三节　中美食品贸易

食品贸易既是保证食品安全、各国利用各自优势获得利益的经济活动，又是和人类健康安全、生物资源、生态环境相联系的社会问题。而中美两国之间的食品贸易对两国的人口、资源、环境与经济发展都具有重要意义。探讨基于人口、资源与环境视角下的中美食品贸易，对于中国和美国两国之间的食品贸易来往、保证食品的安全等是非常有意义的。近年来，中美两国之间的食品贸易规模随着经济的不断发展而扩大，但在扩大的同时，两国之间的食品贸易矛盾也进一步扩大。两国都开始采取一些措施和手段来限制进出口的食品贸易，这对两国食品产业的发展具有较大的阻碍作用，不利于各自经济的发展。

随着全球经济一体化进程的加快，中美食品贸易日益显示出自由化趋势。在该过程中，传统的关税和非关税贸易壁垒日益受到限制，而技术贸易壁垒正成为中美贸易的主要壁垒。食品贸易不仅仅是经济界和产业界人士关注的问题，而且正成为普通消费者、社会和政府日益关注的问题。食品贸易也不仅仅局限于保障各国食品安全，利用不同国家比较优势获得经济利益的经济活动，也是与人类健康与安全、生态环境保护和生物资源可持续利用紧密相关的一个全球性社会问题。

“民以食为天”，食品产业作为一个永恒的朝阳产业，对一国的经济增长和社会进步具有重要意义。发达国家的发展历程证明，当一个国家人均 GDP 达到 800 美元，食品产业将在此后的 15~20 年维持 10%以上的增长速率。目前的中国正处于这一阶段。在该阶段，消费者会追求更营养、更安全、更丰富的食品，食品消费由传统的温饱型向健康营养型的现代消费形式转变。未来十年，中国经济将持续高速发展，这将为中美食品贸易带来巨大的发展机会，并有利于两国经济社会的共同发展。

食品产业是高度关联的一体化产业，涉及一个国家的人口增长、社会进步、农业生产环境、生物资源、食品加工与销售等问题。中美之间的食品贸易对两国的人口、资源、环境与经济发展都具有重要意义。但是，中国加入世界贸易组织后，中美之间的食品贸易规模不断扩大、贸易摩擦也日益扩大。为保护本国利益，贸易双方常常以技术法规、标准和合格评定等强制性技术措施为手段，限制出口国的食品贸易，对两国食品产业的发展具有一定的阻碍作用，不利于两国经济社会的发展。本章拟从人口、资源和环境的视角，探讨中美食品贸易对两国经济增长与社会发展的影响及意义。

一、人口增长与食品贸易产业的关系

随着全球经济增长和社会进步，全球人口呈现出快速增长趋势。1949 年以后，中国人口高速增长。在 20 世纪 50 年代，中国人口数为 5.4 亿，到 20 世纪末达到 13 亿，成为世界人口第一大国。中国的人口密度达到每平方千米 132 人，是美国人口密度（每平方千米 30 人）的 4 倍多。中国和美国的人口增长都给本国人民的生存、资源和环境带来了一定的压力。食品供给成为政府十分关注的经济与社会问题，而中美食品贸易的发展将有利于发挥两国农业生产的比较优势，维护全球人类的食品保障安全，推动两国食品贸易产业的发展。全球人口变化的显著趋势之一是老龄化趋势。人口老龄化是指老龄人口在总人口中所占的比重不断增大的动态过程，是社会人口年龄结构变化的过程。按照联合国 1956 年提出的人口老龄化标准——65 岁以上老年人口占总人口 7%以上或 60 岁以上老年人口占总人口 10%以上就进入老龄化社会，中美两国都是典型的老龄化国家。但是，中国的人口老龄化来得更快。中国在 2006 年人均 GDP 刚刚达到 2 000 美元时，就迈入了老龄化社会。中美人口老龄化的差异是美国“先富后老”，中国则是“未富先老”。中美两国人口老龄化也是中美食品贸易业应关注的问题。为老龄人口提供营养丰富的健康食品成为中美食品贸易发展的机会之一。

经济增长的要素包括土地资源、人力资源、资本资金和知识要素。在上述四种要素中，与土地资源、资本资金等相比，人力资源是最活跃的经济增长要素。中国是人力资源丰富的国家，人力资源使用的机会成本低于美国，具有人力资源成本优势，而美国显然具有机械费用优势。在农业生产中，中国在小规模人力资源密集型农产品（蔬菜、水果等）生产中具有比较优势。而美国在大规模机械化农产品（大豆、玉米等）生产中具有比较优势。中国在2001年就成为美国大豆出口的第一大市场，应该说中美大豆贸易对于发展中美两国的经贸关系起到了重要的作用。中美两国的产业结构具有很强的互补性，因此发展中美食品贸易有利于发挥两国农产品生产的比较优势，提高食品产业的经济效率。

例如大蒜种植业是劳动密集型产业，中国农村有着丰富的劳动力资源，生产成本低，劳动力价格是发达国家的1/6~1/20，发展大蒜生产具有比较优势。中国大蒜种植历史悠久，种植技术成熟，单位面积产量在世界上处于领先地位；在价格上也具有绝对优势，发达国家的平均市场价比中国平均市场价要高出10倍以上。2005年4月，美国奥克兰农产品批发市场的大蒜售价为3美元/千克，东京青果市场的大蒜的价格高达21美元/千克，而北京八里桥批发市场的大蒜批发价格只有0.3美元/千克。大蒜贸易充分显示了中国人力资源的成本优势，大蒜种植业的发展不仅能提高中国大蒜产业的经济效率，也有助于提高美国消费者的社会福利。食品贸易不仅涉及两国食品产业的经济增长，而且与人类发展密切相关。人类应创造一种能让人们根据自己的需求和兴趣充分发挥自身潜力，过上富有成效和创造性生活的环境。在食品贸易中，食品安全问题关系到公共安全和大众整体安全，不仅仅与一个人或一个家庭有关，也影响整个人类发展。作为“理性经济人”，中国和美国的食品商人都被追逐最大经济利润的动力驱动，在产业发展中常常重视追求经济利润，忽视社会利益。在中国，不仅是中国的食品企业，肯德基、哈根达斯、雀巢、亨氏产品等跨国企业都出现过食品安全问题。加强中美食品贸易交流、建立政府间或民间食品质量监控体制有利于推动食品产业的发展，推动人类社会进步。

二、生物资源与食品贸易产业的关系

自然资源的主要特性之一是资源的有限性。除恒定性资源外，许多自然资源并非“取之不竭，用之不尽”。人类赖以生存的地球，其表面积的70%为海洋所覆盖，地球土地面积只有约1 490亿公顷，其中能耕种的农田只有14亿公顷，放牧地只有21亿公顷。地球上的森林资源曾经达到76亿公顷，占地球土地面积的2/3，在1975年减少到26亿公顷。到2020年，森林面积可能降到18亿公顷。更为严重的问题是，随着中国经济的发展，修建高速公路、城市化、土地沙漠化和水土流失等会使我国耕地面积减少。在美国，气候变化、火灾、杀虫剂等大量使用带来的环境污染、砍伐森林及狩猎活动等使其生态环境与生态系统发生了巨大的变化，对美国生物资源造成了一定的影响。中国在水产品国际贸易中具有明显的比较优势。在我国辽阔的海域里，栖居着种类繁多的海洋动植物。我国淡水水域盛产在一些国家或地区久负盛名的特种水产品，如中国鳗鱼、对虾、太湖银鱼和阳澄湖大闸蟹等在国际市场上很受欢迎，是中国水产品出口创汇的宝贵资源。作为海域的特种水产品，大连的扇贝、南通的文蛤和紫菜、舟山的带鱼都是国内消费者钟情的水产品。自然条件与自然资源制约着一个国家或地区进出口产品的数量与种类。利用中美两国的生物资源禀赋发展食品贸易对改善两国人民的社会总福利有积极意义。从生物资源的有限性来看，中美食品贸易有利于充分利用两国生物资源的比较优势，提高食品生产的经济效率。

三、环境污染与食品贸易产业的关系

传统的国际经济学将经济社会视为一个封闭的系统，并未考虑到环境和自然资源等外部效应的影响。现在，环境已经不仅是一种自然资源禀赋，并且被视为一种可以提供服务的产品或资源而纳入经济—环境系统中，成为在现代经济学研究中影响经济活动的重要变量。环境是人类赖以生存的基础，但人类在寻求经济增长和社会发展的道路上遇到的一个棘手问题是：如何处理经济增长与生态破坏和环境污染之间的矛盾。现代农业的发展，在满足了急剧增长的人口的食物需求的同时，也严重地破坏了生态环境，直接和间接地影响人类的健康。

由于围湖造田、开荒毁林、超载放牧、过度捕捞和不合理的灌溉等人类的非理性行为，整个地球环境受到破坏。土地沙漠化及盐碱化、水土流失、植被破坏、全球气候变暖、酸雨、臭氧层空洞、赤潮等环境污染和生态破坏现象屡见不鲜。环境污染和生态破坏给人类带来的危害是巨大的，直接影响到人类的生存。全球变暖可能改变农业生产环境，使人类疾病与死亡率增高。

酸雨会严重影响生态系统，导致湖泊酸化，影响鱼类生存，对人体健康产生直接或潜在影响。不仅如此，食品生产和流通过程中的人为污染更会对人类健康和生存带来危害。农民过量使用化学肥料、化学农业及生产管理的不合理，造成农产品中农药、重金属等残留，会污染农业生态环境。在养殖生产过程中，动物性农产品的抗生素、激素与重金属超标。在市场经济条件下，经济人受经济利益的驱动，使建立天衣无缝的市场准入制度和市场监管制度困难重重。在这样的状况下，当消费者食用了含有超标抗生素、激素、农药和重金属的食品后，这些有害的物质就会不断在人体累积而影响健康。近年来，全球各地关于食品安全的事件时有发生。那么究竟是什么原因导致食品安全问题层出不穷呢？经济学理论认为，市场失灵和政府失灵是导致食品贸易安全问题的主要原因。市场失灵是指由于市场内在功能性缺陷和外部条件缺陷引起的市场机制在配置资源的作用和功能上的失灵。理论上，市场机制要达到均衡状态和帕累托最优状态，是基于经济信息完全对称、市场充分竞争、没有外部积极性和交易成本为零等理论假设基础上的。然而，食品市场买卖双方同样面临着经济信息不对称、市场垄断和外部不经济性等。食品的生产者、加工者和销售者也对食品生产过程中食品的农药残留、微生物污染等食品安全信息缺乏全面了解。在中国，市场失灵在食品生产的经济活动中广泛存在。

食品生产和流通经济活动中的市场失灵为政府干预提供了机会和理由，为政府参与食品生产和流通的经济活动提供了可能性。政府参与经济活动的主要任务就是解决市场失灵。现代社会的市场经济体制都不是完全的市场经济或完全的计划经济，而是混合经济。因此，在市场经济发育的任何阶段，政府都必须发挥应有的作用，弥补市场的缺陷和失灵。食品国际贸易有利于加强中美政府之间对食品安全质量管理的交流，有助于提高中美政府的食品质量安全管理的水平。

四、美国扣留我国出口不合格食品情况

1. 类别分析

2013 年第一季度，美国食品和药品管理局扣留我国出口的不合格食品 270 批次。其中，位列前三位的产品为：糕点饼干类 86 批次，占总批次的 31. 9%；水产及其制品类 44 批次，占总批次的 16. 3%；粮谷及其制品类 38 批次，占总批次的 14. 1%。2012 年美国食品和药品管理局扣留我国出口的不合格食品 756 批次，较 2011 年的 620 批次增加了 136 批次。其中，位列前三位的产品为：水产及其制品类 181 批次，较 2011 年的 258 批次减少了 77 批次；蔬菜及其制品类 123 批次，较 2011 年的 104 批次增加了 19 批次；糕点饼干类 99 批次，较 2011 年的 39 批次增加了 60 批次。2011 年和 2012 年我国食品出口美国被扣情况见表 1. 6。

表 1. 6　2011 年和 2012 年我国食品出口美国被扣留情况　单位：批次

产品种类	2011 年	2012 年	增长情况	具体产品种类	2011 年	2012 年	增长情况
水产及其制品类	258	181	-77	鱼产品	130	104	-26
				其他水产品	24	13	-11
				水产制品	31	26	-5
				虾产品	60	14	-46
				海草及藻	0	14	14
				蟹产品	11	9	-2
				贝产品	2	1	-1
蔬菜及其制品类	104	123	19	蔬菜及其制品	87	110	23
				食用菌	17	13	-4
粮谷及其制品类	52	55	3	粮食制品	34	47	13
				粮食加工产品	15	7	-8
				粮谷	1	1	0
				豆类（干）	2	0	-2

表1.6(续)

产品种类	2011年	2012年	增长情况	具体产品种类	2011年	2012年	增长情况
干坚果类	44	57	13	干果	39	52	13
				坚果、炒货	5	5	0
糕点饼干类	39	99	60	糕点饼干	39	99	60
其他加工食品类	8	55	47	其他加工食品	7	45	38
				其他水果制品	1	10	9
油脂及油料类	4	0	-4	油籽	4	0	-4
罐头类	15	62	47	蔬菜罐头	1	34	33
				水产罐头	7	14	7
				水果罐头	5	12	7
				其他罐头	0	2	2
				坚果、豆罐头	1	0	-1
				饮料罐头	1	0	-1
糖类	25	51	26	糖与糖果、巧克力	24	29	5
				原糖和制糖原料	1	22	21
中药材类	7	10	3	植物性中药材	7	10	3
植物性调料类	15	14	-1	植物性调料	15	14	-1
茶叶类	4	4	0	茶叶	4	4	0
饲料类	0	1	1	饲料	0	1	1
饮料类	11	9	-2	饮料	11	9	-2
植物产品类	2	12	10	水果	2	12	10
蛋及其制品类	1	0	-1	蛋制品	1	0	-1
蜂产品类	4	1	-3	蜂产品	4	1	-3
蜜饯类	4	0	-4	蜜饯	4	0	-4
总计	597	734	137	总计	597	734	137

资料来源：中国技术性贸易措施网。

2. 原因分析

2013年第一季度，美国食品和药品管理局扣留我国出口的不合格农食产品270批次。其中，由于含有非食用添加剂被扣留的产品106批次，占总批次的39.3%；由于品质不合格被扣留的产品62批次，占总批次的23.0%；由于农药兽药残留不合格被扣留的产品61批次，占总批次的22.6%。2012年美国食品和药品管理局扣留我国出口的不合格食品756批次。其中，扣留原因位列前三位的是：品质不合格207批次，较2011年的194批次增加了13批次；农药兽药残留不合格121批次，较2011年的152批次减少了31批次；标签不合格147批次，较2011年的75批次增加了72批次。被扣留原因详细内容见表1.7。2011年美国食品和药品管理局扣留我国出口的不合格农食产品620批次。其中，位列前三位的产品为：水产及其制品类

258 批次，占总批次的 41.6%；蔬菜及其制品类 104 批次，占总批次的 16.8%；粮谷及其制品类 52 批次，占总批次的 8.4%。

表 1.7　2011 年和 2012 年美国食品和药品管理局扣留我国出口不合格食品的原因

单位：批次

扣留原因	2011 年	2012 年	增长情况	具体扣留原因	2011 年	2012 年	增长情况
品质	194	207	13	品质检测不合格	0	206	206
				感官检测不合格	194	1	-193
农药兽药残留	152	121	-31	农药残留不合格	33	92	59
				兽药残留不合格	119	29	-90
标签不合格	75	147	72	标签不合格	75	147	72
非食用添加剂	28	177	149	非食用添加剂	28	177	149
证书不合格	32	51	19	生产厂家没有按规定提供证书	32	34	2
				没有提供生产加工资料	17	17	0
食品添加剂超标	75	2	-73	食品添加剂超标	75	2	-73
微生物	34	32	-2	细菌	30	32	2
				真菌	4	0	-4
其他不合格项目	25	0	-25	未列明具体原因	25	0	-25
污染物	1	8	7	无机污染物	1	4	3
				有机污染物	0	2	2
				重金属超标	0	2	2
生物毒素污染	4	2	-2	生物毒素	4	2	-2
包装不合格	0	3	3	包装不合格	0	3	3
不符合储运规定	0	3	3	储藏环境不合规定	0	3	3
人类受到危害	0	2	2	健康伤害	0	1	1
				窒息	0	1	1
化学性能方面	0	1	1	化学性能	0	1	1
总计	620	756	136	总计	620	756	136

资料来源：中国技术性贸易措施网。

表 1.8 分类别显示了 2011 年和 2012 年美国食品和药品管理局扣留我国出口的不合格食品的原因分析。①2012 年，水产及其制品类被扣留的主要原因是品质不合格、含有非食用添加剂和标签不合格。其中，由于品质不合格被扣留的产品 70 批次，较 2011 年的 120 批次减少了 50 批次；由于含有非食用添加剂被扣留的产品 32 批次，较 2011 年的 0 批次增加了 32 批次；由于标签不合格被扣留的产品 25 批次，较 2011 年的 5 批次增加了 20 批次。②2012 年，蔬菜及其制品类被扣留的主要原因是品质不合格、农药兽药残留不合格和标签不合格。其中，由于品质不合格被扣留的产品 55 批次，较 2011 年的 24 批次增加了 31 批次；由于农药兽药残留不合格被

扣留的产品 37 批次，较 2011 年的 25 批次增加了 12 批次；由于标签不合格被扣留的产品 17 批次，较 2011 年的 11 批次增加了 6 批次。③糕点饼干类被扣留的主要原因是标签不合格、含有非食用添加剂和品质不合格。其中，由于标签不合格被扣留的产品 48 批次，较 2011 年的 14 批次增加了 34 批次；由于含有非食用添加剂被扣留的产品 39 批次，较 2011 年的 16 批次增加了 23 批次；由于品质不合格被扣留的产品 12 批次，较 2011 年的 1 批次增加了 11 批次。其他被扣留的各类食品的扣留原因见表 1.8。

表 1.8　2011 年和 2012 年美国食品和药品管理局扣留我国出口不合格食品原因分析

单位：批次

产品种类	扣留原因	2011 年	2012 年	增长情况
水产及其制品类	品质	120	70	-50
	非食用添加剂	0	32	32
	标签不合格	5	25	20
	农药兽药残留	107	19	-88
	微生物	21	19	-2
	污染物	0	5	5
	证书不合格	2	4	2
	不符合储运规定	0	3	3
	包装不合格	0	2	2
	人类受到危害	0	1	1
	食品添加剂超标	2	1	-1
	其他不合格项目	1	0	-1
	汇总	258	181	-77
蔬菜及其制品类	品质	24	55	31
	农药兽药残留	25	37	12
	标签不合格	11	17	6
	证书不合格	10	9	-1
	非食用添加剂	1	4	3
	食品添加剂超标	22	1	-21
	其他不合格项目	10	0	-10
	微生物	1	0	-1
	汇总	104	123	19

表1.8(续)

产品种类	扣留原因	2011 年	2012 年	增长情况
糕点饼干类	标签不合格	14	48	34
	非食品添加剂	16	39	23
	品质	1	12	11
	其他不合格项目	3	0	-3
	食品添加剂超标	3	0	-3
	微生物	2	0	-2
	汇总	39	99	60
粮谷及其制品类	标签不合格	17	18	1
	品质	17	17	0
	非食品添加剂	7	15	8
	农药兽药残留	0	3	3
	包装不合格	0	1	1
	污染物	0	1	1
	其他不合格项目	1	0	-1
	食品添加剂超标	9	0	-9
	证书不合格	1	0	-1
	汇总	52	55	3
干坚果类	非食用添加剂	0	28	28
	农药兽药残留	3	13	10
	标签不合格	3	6	3
	品质	13	5	-8
	生物毒素污染	4	2	-2
	污染物	0	2	2
	微生物	1	1	0
	食品添加剂超标	19	0	-19
	证书不合格	1	0	-1
	汇总	44	57	13

表1.8(续)

产品种类	扣留原因	2011 年	2012 年	增长情况
糖类	非食用添加剂	2	28	26
	标签不合格	12	21	9
	农药兽药残留	0	1	1
	人类受到危害	0	1	1
	其他不合格项目	1	0	-1
	食品添加剂超标	10	0	-10
	汇总	25	51	26
其他加工食品类	品质	5	23	18
	非食用添加剂	0	19	19
	标签不合格	1	6	5
	证书不合格	0	4	4
	农药兽药残留	0	3	3
	食品添加剂超标	2	0	-2
	汇总	8	55	47
调味品类	证书不合格	6	8	2
	品质	2	5	3
	标签不合格	2	1	-1
	其他不合格项目	5	0	-5
	汇总	15	14	-1
肉类	农药兽药残留	9	7	-2
	微生物	7	3	-4
	品质	0	2	2
	证书不合格	1	0	-1
	汇总	17	12	-5
饮料类	标签不合格	4	4	0
	非食用添加剂	2	2	0
	化学性能方面	0	1	1
	农药兽药残留	0	1	1
	证书不合格	4	1	-3
	其他不合格项目	1	0	-1
	汇总	11	9	-2

表1.8(续)

产品种类	扣留原因	2011 年	2012 年	增长情况
中药材类	农药兽药残留	3	5	2
	品质	0	3	3
	非食品添加剂	0	2	2
	标签不合格	1	0	-1
	食品添加剂超标	2	0	-2
	微生物	1	0	-1
	汇总	7	10	3
植物性调料类	品质	4	7	3
	微生物	0	2	2
	农药兽药残留	0	1	1
	其他不合格项目	1	0	-1
	食品添加剂超标	1	0	-1
	汇总	6	10	4
植物产品类	农药兽药残留	0	7	7
	非食品添加剂	0	4	4
	证书不合格	0	1	1
	品质	2	0	-2
	汇总	2	12	10
茶叶类	品质	0	3	3
	标签不合格	3	1	-2
	农药兽药残留	1	0	-1
	汇总	4	4	0
蜂产品类	农药兽药残留	1	1	0
	标签不合格	1	0	-1
	食品添加剂超标	2	0	-2
	汇总	4	1	-3
蜜饯类	农药兽药残留	1	0	-1
	食品添加剂超标	3	0	-3
	汇总	4	0	-4

表1.8(续)

产品种类	扣留原因	2011 年	2012 年	增长情况
油脂及油料类	标签不合格	1	0	−1
	品质	2	0	−2
	微生物	1	0	−1
	汇总	4	0	−4
饲料类	非食品添加剂	0	1	1
	汇总	0	1	1
蛋及其制品类	污染物	1	0	−1
	汇总	1	0	−1
总计		605	694	89

资料来源：中国技术性贸易措施网。

从表 1.9 可知，2012 年我国出口水产及其制品类中被扣留批次最多的产品为鱼产品，被扣留的主要原因是品质不合格；蔬菜及其制品类中被扣留的主要原因是品质不合格；糕点饼干类中被扣留的主要原因是标签不合格。其他类别被扣留食品的原因的详细信息见表 1.9。

表 1.9　2012 年美国食品和药品管理局扣留我国出口不合格食品详细原因分析

单位：批次

产品种类	批次数	具体产品种类	批次数	扣留原因	批次数	具体扣留原因	批次数
水产及其制品类	181	鱼产品	104	品质	39	品质检测不合格	39
				非食用添加剂	26	非食用添加剂	26
				农药兽药残留	18	兽药残留不合格	18
				微生物	11	细菌	11
				标签不合格	3	标签不合格	3
				不符合储运规定	3	储藏环境不合规定	3
				包装不合格	2	包装不合格	2
				人类受到危害	1	健康伤害	1
				证书不合格	1	生产厂家没有按规定提供证书	1
		水产制品	26	品质	13	品质检测不合格	13
				标签不合格	5	标签不合格	5
				污染物	5	无机污染物	4
						有机污染物	1
				微生物	2	细菌	2
				证书不合格	1	生产厂家没有按规定提供证书	1

表1.9(续)

产品种类	批次数	具体产品种类	批次数	扣留原因	批次数	具体扣留原因	批次数
水产及其制品类	181	海草及藻产品	14	标签不合格	12	标签不合格	12
				品质	1	品质检测不合格	1
				证书不合格	1	没有提供加工证书	1
		虾产品	14	非食用添加剂	5	非食用添加剂	5
				微生物	5	细菌	5
				品质	2	品质检测不合格	2
				农药兽药残留	1	兽药残留不合格	1
				食品添加剂超标	1	食品添加剂超标	1
		其他水产品	13	品质	6	品质检测不合格	6
				标签不合格	4	标签不合格	4
				非使用添加剂	1	非食用添加剂	1
				微生物	1	细菌	1
				证书不合格	1	生产厂家没有按规定提供证书	1
		蟹产品	9	品质	9	品质检测不合格	9
		贝产品	1	标签不合格	1	标签不合格	1
蔬菜及其制品类	123	蔬菜及其制品	110	品质	48	品质检测不合格	48
				农药兽药残留	31	农药残留不合格	31
				标签不合格	17	标签不合格	17
						没有提供加工证书	5
				证书不合格	9	生产厂家没有按规定提供证书	4
				非食用添加剂	4	非食用添加剂	4
				食用添加剂超标	1	食品添加剂超标	1
		食用菌	13	品质	7	品质检测不合格	7
				农药兽药残留	6	农药残留不合格	6
糕点饼干类	99	糕点饼干	99	标签不合格	48	标签不合格	48
				非食用添加剂	39	非食用添加剂	39
				品质	12	品质检测不合格	12

表1.9(续)

产品种类	批次数	具体产品种类	批次数	扣留原因	批次数	具体扣留原因	批次数
罐头类	62	蔬菜罐头	34	农药兽药残留	23	农药残留不合格	23
				证书不合格	7	生产厂家没有按规定提供证书	7
				非食用添加剂	3	非食用添加剂	3
				品质	1	品质检测不合格	1
		水产罐头	14	微生物	7	细菌	7
				品质	4	品质检测不合格	4
				证书不合格	3	生产厂家没有按规定提供证书	2
						没有提供加工证书	1
		水果罐头	12	证书不合格	12	生产厂家没有按规定提供证书	10
						没有提供加工证书	2
		其他罐头	2	证书不合格	2	没有提供加工证书	2
干坚果类	57	干果	52	非食用添加剂	26	非食用添加剂	26
				农药兽药残留	13	农药残留不合格	13
				标签不合格	6	标签不合格	6
				品质	4	品质检测不合格	4
				污染物	2	重金属超标	2
				微生物	1	细菌	1
		干（坚）果、炒货（熟制）	5	非食用添加剂	2	非食用添加剂	2
				生物毒素污染	2	生物毒素	2
				品质	1	品质检测不合格	1
其他加工食品类	55	其他加工食品	45	品质	21	品质检测不合格	21
				非食用添加剂	14	非食用添加剂	14
				标签不合格	5	标签不合格	5
				证书不合格	4	生产厂家没有按规定提供证书	4
				农药兽药残留	1	农药残留不合格	1
		其他水果制品	10	非食用添加剂	5	非食用添加剂	5
				农药兽药残留	2	农药残留不合格	2
				品质	2	感官检验不合格	1
						品质检测不合格	1
				标签不合格	1	标签不合格	1

表1.9(续)

产品种类	批次数	具体产品种类	批次数	扣留原因	批次数	具体扣留原因	批次数
糖类	51	糖与糖果、巧克力和可可制品	29	标签不合格	15	标签不合格	15
				非食用添加剂	13	非食用添加剂	13
				人类受到危害	1	窒息	1
		原糖与制糖原料	22	非食用添加剂	15	非食用添加剂	15
				标签不合格	6	标签不合格	6
				农药兽药残留	1	兽药残留不合格	1
调味品类	14	调味品	14	证书不合格	8	没有提供加工证书	6
						生产厂家没有按规定提供证书	2
				品质	5	品质检测不合格	5
				标签不合格	1	标签不合格	1
肉类	12	其他肉类及其制品	10	农药兽药残留	7	兽药残留不合格	7
				微生物	3	细菌	3
		熟肉制品	2	品质	2	品质检测不合格	2
植物产品类	12	水果	12	农药兽药残留	7	农药残留不合格	7
				非食用添加剂	4	非食用添加剂	4
				证书不合格	1	生产厂家没有按规定提供证书	1
植物性调料类	10	植物性调料	10	品质	7	品质检测不合格	7
				微生物	2	细菌	2
				农药兽药残留	1	农药残留不合格	1
中药材类	10	植物性中药材	10	农药兽药残留	5	农药残留不合格	5
				品质	3	品质检测不合格	3
				非食用添加剂	2	非食用添加剂	2
饮料类	9	饮料	9	标签不合格	4	标签不合格	4
				非食用添加剂	2	非食用添加剂	2
				化学性能方面	1	化学性能方面	1
				农药兽药残留	1	兽药残留不合格	1
				证书不合格	1	生产厂家没有按规定提供证书	1
茶叶类	4	茶叶	4	品质	3	品质检测不合格	3
				标签不合格	1	标签不合格	1
蜂产品类	1	蜂产品	1	农药兽药残留	1	农药残留不合格	1
饲料类	1	饲料	1	非食用添加剂	1	非食用添加剂	1
总计	701						

资料来源：中国技术性贸易措施网。

3. 出口警示

2012 年，美国食品和药品管理局扣留我国部分出口的不合格食品批次变化比较明显，具体表现在以下几个方面：

①水产及其制品类被扣留 181 批次，较 2011 年的 258 批次下降 77 批次。其中，由于品质不合格和农药兽药残留不合格被扣留的产品明显下降，由于含有非食用添加剂和标签不合格被扣留的批次明显增加。

②蔬菜及其制品类由于品质不合格、农药兽药残留不合格和标签不合格被扣留的批次明显增加。

③糕点饼干类被扣留 99 批次，较 2011 年的 39 批次增加了 60 批次。其中，由于标签不合格、含有非食用添加剂和品质不合格被扣留的批次明显增加，由于品质不合格被扣留的批次明显减少。

④干坚果类由于含有非食用添加剂和农药兽药残留不合格被扣留的批次明显增加。

⑤罐头类被扣留 62 批次，较 2011 年的 15 批次增加了 47 批次。其中，由于证书不合格和农药兽药残留不合格被扣留的批次明显增加。

⑥糖类被扣留 51 批次，较 2011 年的 25 批次增加了 26 批次。其中，由于含有非食用添加剂和标签不合格被扣留的批次明显增加。

第二章 美国食品贸易法规政策

美国的食品安全立法保护经历了一段漫长的历史变迁。19 世纪晚期，由于美国国内缺乏有效的食品安全保护法律体系，美国人每天几乎被劣质食品包围，生产商在食品中掺杂掺假在当时是极为平常的事。有一则经典的小故事说明了当时美国国内食品安全的状况之恶劣。在 1898 年美西战争期间，罗斯福总统组织军队奔赴战场，发现其中有一名士兵把肉罐头扔掉了，罗斯福总统对此感到很疑惑，并逼迫士兵吃下扔掉的肉罐头。不久，这名士兵就开始出现严重的呕吐现象，罗斯福仔细查看肉罐头之后，发现肉罐头已经腐烂变质，根本不能食用。1906 年出版的小说《丛林》更是深刻地揭露了美国国内的恶劣食品生产情况，给美国国内的食品行业带来沉重打击。在国内诸多力量的推动下，1906 年，美国通过了第一部《食品和药品法》，该法的出台标志着美国国内的食品安全得到了有效保障。1938 年，美国国会又通过了《联邦食品、药品和化妆品法》，这部法律不仅是对已过时的《食品和药品法》的彻底修正，也成为美国食品安全保护法律体系的基础。一百多年以来，美国出台了大量与食品安全保护相关的法律法规，但都是以《联邦食品、药品和化妆品法》为基本法律，对其进行修正或补充，从而形成了愈发完善的食品安全保护法律体系。

现行美国食品安全保护法律体系主要由两大类构成：一类是综合性法律，另一类是具体的法律规范。综合性的法律主要包括《联邦食品、药品和化妆品法》《食品质量保护法》《公共卫生服务法》。其中，《联邦食品、药品和化妆品法》是美国的食品基本法，已经经过了无数次的修订，是目前世界同类法律中最为全面和系统的一部法律，该法也是美国食品安全立法领域的基石。其他具体法律主要包括《肉类检验法》《禽肉制品检验法》《蛋制品检验法》《包装和标签法》《婴儿食品法》等。这些法律由美国不同的食品监管部门执行，多个部门协同把关，共同保护美国的食品安全。

不断完善的食品安全保护法律体系，形成了美国食品安全的保护伞。美国食品安全法律法规并非停滞不前，而是在不断修订中逐渐完善。作为美国食品安全基本法的《联邦食品、药品和化妆品法》，时至今日，仍在不断修正和完善。2011 年出台的《食品安全现代化法案》可以说是过去七十多年以来对基本法最大规模的修订。该法案在进口食品的规定上，又有了新的突破，如加强了美国食品和药品管理局对进口食品的管理权限，提升了对进口食品的检测力度。虽然美国食品安全保护法律体系已经处于世界领先水平，但是仍在不断进步和发展。

第一节　美国食品 HACCP 管理体系壁垒

一、美国食品 HACCP 管理体系壁垒界定

美国食品 HACCP 管理体系壁垒是指由食品的 HACCP 管理体系[①]标准构成的贸易壁垒。HACCP 管理体系体现了美国对食品“从农田到餐桌”的全程监控，突出强调了食品安全中的预防控制措施，极大地提高了美国的食品安全保护水平。但是，由于 HACCP 管理体系要依托先进的科学技术才能展开，尤其要求配备精密仪器、专业人员以及整套食品生产、加工和销售的控制体系，给国外食品企业带来了不小的挑战。同时，HACCP 管理体系与良好生产规范（Good Manufacturing Practice，GMP）以及卫生标准操作程序（Sanitation Standard Operating Procedure，SSOP）的实施密不可分，而 GMP 和 SSOP 的相关标准本身就具有壁垒性，这进一步强化了 HACCP 管理体系标准的壁垒作用。

美国对 HACCP 管理体系进行规制的法律主要有《水产品 HACCP 法规》《肉和禽类及其制品 HACCP 最终法规》和《加工、进口果蔬汁的安全卫生措施》。这三部法律被集中收录到美国《联邦法典》中。根据《水产品 HACCP 法规》的规定，凡出口到美国的水产品，无论是生产企业还是加工企业都必须实施 HACCP 管理体系。《肉和禽类及其制品 HACCP 最终法规》也规定，对肉类和禽类的检验、微生物检测、检验报告和记录的保存等，必须实施 HACCP 管理体系。《加工、进口果蔬汁的安全卫生措施》则规定果蔬汁的加工者和进口商必须执行 HACCP 管理体系标准。

① HACCP 管理体系的基本含义是：为了对食物中毒或其他食源性疾病的发生进行控制，应对食品从原料生产到食品食用的整个过程中造成其污染发生或可能发生的各种危害因素进行全面而系统的分析，再在分析的基础上确定能有效预防或减轻危害的关键控制点，进而在关键控制点对各种危害因素进行控制，并同时监测控制效果，及时对控制方法进行修正和完善，实现对食品安全、卫生以及质量的有效控制。

二、构成美国食品 HACCP 管理体系壁垒的具体标准

根据美国《联邦法典》的规定，美国对进口食品强制实施 HACCP 管理体系，国外食品出口企业必须取得 HACCP 管理体系相关证明，否则其食品不能进入美国境内。要想实施 HACCP 管理体系，必须具备一定的技术和资金力量，并且要具备适当的基础卫生设施，而国外中小型企业由于硬件设施方面的薄弱以及资金的匮乏，根本无力实施 HACCP 管理体系，更无法取得相关的 HACCP 管理体系证明，无法达到美国法律的强制性规定。可见，美国要求国外食品出口企业实施 HACCP 管理体系，实际上提高了进口食品的准入门槛，对国外食品企业构成了贸易壁垒。具体而言，构成美国食品 HACCP 管理体系壁垒的标准主要包括 GMP 和 SSOP 以及 HACCP 验证程序标准。

（1）GMP 和 SSOP。由于 GMP 和 SSOP 也属于美国技术法规规定的具体食品安全标准，因而与 HACCP 管理体系一样具有强制性，其中的一些规定也构成了贸易壁垒。比如 GMP 对企业的建筑物与设施、加工设备与用具、人员的卫生要求、食品的加工和储存等做出了具体规定，并且大部分规定都提出了极高的技术含量要求，且在实际操作过程中要求严格。SSOP 主要规定了八个方面的卫生条件，包括食品生产中水源的安全、其他设备或工作服的清洁度、防止交叉污染、消毒间的卫生保持、避免食品腐败、有害物质的使用、工作人员的健康和卫生控制、病虫的防治。这些内容由于规定得过于细致，在实际操作中比较复杂，具有一定的技术难度，也对国外的食品企业构成了贸易壁垒。

（2）HACCP 验证程序标准。根据美国《联邦法典》的规定，HACCP 管理体系要求进口商对国外工厂进行验证，以确保食品生产符合 HACCP 管理体系相关标准。如果进口食品来自与美国达成谅解备忘录的国家，那么该食品被视为自动符合美国 HACCP 管理体系标准，否则，进口商应执行相应的食品验证程序。在验证程序中，进口商需验证食品的安全卫生标准和确认相关的证书和记录，但是要实行这些验证程序，首先都要经过严格的风险评估，而风险评估的时间短则需要 1~2 年，长则需要 7~8 年。此外，验证成本也比较高昂，据估算，美国一个企业的 HACCP 管理体系验证成本为 5 万~7 万美元。如此费时费力的验证程序，使得大量国外食品企业都望而却步，对美国的食品出口量也不得不减少。

第二节　美国食品中微生物限量标准

致病微生物及毒素引起的食源性疾病是威胁食品安全的最主要因素。为控制微生物污染食品，各国（组织或地区）不仅在食品生产、加工、运输、贮藏、销售等

各环节推行科学的管理体系（如 HACCP），还对食品生产原料及终产品中致病性微生物或代谢物含量做了明确规定。由于膳食结构、饮食习惯及风险保护水平等差异，各国（组织或地区）对食品中微生物限量要求也不一致。这种差异给进出口食品贸易的顺利开展及进出口食品安全的保障带来不小压力。为帮助进出口食品生产贸易企业及管理部门了解国内外食品中微生物限量标准要求及其差异，为安全生产和执法把关提供参考，本书收集整理了美国微生物限量相关标准（见本书附表）。

第三节　美国食品中致敏原标识标准

美国于 2004 年颁布的《食品致敏原标识及消费者保护法案》（*Food Allergen Labeling and Consumer Protection Act of* 2004）规定："'包含'一词需紧邻产生主要致敏原成分的食品来源名称，用字号不小于配料表中食品配料的字号紧邻食品成分表之后印刷，并用'（）'说明致敏原成分的主要来源。但当所用的食品名称即为主要致敏原成分的来源物质或主要致敏原成分的来源食品名称已存在于配料表中时，可豁免上述规定。"任何个人可向健康和人类服务部（The Secretary of Health and Human Services）提交申请豁免某一食品配料的致敏原标识要求，但必须提供足够的科学证据（包括该证据的分析方法）证明该食品配料不会对人类健康产生过敏反应。健康和人类服务部需在 180 天内对此申请进行受理。收到健康和人类服务部通知确认该食品配料为非主要食品致敏原 90 天之后，该食品配料可被允许在市场上流通。该法案要求美国食品和药品管理局在两年内制定一项"不含麸质"标识的提议法规。2007 年 1 月 23 日，美国食品和药品管理局发布了一项提议法规《食品标签：食品的无麸质标识》。其中规定：原料成分含有禁用谷物（prohibited grains）的食品不得使用无麸质标签，禁用谷物包括小麦、黑麦、大麦及其杂交品系；原料成分来源于禁用谷物，例如小麦粉，且原料成分未经过减除麸质的工艺处理，造成食品终产品中麸质含量大于等于 20 mg/kg，不得使用无麸质标签；食品原料与麸质无关时不得使用无麸质食品标签；以燕麦为原料成分生产的食品，麸质含量大于 20 mg/kg，不得使用无麸质标签。

第四节　美国食品中农药兽药残留限量标准

根据美国《联邦法典》的规定，由于食品残留物限量适用肯定列表制度（简称列表制度）绝对排除列表之外的残留物，因此，没有列入肯定列表的残留物，一旦在食品中被检测出来，无论含量多低，都不符合美国的法律规定。以肯定列表制度为基础，构成美国食品残留物限量壁垒的具体标准主要包括最高残留限量标准和残留物限量分类标准。

一、最高残留限量标准

美国对食品中农药、兽药和不可避免的污染物等化学物质规定了具体的最高残留限量标准。根据《联邦食品、药品和化妆品法》的具体规定，出口到美国的食品必须符合美国食品最高残留物限量标准。对食品中的具体残留物限量，美国相关食品执法机构将会进行严格的残留物检测，不符合美国最高残留限量标准的进口食品，一律不得销往美国境内。曾轰动一时的美巴橙汁案，反映了美国最高残留限量标准的严苛性。2011 年 12 月 28 日，美国可口可乐公司报告美国食品和药品管理局，发现巴西进口的橙汁中含有少量致癌物——多菌灵，残留量为 35ppb。随后，美国全面叫停橙汁进口，并对超市出售的橙汁进行检查。多菌灵在巴西使用的时间已超过 20 年，主要用于应对植物黑斑病，即使其在巴西的使用剂量相当于美国检测发现的 100 多倍，也未被视作有害。在日本、加拿大等一些主要橙汁进口国家和地区，多菌灵均能合法使用，例如澳大利亚的限量标准为 10ppb。但是根据《联邦食品、药品和化妆品法》的规定，在橙汁产品中多菌灵的最高残留限量为零，一旦检出即非法。巴西的橙汁出口也因为美国的最高残留限量标准而受到阻碍。

二、残留物限量分类标准

根据《联邦农药、杀虫剂和鼠药法》的规定，美国的食品残留物限量标准有 8 000多项，高出国际食品法典的 2 000 多项。美国的残留物限量标准不仅数量多，而且分类极为具体和复杂，例如同一种农药在不同的食品中的残留限量标准是不同的。如此细致的分类标准，给标准的具体实施带来了程序上的烦琐。对国外食品企业而言，出口到美国的食品，只要一项残留物限量不达标，就可能造成整批货物的扣留或被拒绝入境。这给企业造成的经济损失是极为严重的。因此，国外食品出口企业必须清楚每一类食品中每一种残留物的具体残留限量标准，参照美国的标准做好出口食品的残留物限量检测，而这种检测无疑又加重了出口企业的负担。

第五节　美国食品营养标签法规

在美国食品标签壁垒中，食品营养标签壁垒占主导地位。每年，有大量国外食品因营养标签不符合美国法律规定而被拒绝入境，影响了食品出口国的海外贸易利益。美国食品营养标签壁垒是由美国食品营养标签标准构成的贸易壁垒。根据国际食品法典委员会对营养标签的定义，营养标签是指能为消费者提供食品中各种营养成分含量信息的标签内容。它通常包括营养成分标识和营养声明。美国的《营养标签和教育法》以及《食品营养标签法》中规定，美国的食品营养标签包括营养成分标识和营养声明，并且有具体的法律标准对营养成分标识和营养声明的内容进行规制。除此之外，美国《食品营养标签法》还规定，除少数几类食品外，美国的《食品营养标签法》适用于所有预包装食品，当然包括所有的进口食品，适用范围十分广泛。1969 年，美国白宫食品、营养和健康会议决定在美国推行食品营养标签，经过多年的发展，美国的食品营养标签法律体系已经渐趋成熟，食品营养标签的壁垒性也不断加强。

根据美国《营养标签和教育法》的规定，所有在美国销售的预包装食品必须强制标注食品营养标签，这使得美国成为世界上第一个对食品实行强制性营养标签的国家。美国食品营养标签的强制推行，迫使美国国内的食品生产商每年要为此多支付 10.5 亿美元，大大增加了生产成本，而国外食品生产商的生产成本可能更高。这使得一些靠价格优势打入美国市场的国外食品企业蒙受了巨大的经济损失，失去了原先的食品价格竞争优势，阻碍了它们的食品出口。具体而言，构成美国食品营养标签壁垒的具体标准包括食品营养标签成分标准和食品营养标签形式标准。

一、食品营养标签成分标准

美国《食品营养标签法》规定，食品营养标签必须标注至少 16 种营养成分，而国际食品法典委员会只要求标注其中的 4 种营养成分，美国的规定远远高出国际标准水平。美国食品营养标签成分标准给进口食品带来的壁垒作用主要体现在营养成分的检测上。据美国相关数据统计，检测每一种食品营养成分，需要花费 500~2 000美元。此外，为保证检测结果的精准性，食品营养成分检测机构还必须具有专业权威性，一般是得到国家认证的食品检测机构。如此一来，不仅检测成本高昂，检测难度也加大了，因为大部分发展中国家的专业食品检测机构比较稀缺，这给食品营养成分的检测带来了极大困难，导致这些国家的食品营养标签不符合美国法律规定。

二、食品营养标签形式标准

根据美国《食品营养标签法》的规定，食品单位、食品份数以及食品标识的格式、字体和相关线条的精细程度都必须严格按照美国的具体标准来执行，食品生产企业不得随意进行发挥。这导致许多国外食品生产商不得不放弃原先的营养标签设计形式，制作符合美国法律规定的标签样式，标签的制作成本显著提高。例如，加拿大的营养标签规定数字和单位之间有一个空格，但美国的规定是数字和单位之间没有空格，所以加拿大食品生产企业必须按照没有空格的食品标签形式来进行营养标签的标注，否则食品将不能进入美国市场。对大部分国外食品生产企业而言，按照美国的标准制作食品营养标签就意味着生产规模的缩小和生产成本的上升，因为按照两国不同的食品营养标签形式标准，要分别使用不同的食品包装袋，这就导致包装成本升高。企业还要在存储方面加大投入，从而可以分别存放销往国内和美国的食品。可见，美国的食品营养标签形式标准直接影响到了国外出口企业的市场战略。

第六节　美国有机食品标准

美国早在 1990 年就开始实施《有机食品法案》。该法案规定有机食品生产、处置和加工必须使用天然物质，禁止使用人工合成的物质，不得检测出农药和化肥。由于当时世界上还没有商业化的转基因作物，因此该法案没有对转基因进行规定。

转基因作物获得商业批准后，美国农业部颁布了《国家有机食品规范》作为《有机食品法案》执行细则的补充。美国严格执行有机食品认证体系，在食品贴上有机标签前，要由政府批准的有机食品认证人员对食品链进行全程检查，确保整个食品链符合有机食品各项标准。只有经过认证符合有机食品标准的食品方可贴上有机标签。若未经认证私自贴上有机标签，则会被提起刑事诉讼面临坐牢，并被罚款 11 000 美元。美国农业部全国有机食品署负责全国有机食品生产、处置和加工标准的制定，并对有机食品市场进行监管。美国有机食品标准委员则负责向农业部有机食品署提出标准建议。

美国有机农业发展很快，其产值在 2011 年增长了 9.5%，达到 315 亿美元。另外，2011 年有机食品加工业的产值增长了 9.4%，达到 292.2 亿美元。

美国对有机农作物的生产要求相当苛刻，规定也非常详细。例如，农田由常规农田转为有机农田，必须有三年的转换期，在这三年内按有机农业标准耕作，但产品仍是常规农产品，不能贴有机标签，只有过了三年的转换期后才能申请有机认证。例如，如果一个苹果园最后一次喷洒杀真菌剂的时间是 2011 年 8 月 31 日，只有在 2014 年 9 月 1 日后收获的通过认证的苹果才能贴有机标签。

美国有机食品认证是过程认证，而不是产品认证，就是对农民的耕作及食品的处置、加工、仓储、运输等食品供给链的过程进行检查，看其是否符合有机食品生产标准，而不是检验食品里含不含被禁止的成分。

美国农业部编写了很多有机食品生产指南，如 2012 年 12 月 10 日就颁布了 61 页的《有机农作物生产指南》、112 页的《有机牲畜生产指南》、52 页的《有机食品加工指南》。

2000 年 12 月 20 日，美国农业部宣布了国家有机食品新标准，对在美国从事有机食品的生产和处理进行了统一的规范。该标准于 2001 年 4 月 21 日正式生效。

2002年10月21日，美国农业部制定出全新的有机食品标签，并规定从2002年10月21日起，在全国范围内统一有机食品的标识，以此代替原来非正式使用的或各州制定的有机食品的标识。自此以后，全新的有机食品标签在美国各地的超市和食品杂货店等正式亮相，有机食品从此在美国市场上有了统一的“身份证”。凡是有机程度达到或超过95%的食品，都可贴上一个印有英文“有机”和“美国农业部”字样的绿色圆形标记。有机程度在70%至95%之间的食品，不能贴专门标记，但可在标签上注明本产品“包含有机成分”。食品是否具备贴上有机食品标签的资格，需经美国农业部批准的专门机构认证。

美国的有机食品标签分为以下四种：

①“100% ORGANIC”，完全为有机食品，主要用于蔬菜及水果。

②“ORGANIC”，有机成分所占比例在95%以上的产品。

③“MADE WITH ORGANIC INGREDIENTS”，有机成分所占比例在70%以上的产品。此类产品不贴有机标签，但可以列表显示有机的成分和材料。

④“CONTAINING ORGANIC INGREDIENTS”，包含有机成分，即有机成分在70%以下产品。此类产品不贴有机标签，但可以列表显示有机的成分。

有机成分所占比例为100%和在95%以上的有机食品，可以贴上绿色的“USDA ORGANIC”标签。

根据美国相关法律规定，所有在美国市场出售的有机产品者应由美国农业部认可的认证机构检查和认证，进口产品也必须遵守此规定。因此，向美国出口有机产品者有两种选择：一是出口国与美国达成等同协议，即出口国的认证机构根据本国法律进行检查和认证的产品可以销售到美国并按有机产品销售；二是非美国认证机构但直接被美国农业部认可。

第七节　美国转基因食品标准

一、相关法律

美国在转基因生物研究领域处于领先地位，也是最早开展转基因生物安全研究和对转基因食品进行立法的国家。1973年第一例重组DNA实验在美国获得成功。1975年美国生物学家指出，重组DNA技术可能会对环境和人类造成巨大危害，建议由美国国立卫生研究院制定关于重组DNA技术使用的指南和相应的安全措施。此后，美国于1976年7月颁布了世界上第一部生物安全管理法规《重组DNA分子研究准则》。

1986年6月，里根政府颁布的《生物技术管理协调大纲》是美国关于转基因生物安全管理的法律框架，它规定了美国在生物安全管理方面的部门协调机制，对需要审查和管理的基因工程生物进行较严格的考察。《生物技术管理协调大纲》明确规定：美国食品和药品管理局、农业部、环保署、职业安全与卫生管理局、国立卫生研究院五个部门负责转基因生物安全的政府管理。各部门负责转基因的管理职责和相关法律依据如下：

（1）环保署依照《联邦农药、杀虫剂和鼠药法》和《联邦食品、药品和化妆品法》对农药进行管理。上述法律主要管理转基因微生物农药和植物内置式农药的使用。

（2）农业部动植物卫生检验检疫局依据《植物保护法案》对转基因生物进行管理，防止其成为有害生物。1987 年农业部在该法案下制定实施《作为植物有害生物或有理由认为植物有害生物的转基因生物和产品的引入》（管理条例 7CFR340）。1997 年修订后的《植物保护法案》，详细规定了转基因生物田间试验和跨州转移许可，以及运输过程的标识和包装要求。2007 年 7 月，农业部动植物卫生检验检疫局对《植物保护法案》进行再次修订，内容涵盖转基因生物的范围、许可程序、记录保存制度和低水平无意混杂政策。

（3）食品和药品管理局依照《联邦食品、药品和化妆品法》保障转基因生物食品和饲料安全。1992 年食品和药物管理局发布了《源于转基因植物的食品政策》，建立了自愿咨询程序，制定了公众健康、转基因食品咨询和标识的技术指南。

（4）国立卫生研究院依据《重组 DNA 分子研究准则》，主要负责管理实验室阶段涉及重组 DNA 的活动，同时为基因治疗的管理活动提供咨询和建议。

（5）职业安全与卫生管理局主要负责在生物技术领域保护雇员的安全和健康。

二、转基因食品的管理细则

美国农业部动植物卫生检验检疫局、环保署及食品和药品管理局三个机构根据产品最终的用途对转基因产品进行管理，形成了特有的“三驾马车”的模式。在转基因产品安全管理实际工作过程中，任何一种转基因食品的生产过程都必须根据具体情况经过上述三个机构中的一个或多个的审查。只是在审查过程中，三个部门的侧重点不同而已。如：转基因抗虫特性和抗除草剂特性的食品作物必须由农业部动植物卫生检验检疫局、环保署及食品和药品管理局同时审查；转基因油料作物必须经由农业部动植物卫生检验检疫局及食品和药品管理局审查；转基因园艺作物由动植物农业部卫生检验检疫局单独审查。

与其他消费产品类似，转基因产品的监管以产品为中心，重点是上市前的审批。概述之，即在《生物技术管理协调框架》下，一项转基因生物要经过安全审批或许可，需要由新植物生产企业向农业部、环保署及食品和药品管理局提供数据资料以备审核，之后农业部负责管理转基因作物的开发和大田试验。在该转基因作物品种产业化之前，生产企业需向农业部请求撤销管制。此外，环保署负责对作物抗有害生物性状进行评估和管理，食品和药品管理局审查食品的安全性。

农业部动植物卫生检验检疫局的主要职责是保护美国农业免受病虫的侵害。根据其规定，某一受控物种在引进美国之前，必须经过申请与通告的程序。引进行为包括进入、途经美国的任何产品运输或释放到封闭实验室之外环境中的行为。如果利用基因工程开发和改变的生物或产品是有害植物，那么有理由相信受控生物是有害植物。一旦农业部动植物卫生检验检疫局批准该产品解除控制，那么该产品及其后代在美国的运输或释放不需要再重新审批。对于转基因植物，农业部动植物卫生检验检疫局主要负责对转基因植物的研制与开发过程进行管理，评估转基因植物对农业和环境的潜在风险，并负责发放转基因作物田间试验和转基因产品商业化释放许可证。农业部动植物卫生检验检疫局通过审批许可制度实施其管理职权。若某一公司、学术研究机构或公共部门科学家想对正处于田间试验阶段的某一基因工程植物进行转移，在转移之前，首先必须向农业部动植物卫生检验检疫局提出申请，经审查批准后方可实施。农业部动植物卫生检验检疫局在确认该作物对环境没有危害后即予以批准。这时，申请者就可以进行商品化或其他育种活动（如果涉及其他安全性问题，则还要通过环保署或食品和药品管理局的审查）。

美国食品和药品管理局主要负责植物新品种、食品和饲料的安全性问题。美国食品和药品管理局的政策是基因工程食品也必须与其他食品一样满足同样严格的安全标准要求。美国食品和药品管理局的主要职能是：确保在农业部管辖下的国内和进口食品、出口肉类和禽肉产品的安全性；对植物新品种（包括转基因作物）生产的食品（包括动物饲料）的安全性以及营养价值进行咨询与评价，负责食品上市前审批管理，对食品标识提供指导原则；监控食品，实施杀虫剂容许量标准。如果由转基因作物加工的产品欲用作食品或饲料，也要对其申请过程进行管理。食品和药品管理局对转基因食品的管理职能主要通过安全性评价制度、标识制度来实施。

美国环保署负责确保杀虫剂的安全性。杀虫剂包括化学杀虫剂和利用生物技术生产的生物杀虫剂。环保署制定了食品和饲料残留杀虫剂法定容许标准，为消费者健康提供高度的安全保证；还制定了在新的耐除草剂作物中除草剂残留容许标准。任何抗虫和抗除草剂转基因作物的田间释放都必须向环保署提出申请，并同时提交一份抗性管理计划，以确保该作物抗虫、抗除草剂特性不会因为遗传改变或害虫产生耐受性而丢失或减弱。

三、转基因食品的标签/标识管理制度

1997—2001 年，美国食品和药品管理局颁布的《转基因食品自愿标识指导性文件》和《转基因食品上市前通告提议》，对食品安全做了详细的规定：第一，由转基因技术开发的食品或食品成分同其他非转基因食品一样可以遵循统一安全管理标准；第二，如果检测证明通过转基因作物加工的食品及食品成分与利用传统植物育

种方法开发的产品成分相同，则原则上认为它们在本质上没有区别，无论开发食品使用的何种方法，具体的管理措施主要取决于食品的具体特征和最终用途；第三，绝对安全的食品不可能存在。对待食品必须实行最低忽略限度标准，即物质含量在该限度内就应该认为是安全的。

在标识问题上，美国认为转基因食品和常规食品应适用同样的标签要求。由于现行法律并不要求在食品标签上说明食品的制造方法，转基因食品也无须贴特殊标签。只有当转基因技术实质性地改变了与健康有关的特性，如食品用途、营养价值等发生改变时，或以转基因材料生产的食品的原有名称已无法描述食品的新特性，可能影响食品的安全特性或营养质量或可能导致过敏反应时，制造商才需要通过特殊标签加以说明。在同一份指南上，美国食品和药品管理局还提出，禁止刻意标注"非转基因食品"，原因是这样的标识会误导消费者，让消费者认为转基因食品和非转基因食品有区别，而标注"非转基因食品"的厂家会因此不平等获利。

四、转基因食品的风险分析和监管体系

（1）转基因食品上市前的安全评价。

美国农业部、环保署、食品和药品管理局在现有法律框架下建立了各自的风险评估制度。农业部主要管理转基因生物的跨州转移、进口、环境释放和解除田间种植管制四类活动。环保署将抗虫转基因植物、抗病毒转基因植物和转基因微生物农药纳入《联邦农药、杀虫剂和鼠药法》管理范畴，基于农药管理模式建立了转基因生物管理制度。环保署主要管理农药的试验使用许可、登记和残留限量。与常规农药相比，转基因农药所要求的数据资料少、审查时间短。

按照转基因生物对农业和环境的潜在风险，农业部建立了以风险为基础的分类安全评价制度：对风险较低的转基因生物的释放实施通知程序，对风险较高的转基因生物的释放实施许可程序。同时，任何转基因生物都可以申请非管制状态，获得非管制状态的转基因生物不再受前述《作为植物有害生物或有理由认为植物有害生物的转基因生物和产品的引入》（7CFR340）的管制。根据受体植物的生存风险和转基因基因性状的潜在危害，将转基因植物的环境释放划为A、B、C、D四类：A类转基因生物的管理接近现有体系下的通知程序；B类和C类接近许可程序；D类则必须经过严格的审核许可程序。新法规还进一步强化研发者是转基因生物安全的责任主体的要求。食品和药品管理局建立转基因食品的自愿咨询制度，产品安全由研发者和生产加工者负责。研发者可以在产品上市前咨询转基因产品的安全。研发者须在提交相关资料后获得食品和药品管理局的食用安全许可，必要时，还须向环保署进行注册登记。

（2）转基因食品上市后的监管。

美国联邦政府负责转基因生物的安全监管，州政府一般不具有监管职责。美国农

业部动植物卫生检验检疫局负责转基因生物的监管，建立了强大的、以风险为基础的监管体系，包括执法检查、人员培训和文档保存。农业部要求研发者主动报告潜在的、可疑的或已经发生的转基因生物违规事件，并设立专门报告通道。环保署按照农药的模式对转基因植物进行安全监管。除药用、工业用转基因植物外，美国农业部对转基因生物的产业化种植没有附加要求。药用、工业用转基因植物不能获得非管制状态，必须在严格的隔离条件下进行产业化种植。环保署一般对植物内置式农药（如抗虫转基因作物）的登记附加限定条件：一是在野生近缘种存在的地区，禁止植物内置式农药的产业化种植；二是要求研发者监测靶标生物对转基因植物的抗性，制定抗性治理策略。环保署主要采用高剂量/庇护所策略，用敏感种群稀释抗性个体防止抗性种群的产生。同时，美国对转基因产品采取自愿标识，《转基因食品自愿标识指南》规定，标签只能标注产品的事实，不能误导消费者，使其认为标注非转基因产品优于转基因产品，另外，对没有商业化的转基因产品进行非转基因标识也是误导消费者。

第八节　美国食品添加剂限量标准

所谓直接食品添加剂，是指直接加入食品中的物质。所谓间接食品添加剂，是指包装材料或其他与食品接触的物质，在合理的预期下，转移到食品中的物质。根据这个定义，食品配料也是食品添加剂的一部分，这是美国与大多数国家对食品添加剂定义的不同之处。

美国法律规定，食品和药品管理局直接参与食品添加剂法规的制定和管理。肉类由美国农业部管理。用于肉和家禽制品的添加剂需得到食品和药品管理局与农业部双方的认证。酒和烟由酒烟草税和贸易局管理，对用于酒、烟的食品添加剂实行双重管理。食品添加剂立法的基础工作往往由相应的协会承担。如食品香精立法的基础工作由美国食品香料和萃取物制造者协会担任，其安全评价结果得到食品和药品管理局认可后以肯定的形式公布，并冠以GRAS（一般公认安全）的FEMA号码。随着科技进步和毒理学资料的积累，以及现代分析技术的提高，每隔若干年，食品添加剂的安全性会被重新评价和公布。在美国，只有经过评价和公布的食品添加剂才能生产和应用，否则会被认定为不安全。含有不安全食品添加剂的食品则不宜食用，不宜食用的食品禁止销售。

美国规定，食品中公认的可安全使用的物质不属于食品添加剂范畴，但对这类物质的使用也实行严格管理。食品和药品管理局已推行一项新的公认安全物质的通报系统，即由生产企业向食品和药品管理局提交其产品，根据其用途属于公认安全物质的报告，食品和药品管理局在一定时间内（通常为180天），向申请人发信确认或否认申请的物质的公认安全性。

第三章　反倾销与食品贸易

中国和美国互为非常重要的贸易伙伴，双边贸易额呈逐年上涨趋势，据联合国贸易和发展会议统计，双边贸易额已由 1995 年的 408.5 亿美元增长至 2011 年的 448.1 亿美元。截至目前，中国已经成为美国的第一大贸易伙伴、第三大出口目的地和首要进口来源地。在中美贸易额不断增加的同时，也应该看到，美国对华的贸易逆差也在不断拉大，中美贸易逆差不断上升的趋势也引起了美国的高度重视，其对来自中国的产品采取了以反倾销为主的贸易限制手段。

第一节　反倾销理论分析

一、反倾销的经济学分析

从经济学角度看，倾销的实质是一种价格歧视行为，也就是在不完全竞争市场中，厂商对同样的产品在国内销售和对外出口时制定不同的价格。一般而言，倾销可以分为三种：偶然性倾销、掠夺性倾销和持续性倾销。

偶然性倾销是指偶然发生的倾销。当一个生产者偶尔出现未售出的存货，如因为错误的生产计划或者没有预料到的需求变化而产生的存货，并且又不想以破坏国内市场为代价处理它们时，就会把它们降价销往国外，这一类型的倾销与低于成本的倾销最为接近。由于偶然性倾销经历的时间和倾销的量是有限的，因此并不是反倾销的主要对象。

掠夺性倾销是指生产者在国际市场上为了把竞争对手排挤出去而以低于对手的价格销售商品。当然这个生产者会遭受损失，但是一旦竞争对手离开了这个市场，他就能把价格提高到垄断水平，因此这种倾销仅仅是一种临时性倾销。但掠夺性倾销的目的是形成垄断，势必对进口国产业造成长远的损害，因此必须制止，这也是反倾销最主要的依据。然而，在现实生活中，出现垄断的情况是不多见的。在当今各国市场上，由于可替代商品的存在以及各国反垄断法律的作用，尤其是市场上的“进入障碍”受多边贸易体制规则的限制，某一厂商企图垄断某种商品的市场，是很不容易得逞的。即使像计算机芯片这样的高技术产品，能与英特尔在市场上相抗衡的还有其他芯片生产企业。而且，采用掠夺性价格歧视将竞争对手排挤出市场后，就会将价格回升到原来较高的水平，然而，这时又会有新的竞争者进入市场。当然，这是以市场上不存在进入障碍为前提条件的。实际上，按照罗兰德·H·科勒的总结，这种掠夺性削价的成功例子也是很少的（张元智，1999）。

持续性倾销必须具备三个条件：第一，出口商品生产企业在本国市场上有一定的垄断力量，对商品市场价格有很大的影响力，而不仅仅是价格的接受者，这样，出口产品才能在国内保持较高的价格。第二，本国与外国的市场必须隔离，相互间不流通，从而防止国内居民去价格更低的国外市场购买该商品并返销到国内来。第三，两国的需求价格弹性不同。在具备了以上三个条件后，该生产者为了使利润最大化，会设法使每个市场的边际收益都等于边际成本，结果是该商品在国内外市场上产生不同的价格。通常情况下，这种价格歧视表现为出口价格低于国内价格，即倾销。

现实中，由于运输成本和保护性贸易壁垒的存在，国际市场不能完全一体化，所以本国厂商通常在国内市场占有的份额比其在国际市场的要大。这就意味着它们在国外的销售量比在本国的销售量更多地受到其定价的影响。同样，为了让销售量翻番，一个拥有20%市场份额的厂商，其削价幅度不必和一个拥有80%市场份额的厂商一样。所以，厂商一般认为自己在国外市场上没有太强的垄断力，也就是其在国内外市场面临不同的需求曲线，并且，国内市场的需求价格弹性要小于国外市场的需求价格弹性。有了两个不同的需求曲线，厂商就会制定不同的价格，并且国内市场价格要高于国外市场价格。

二、反倾销对世界福利的影响

从倾销的种类来看，偶然性倾销是暂时的，一般不会持久，很少会被提起反倾销起诉。掠夺性倾销是为了形成垄断，把价格提高到垄断水平，获取垄断利润。但是价格提高后，进口国会有新的厂商进入，其他国家也会有新的厂商进入，垄断很容易被打破。采取掠夺性倾销的厂商只有在世界范围内形成垄断才能实现其目的，而现实中能在世界范围内形成垄断的厂商是极少见的。所以此类倾销虽然会造成世界福利的减少，但由于其数量较少，且极少能实现其目的，不是反倾销的主要对象，对世界总体福利的影响也是较小的。

三、反倾销对贸易的影响

从总体来看，反倾销措施已经成了一种新的贸易保护措施。从反倾销法最初立法意图来看，反倾销措施对外国进口商品来说，似乎并不是一种惩罚，而仅仅是一种维护本国市场公平竞争的“救济”措施。欧美等发达国家及一部分新兴工业化国家频繁动用反倾销措施限制进口，实际上已经将反倾销措施作为限制外国商品进口、保护国内产业的一种贸易保护手段。因为动用其他的贸易保护手段，既要受到多边及双边贸易体制、贸易规则的制约，同时还会引起贸易伙伴国的不满和报复。而反倾销措施所体现的公平贸易原则符合《关贸总协定》及世贸组织的基本原则，不仅可以用来维护竞争秩序，更重要的是还可以起到限制外国商品进口、保护本国产业的作用。因而各国政府都乐此不疲，频繁使用，以至于为了维护市场公平竞争秩序的反倾销措施，在实施过程中构成了对外国产品在本国市场竞争的限制措施，演变成了保护本国产业、阻止国际竞争的贸易保护手段。

反倾销之所以会演变成一种贸易保护措施，主要是因为反倾销法在理论上存在缺陷，所以在实施中有许多地方含糊不清，存在着较大的自由裁量空间，很容易被一些国家的政府滥用，比如正常价格的确认等。为了防止反倾销措施的滥用，多边贸易谈判从“肯尼迪回合”开始，每一回合都不惜以大量篇幅制定相应的《反倾销协定》来对反倾销行为加以规范。这从另一个方面印证了反倾销立法上存在的缺陷。

除了反倾销措施的贸易保护倾向，进口国还能够通过反倾销措施滋扰贸易商。在本不存在倾销的情况下，进口国政府的反倾销措施也能构成对出口、进口该产品的贸易商的滋扰。反倾销调查的提起就意味着出口国相关企业必须出面应诉。出口商费尽周折，即使能赢得诉讼也无法避免市场份额的大幅度减小，因为尽管进口国海关对临时反倾销税实行“多退少补”的原则，但是如果倾销成立将会增加进口商的进口成本。如果进口商满足以下条件，美国政府还可以对进口商追溯征税，对那些在临时措施适用之前90天内进入消费领域的产品追溯征收最终反倾销税：第一，如果被控产品存在造成损害的倾销历史；第二，进口商知道或应该知道出口商在实施倾销，并且该倾销会造成损害；第三，损害是由于在相当短的时期内倾销产品的大量进入造成的。由于在这段时间内进口产品时进口商根本无法预料反倾销税的大小，所以对进口商来说风险是非常大的，有时甚至会导致其破产。进口商如果得知本国政府将要对该产品开始反倾销调查，在本国政府采取反倾销行动时，往往就退避三舍，将其贸易活动改道他国。因而，从这个角度看，反倾销对贸易的限制作用也是非常有效的。

第二节　美国反倾销立法概况

一、1916 年反倾销法

随着第一次世界大战的爆发以及美国对德国及其卡特尔集团的关注，威尔逊政府注意到公众对掠夺性定价行为的担心，建议扩展国内法律，以反对与进口贸易有关企业的不公平竞争行为。1916 年反倾销法就是在此背景下登上了历史舞台。

美国的 1916 年反倾销法实际上是指美国于 1916 年颁布的《关税法》所规定的反倾销条款。该法的第 800~801 款规定：以大大低于出口商品生产国的主要市场的价格进口产品或销售进口产品的行为，并且有摧毁或损害美国工业或阻碍美国工业的建立，或限制或垄断在美国该产品的任何领域的贸易与商业的意图为非法；违反该法律的行为视为触犯刑法，应予以刑事处罚或监禁或两者合一的处罚，而受到伤害的一方可以诉请三倍的损害赔偿（王景琦，2000）。

值得注意的是，该法至今仍然有效，但由于该法的局限性以及其后的其他反倾销法律更易于用来保护国内工业，故该法很少被使用。但是，1999 年 6 月，日本提请 WTO 争端解决机构根据 1994 年《关贸总协定》第 23 条、《关于争端解决规则和程序的谅解》第 4 条和第 6 条、《反倾销协定》第 17 条成立专家小组。日本提出美国 1916 年反倾销法违反 WTO《反倾销协定》。2000 年 3 月，专家小组裁定美国 1916 年反倾销法令违反了 WTO《反倾销协定》的有关规定。美国随后提出上诉，WTO 争端解决机构上诉厅维持了原裁决，要求美国根据 WTO《反倾销协定》的规定修改 1916 年反倾销法。

1916 年反倾销法有一定局限性，它要求政府机构在征收反倾销税时，必须证明被指控人有故意的掠夺性意图或限制贸易的低价倾销行为。在实践中，这种证明比较困难，因此该法公布后不能有效保护美国产业，故不能满足保护美国国内的要求。

二、1921 年反倾销法

1920—1922 年，先后有 10 个国家通过了反倾销法，其中包括美国和英国。这两个国家历史上曾是自由贸易的强烈提倡者和从事者。1921 年，美国颁布了《紧急关税法》，反倾销法是其中的一部分，其基本指导思想是，“一旦发现外国进口商品以低于该商品的公平价值在美国或可能在美国销售，并且美国国内工业正在或可能受到损害，或阻碍该工业的建立，财政部可公布其裁决”；“如果购买价格或出口商销售价格低于外国市场价值（如无这一价值时，低于生产成本），要征收特别倾销税，幅度为两者之差”。

1921 年反倾销法对 1916 年反倾销法的有关规定进行了以下修改：

（1）反倾销法不再是刑事法律。倾销的裁决改为行政裁决而非司法裁决，由财政部进行。这样，裁定倾销在程序上有了更大自由度，因此使确定倾销裁决的可能性大大增加。

（2）证明摧毁、损害或阻碍工业建立等的意图时，仅仅证明有工业损害事实或损害的可能性就足够了，无须证明低于正常价值销售对美国工业所造成的损害威胁。

（3）特别规定了不同的救济方式。1916 年反倾销法规定了罚金、监禁以及民事责任，主要是为了惩罚倾销方，通过威慑作用来保护与之竞争的国内企业。1921 年的反倾销法规定征收反倾销税，主要目的是保护国内企业，而仅仅间接地惩罚倾销方。如果倾销方继续在美国市场倾销，则通过反倾销税对其进行惩罚；如果倾销方不再从事倾销行为，则无须征收反倾销税。

（4）使用了推定价值概念，即当不存在外国国内价格的销售或该销售数量很少时，出口价格将与生产成本进行比较。其目的是保护美国国内工业免受进口产品的竞争。

可见，1921 年反倾销法比 1916 年反倾销法更容易确定倾销的存在。该法后来作为 1930 年《关税法》的一部分，一直保留到 1979 年才被废除，但许多原则和概念保留了下来。

三、1930 年反倾销法

美国国会在 1930 年通过了新的关税法，对倾销问题，做出了补充规定，并将 1921 年反倾销法作为 1930 年《关税法》的第七章。1921 年反倾销法并未废除，仍继续实行，一直保留到 1979 年。该法规定：一旦美国财政部确定，被调查产品在美国的销售价格低于该产品的正常价值，并且对美国国内行业造成损害时，对该调查产品征收反倾销税。

四、1974 年和 1979 年的贸易法

1974 年，美国修订了《贸易法》做出如下修改：以国际贸易委员会取代关税委员会负责确定损害及处理相关事宜，增加对来自非市场经济国家和跨国公司等当事方的听证程序问题的规定，允许对“倾销价格”的裁定提出司法审查等。

应关税及贸易总协定东京回合修正的《反倾销协定》的要求，美国国会制定了 1979 年《贸易协定法》，其中第一篇即为反倾销法。它完全取代了 1921 年反倾销法，并在下列几个重大问题上做了修改：征收反倾销税的标准之一由“损害”改为“重大损害”或“实质性损害”，同时规定了达到实质损害应考虑的因素；增加规定反倾销调查程序各个阶段和时限的内容，缩短调查期限；商务部接替财政部行使确定倾销的权力；扩大国际贸易委员会的管辖权。

五、1984 年和 1988 年的贸易法

1984 年，美国国会通过《贸易和关税法》，有关反倾销的修改如下：①扩大商务部在处理某些问题上的自由裁量权，处理持续性倾销；②明确规定反倾销的适用范围；③减少反倾销程序的复杂性和成本，以利于美国小企业提起申诉。1988 年 8 月 23 日，美国国会通过的第 100~418 号公法（Public Law），称为《综合贸易与竞争法》，其中第 1316 节至 1330 节是有关反倾销的规定。其主要内容有：①非市场经济国家反倾销的特殊规定；②第三国倾销（third country dumping），美国可以要求进口国对第三国采用取反倾销行动；③规避措施：④虚假外国市场价值的处理；⑤监视下游产品；⑥对多次违反反倾销法的进口产品缩短审查期限；⑦将国内农产品原料生产商作为农业加工业的组成部分，扩大了反倾销申诉人的资格范围；⑧有关重大损害威胁考虑因素的新规定；⑨关于反倾销机构披露资料的新规定；等等。

六、1994 年的反倾销法案

1994 年，美国根据乌拉圭回合谈判达成的《反倾销协定》的规定，对其国内反倾销法以及政策做出了相应的调整。1994 年 12 月 8 日，美国国会通过《乌拉圭回合协定法》，该法从 1995 年 1 月 1 日起正式生效，并开始实施 WTO 的《反倾销协定》。此次根据 WTO《反倾销协定》修改的内容涉及：微量倾销幅度及可忽略进口量、价格的比较采加权平均正常价值和加权平均出口价格的比较方式、改变了在结构价格中固定的 8%和 10%的利润和销售管理费用的做法、对新出口商的快速复审及单独税率、关联企业的裁决、进口转售价格的处理、反规避措施等。此外，在反倾销程序上也有一些调整，如将追溯征收反倾销税期按立案时间追溯 60 天改为 90 天，将从立案到商务部做出初裁的时限由原来的 160 天改为 140 天。

根据乌拉圭回合谈判制定的 WTO《反倾销协定》以及 WTO 争端解决机制的裁决，美国国会和政府制定相应的法律、条例来充实和更新其反倾销法律。这其中包括 1998 年关于“日落复审”的规定、1999 年关于取消一项反倾销令的规定等。1999 年，欧盟向 WTO 争端解决机制提出要求，认为美国的 1916 年反倾销法与 WTO《反倾销协定》不符。2000 年 9 月 26 日，WTO 争端解决机制采纳了争端解决上诉机构的建议，认定 1916 年反倾销法与 WTO《反倾销协定》不符。2003 年 4 月 3 日，美国正式通知 WTO，根据美国众议院通过的立法，从 2003 年 4 月 3 日起，美国正式废止了 1916 年反倾销法。

美国反倾销法的立法宗旨和基本原则是反对国际贸易中的掠夺性定价行为，维护市场的公平竞争。从这个意义上说，实施反倾销措施是必要的，也是合理的。但是，随着世界贸易自由化的发展和美国国内产业竞争力的相对下降，出于保护国内幼稚产业和落后产业的目的，同时迫于国内利益集团的政治压力，美国政府多次对

反倾销法进行修改。这种修改一方面扩大了反倾销法的适用范围，另一方面加强了反倾销措施的实施力度，进而使反倾销成为一种新的被国际法认可的贸易保护手段。

回顾美国反倾销法的修订过程，可见美国反倾销法关心的仅仅是保护美国国内工业而并非为了维护公平竞争的贸易环境。例如：在倾销的认定中，低于成本销售的规定有利于确定倾销的存在；在损害的认定中，对进口商品的影响进行累计考虑有利于对损害的定性；所谓的“第三国倾销”，即当在第三国倾销的产品损害了同时将相似产品也出口到该国的美国企业的利益时，美国贸易代表可以要求该第三国对这些倾销产品采取反倾销措施，更是便于美国商务部扩大对国内产业保护的霸道条款。另外，并非所有的反倾销案件都以征收反倾销税而告终，1950—1988 年，69%的反倾销调查立案最终做出了肯定性裁决，而其中 45%的案件以被动配额或中止协议的形式取代，只有小于 25%的案件要征收反倾销税（王继先，2003）。可见，征收反倾销税并不是美国主管当局的目的，其真正的目的是通过实施反倾销措施限制进口。美国俄勒冈大学教授 Blonigen 认为，倾销的法律定义几乎完全偏离了关于倾销的任何经济学概念。反倾销措施已不再与掠夺性定价相关。尽管外国企业出口需要缴纳的费用高于其在国内销售所需费用，也高于进口国竞争者的相应费用，但仍可能面临“反倾销”威胁。反倾销措施并未用以维护贸易公平，不过是新形式的贸易保护主义。

第三节　中国反倾销立法

长期以来，我国没有自己的反倾销法，导致自 1979 年 8 月欧共体对我国企业糖精、钠和铜出口发起反倾销调查起，我国的反倾销一直处于被动中。

1994 年 5 月 12 日，第八届全国人民代表大会常务委员会第七次会议通过了《中华人民共和国对外贸易法》。该法第三十条规定：“产品以低于正常价值的方式进口，并由此对国内已建立的相关产业造成实质损害或者产生实质损害的威胁，或者对国内建立相关产业造成实质阻碍时，国家可以采取必要措施，消除或者减轻这种损害或者损害威胁或者阻碍。”这是我国第一次在法律中对对外贸易中的倾销行为做出明确规定，但是这条规定仅仅是原则性规定。对如何认定倾销、如何认定损害、反倾销的措施、采取反倾销措施的具体程序，该法均未做规定。因此，其可操作性不强。

为扭转我国反倾销的被动局面，保护国内产业，1997 年 3 月 25 日，国务院发布了《中华人民共和国反倾销和反补贴条例》（以下简称“1997 年条例”）。这是我国正式颁布的第一部专门的反倾销立法。

该条例遵循了 WTO《反倾销协定》的基本精神，吸收了国外的经验并与现阶段我国国情相适应，它对我国反倾销立法的发展和经济的发展具有重大意义。1997 年 11 月 10 日，我国对外贸易经济合作部依据条例正式接受了我国新闻纸产业递交的对来自加拿大、美国和韩国的进口新闻纸进行反倾销调查的申请。这使我国反倾销迈入了主动出击阶段。

然而，“1997 年条例”中仍存在很多不足。为进一步完善“1997 年条例”，我国又制定了《中华人民共和国反倾销条例》（以下简称“2002 年条例”）。该条例自 2002 年 1 月 1 日起实施。“2002 年条例”共 6 章 59 条，它基本上保持了“1997 年条例”的框架，但又在原有基础上做了些完善，如：①在“1997 年条例”第四条中加入了“正常贸易过程中”，使正常价值的确定方法更加明确；②将出口价格与正常价值的比较方法细化；③在积累评估制度中增加了合理的量化规定；④在国内产业的认定中增加了地区性产业的规定。

“2002 年条例”做出的修改使我国的反倾销立法质量再次提高，但是，与世界先进的反倾销立法以及 WTO《反倾销协定》相比，“2002 年条例”还只是粗线条立法，其中仍有很多规定过于原则化，因而在许多制度和程序上还有不足。2004 年 3 月 31 日，国务院发布了《国务院关于修改〈中华人民共和国反倾销条例〉的决定》。该法律是参考国外发达国家和世界贸易组织比较完善的法律规定而出台的，较之以往，有了很大的进步，但还有许多地方需要再商榷，以便更好地保护我国工业的发展。1994 年 WTO《反倾销协定》的签订，对世界各国的反倾销立法都起了推动作用。如何运用 WTO 规则以及如何与 WTO 接轨，直接关系到我国在日益激烈的国际贸易中的利益得失。同时，我国正承受着倾销和反倾销的严峻现状。这些都对我国反倾销立法的修改、完善提出了新的要求。

第四节　中美反倾销立法的比较

于 2001 年出台并于 2004 年 3 月进行修订的《中华人民共和国反倾销条例》顺应了世界各国强化反倾销立法的潮流，为有效抵制国外产品的倾销提供了有力的法律武器，有效地缓解了我国反倾销的严峻挑战。但是，随着国家间竞争的日益激烈，各国为了保住各自在国际市场的份额，在提高产品质量和降低生产成本的同时，规避进口国反倾销立法的手段和方式也日趋隐蔽和复杂。在纷繁复杂的国外倾销和反倾销面前，由于我们反倾销立法实践和经验的不足，我国反倾销条例逐渐暴露了它的缺陷。因此，我们应加强对 WTO 反倾销规则和世界先进国家尤其是美国反倾销立法的比较研究，在比较中借鉴，进一步完善我国的反倾销立法。

一、反倾销实体规则存在的不足

所谓反倾销实体规则，一般认为主要包括有关倾销的认定、损害的确定以及因果关系的确认等方面的内容。《中华人民共和国反倾销条例》第三条规定："倾销，是指在正常贸易过程中进口产品以低于其正常价值的出口价格进入中华人民共和国市场。"根据定义，如果要确认一种产品是否存在倾销，首先要计算出该产品的出口价格和正常价值。若是前者高于或等于后者，则不存在倾销；反之，倾销存在。但若与美国和WTO的相应规定做比较，《中华人民共和国反倾销条例》仍有不足。

1. 倾销界定存在的缺陷

同WTO《反倾销协定》和美国的反倾销法相比，我国反倾销条例在对倾销的界定上，依旧存在规定过于简单、不够具体、可操作性不强等弊端。这主要表现在如下几个方面：

①对"正常价值"的规定不够详尽，缺乏可操作性。我国反倾销条例没有直接定义"正常价值"，但第四条规定了确定"正常价值"的方法，即进口产品的正常价值，应当区别不同情况，用出口国（地区）国内销售价格、第三国价格或成本结构价格来确定。我国确定"正常价值"的方法，同WTO《反倾销协定》以及美国反倾销法的有关规定相比，其不足主要表现在：对国内销售价格界定不详尽。在用出口国国内销售价格确定正常价值时，美国反倾销立法对国内价格进行了明确的界定。WTO《反倾销协定》规定，"如果该项销售构成进口成员产品销售的5%以上，通常应被认定为足以用于确定正常价值。假如有证据表明较低比例的国内销售仍然具有足够的数量提供适当比较，则该较低比例应被接受。"美国反倾销法对采用出口国国内销售价格确定正常价值时，规定应满足下列条件：国内销售价格应反映平时一般交易水平，应排除因情况特殊而导致过高或过低的价格；国内销售数量应达到要求标准，即国内同一规格产品销售数量应大于该产品出口到美国数量的5%；应排除有关联和某种补偿安排等不正常交易价格的适用；所考虑的国内市场价格的时间应与美国价格的时间相当；国内价格不应低于成本价格等。

我国反倾销条例对"国内价格"的界定过于简单，对何谓"正常贸易过程"和"可比价格"没有做出具体规定。另外，我国反倾销条例对确定正常价值的国内市场价格没有明确是批发或转售价格，还是市场消费价格。这在实践中很可能会使反倾销执法者无所适从，造成执法畸轻畸重。因为，在实际销售中，前者的价格往往要比后者低得多。而对此，无论是美国反倾销法还是WTO的《反倾销协定》都明确规定作为正常价值的国内市场价格，应为有利于确定倾销成立的消费价格。

②没有定义"正常贸易过程"。WTO《反倾销协定》规定：判断在出口国国内市场的销售是否属于正常贸易的主要依据是看该种产品在出口国国内市场的销售价格是否低于成本，如果在一定期间内（通常为1年，最短不少于6个月），大量该种产品的销售价格低于包括单位生产成本（固定的和可变的）、管理费用、销售费和一般费用在内的单位成本，则可能被认为不属于正常贸易。美国反倾销法对正常贸易的界定是：国内售价不能低于生产成本，并能够反映出口国市场的一般交易水

平，交易双方也不应存在控股之类的关联以及补偿协议。此外，正常贸易过程还排除“虚构市场价格”。我国的反倾销条例没有对“正常贸易过程”进行明确限定，这不利于指导我国的反倾销实践。

③没有对第三国和第三国价格的选择进行规定。根据WTO《反倾销协定》的规定，选择第三国或第三国价格时，应从以下几方面考虑：产品必须相同或最相似，必须是出口价格最高的国家；该第三国市场在组织结构和其他推销渠道上与进口国的做法相类似；向第三国市场销售必须达到能收回生产成本的程度等。对此，美国反倾销法还进一步明确：出口到第三国的产品数量应为出口到美国外的最大的，并且应达到5%的最低限量。我国的反倾销条例没有就第三国和第三国价格的选择进行规定，有待进一步明确。

④没有明确“合理费用”的构成和计算方法。对于结构价格，美国与WTO的规定基本相同，一般为生产成本加合理费用和利润。根据WTO《反倾销协定》规定，结构价格是原产品的生产成本加上合理数额的管理费、销售费、其他成本以及合理利润。其中，所加利润不得超过原产国国内市场上相似产品销售时正常得到的利润，合理费用的构成为管理费、销售费和一般费用。美国对结构价值的具体构成做了如下规定：在被指控产品出口前用于生产该产品或相似产品的生产成本，包括原材料成本，正常交易中的生产、装配或加工费，批发销售过程中的一般费用、管理费用，运输的容器和包装费以及其他费用。同时，美国还规定，管理费和利润一般分别为生产成本的10%和生产成本加管理费之和的8%。我国反倾销条例的第四条第二款对结构价格规定为“生产成本加合理费用、利润”，但没有明确“合理费用”的构成和计算方法。这在实践中不利于对倾销进行公正的认定。如果合理费用包括的项目较多，则确定的正常价值相应较高，倾销成立的可能性也就比较大，倾销的幅度也因此偏高，这对出口国生产商较为不利；反之，如果包含的项目较少，则对进口国不利。

⑤没有“替代国”价格作为非市场经济国家出口产品“正常价值”的规定。“替代国”的存在是西方国家对我国实施反倾销歧视的一种重要途径。美国是“替代国”做法的主要倡导和实施国。在“替代国”的选择标准问题上，美国反倾销法强调，替代国的经济发展水平要与出口国具有可比性，并且是可比产品的主要生产国。可比性的考虑因素是国民生产总值的人均水平和基础设施的发展情况，尤其是生产相同产品产业的发展水平。长期以来，我国企业就深受其害。但无可否认，对“替代国”的正确认识并做出规定，不仅可以避免他国对我国的企业任意进行歧视性的反倾销措施，同时也可以给我国对他国输出的缺乏正常价格的商品提供一个合理的比较标准。我国反倾销条例在对正常价值确定时，没有提及非市场经济国家的适用标准。因为，一直以来，我国国内许多人认为，在“替代国”价格上，部分国家对市场经济国家与非市场经济国家的划分是不公正的，各国在反倾销问题上将中国视为非市场经济国家的做法是一种歧视。所以，在我国反倾销条例中就不能再采

用这些歧视和不公正的方法。但我们认为，当今世界仍然还存在许多处于计划经济或经济转型的国家，对这些国家的出口产品进行反倾销调查时，如果一律采用市场经济国家标准来确定正常价值，恐怕很难反映其真实的倾销幅度。所以，在对这一类国家的出口产品确定正常价值时，我国应参照欧美的做法，采取特殊标准，“替代国”做法是可借鉴的方法之一。

此外，各国反倾销实践表明，用“替代国”价格来确定非市场经济国家出口产品的正常价值，有其科学性和先进性的一面。只是这些标准在具体操作上还不完善，往往被某些调查当局滥用，尤其是对“替代国”选择的任意性、不公正和歧视性，导致“替代国”制度无法有效发挥其保护本国产业和维护国际贸易秩序的积极作用。因此，我国应引入“替代国”制度，同时加强操作的公正性。只有这样，才能给歧视我国的西方国家一点警告和反击，同时也更有利于保护我国的企业。

2. 有关出口价格确定的不足

WTO《反倾销协定》就出口价格规定了三种不同的情况：①在出口商与进口商之间不存在特殊关系时，出口价格为该进口商从该生产商或出口商处购买该产品所实际支付或约定支付的价格；②在无出口价格或进口国当局认为，因出口商与进口商或第三方之间存在联合或有补偿性安排，而使出口价格不可靠时，则出口价格可以在进口产品首次转售给独立买主的基础上推定；③由进口国当局在合理的基础上确定，这是指产品在未转卖给独立的买主或转卖未依进口时的状态的情形。

我国反倾销条例秉承了WTO《反倾销协定》的精神，但第五条的规定有一个明显而且不应该的缺陷，其未将关联当事方之间的交易价格排除在外。在受诉的倾销产品出口商与进口商有一定关联的情况下（如相互持有一定的股权、同为一母公司的子公司等），他们为了规避反倾销法的制裁，常常故意提高出口价格，而进口商再以较低价格转售，出口商则通过其他方式给予进口补偿。在这种情况下，他们之间的出口价格掺有很大水分，不应予以采用，而应以转售给独立买主的价格或有关当局在合理基础上推定的价格为出口价格。依我国反倾销条例的第五条，进口产品有实际支付价格或者应当支付的价格的，即以该价格为出口价格，而不考虑出口商与进口商间是否存在关联交易。这里显然存在漏洞。

3. 没有关于低于成本销售的规定

美国反倾销法对低于成本销售的产品从销售时间、销售数量、销售价格和成本四个方面进行了限定。《关于执行1994年关税与贸易总协定第六条的协定》第2.2条规定，产品销售已经持续一年，产品数量占销售总量20%以上且销售价格致使在一定合理时间内无法收回所有成本，即被确认为低于成本销售。这部分销售不属于正常交易范围，不能作为判定其本国或第三国正常售价的标准，美国商务部将另外进行生产成本的调查。如果无高于成本的销售，则采用推算价格来计算其公平价格。

在全球经济竞争日趋激烈的大背景下，许多企业经常采用低于成本销售的策略，以扩展国际市场。而遗憾的是，我国的反倾销条例没有对“低于成本销售”型倾销进行规定。这意味着即便我国反倾销实践遇到此类倾销，我们也无法可依。因此，建议在修改反倾销条例时，补充关于低于成本销售的限制性和制裁性条款，以尽快摆脱反倾销实践无法可依的尴尬局面。

二、有关损害确定的立法疏漏

1. 对相同产品的界定不明

美国反倾销法对如何确定“相同产品和相似产品”做了详细的规定：在确定可比产品上首先是受调查的产品和其他与该产品在实物特征上一致且属于同一国家同一个人生产的产品；如果无法找到完全一致的产品，则选取第二种方法，即属于同一国家同一个人生产的受调查的产品，且在零配件或材料及其使用目的上相似于受调查的那项产品以及与那项产品的商业价值大致相等；如果出口国仍然没有符合以上条件的产品，则运用第三种方法，即与受调查的产品属于同一总类或种类，并在同一国家由同一个人生产，使用目的与那项涉案的产品相似。这一方面，中国法律并未做出明确规定。

在分析相同产品问题时，美国国际贸易委员会通常会考虑一系列因素，包括实物外观特征、最终用途、产品间可互换性、销售渠道、共同的生产设备和生产员工、消费者或生产者的感受。此外，在适当情形下还要考虑价格。

在我国反倾销条例中，相同产品仅被界定为与进口倾销产品相同或相似的国内产品。至于具体界定哪些产品为相同产品或相似产品，法律未做明确规定，而由商务部根据个案予以认定。我们以为有必要对相同产品和相似产品进行明确规定，否则，不利于对倾销我国的产品提起反倾销调查。例如在中国诉俄罗斯冷轧硅钢片反倾销案中，由于我国反倾销条例没有对相似产品给予明确规定，所以导致申应诉双方就相似产品的问题各持己见，而何谓“同类产品”也成为中国政府调查中一个有争议的问题。最后，原对外经济贸易合作部和国家经济贸易委员会在综合考虑了各方的观点并审查了各方所附证据的基础上，认为判定不同产品是否属同一类产品的主要原则包括物理特性是否相同、产品是否具有互相替代性，且在市场销售过程中是否具有竞争性，因此认定：中国生产的冷轧硅钢片与原产于俄罗斯的进口冷轧硅钢片具有可比性，属于类似产品，本案最终裁定俄罗斯反倾销成立。但该案在相似产品的确定上，调查当局曾一度无法立案，致使国内产业因此继续遭受损害，同时，也增加了对本案进行调查和裁决的难度，使得被控方采取相关措施。这给反倾销申请和调查设置障碍提供了可乘之机。

2. 没有关于关联企业和区域产业的规定

相比 WTO《反倾销协定》和美国反倾销法，我国反倾销条例还没有很好地吸收 WTO《反倾销协定》对国内产业的规定。例如没有对关联企业进行明确规定，没有关于国家之间区域产业一体化的概念。尽管我国目前还没有同其他国家建立区域一体化大市场，但随着国际经济的发展，区域经济一体化将是一种发展趋势。因此，我国的反倾销条例应该有前瞻性，将国内产业的定义扩大至一体化的区域大市场。我们应及时吸收 WTO《反倾销协定》的精神，完善我国反倾销条例在这方面的不足，进一步加强对国内产业的保护力度。

3. 在累积评估中，没有对竞争条件进行明确

我国现行反倾销条例对累积评估的规定与 WTO《反倾销协定》的规定相符，也没有对竞争条件予以明确。但这样模糊的表达方式，在反倾销实践中，容易使调查主管机关在对倾销产品占进口产品数量比的认定上，享有较大的自由裁量权。调查主管机关可以自由决定不同来源的产品是否存在竞争关系，进而又可能人为地扩大或缩小倾销产品在进口国同类产品的比重。任意的扩大该比例的后果可能导致反倾销措施的滥用，进而容易使中国陷入贸易争端；而任意缩小该比例，则可能无法认定损害成立，进而不能利用反倾销对国内产业进行保护。

对此，美国关于累积评估的规定对我们有很好的借鉴和示范作用。美国最早将累积计算引入反倾销调查之中，美国关于累积评估的规定比较具体。根据美国反倾销法对累积评估的规定，美国国际贸易委员会在决定进口产品之间以及进口产品与美国产品之间是否存在竞争关系时，一般考虑以下因素：①不同国家进口产品之间以及进口产品与美国国内同类产品之间的可替代程度，包括考虑顾客的需求和其他与质量有关的问题；②产品是否在同一地理市场销售；③产品是否存在共同或类似的销售渠道；④产品是否存在合理范围内的同等级价位。

三、在倾销与损害的因果关系上，缺乏对因果关系和引起损害的其他因素进行明确规定

在美国，对可能造成国内产业损害但却与倾销无关的因素进行了明确：①不低于公平价值出售的进口产品的数量与价格足够大；②需求收缩或消费模式发生变化导致国内产业经营不景气；③外国与国内生产商之间存在贸易限制性做法与竞争，导致国内产业受到冲击；④技术进步导致国内产业生产的产品落伍；⑤国内产业的出口业绩和生产率欠佳。如果美国产业所遭受的损害是以上因素造成的，美国当局不用征收反倾销税对其补救，而是考虑采用 201 保护条款等其他措施进行进口救济。

我国现行反倾销条例，在确定倾销对国内产业造成的损害时，仅规定“只有倾销与损害之间存在因果关系时，才能实施反倾销措施”，应当依据肯定性证据，不得将造成损害的非倾销因素归因于倾销。但我国对因果关系未做正面规定，也没有关于非倾销因素的明确规定。我们以为，我国反倾销条例对此规定的不足，不利于指导反倾销实践，也容易成为他国控诉我国滥用反倾销措施的把柄。

四、对来自港、澳、台的进口产品倾销内地的行为没有规定

由于香港和澳门分别作为我国的特别行政区及单独关税区而存在，所以，我国

的反倾销条例不适用于香港和澳门。加之香港和澳门均没有关于反倾销的立法，所以许多国家就利用以上立法疏漏，将产品以低于正常价值的出口价格倾销到港澳两地，而后，港澳又以类似价格转销内地，从而给内地相关产业造成了实质损害或威胁。特别是香港，由于实行自由贸易政策，外国商品往往通过跨国公司驻港分公司或经营部向香港倾销产品，而后转销内地。可以说，这种间接倾销关系很复杂，且具有很强的隐蔽性，对这种规避我国法律的行为，我国现行反倾销条例没有规定，尚属立法空白。

对于台湾产品以低于正常价值销往大陆并给大陆相同和类似产品的产业造成损害，是否也适用我国的反倾销条例，我国的反倾销条例对此没有规定。但在反倾销实践中，我国已先后对原产于台湾地区的进口聚氯乙烯、苯酚、乙醇胺和冷轧板卷等提起了反倾销调查。

第五节　中美食品贸易反倾销分析

一、暖水虾案

美国于2004年对中国、巴西、厄瓜多尔、泰国、越南以及印度的暖水虾提起反倾销调查。2005年1月26日，美国商务部公布我国暖水虾反倾销调查终裁修正结果，我国四家强制应诉企业的税率分别为0.07%、27.89%、80.19%以及82.27%。根据这个结果，除了一家低税率公司以外，其他的中国公司很难再出口暖水虾到美国。

终裁之后的几年里，暖水虾出口公司做着各种努力。首先，就美国商务部在调查中采用不正当“替代国”价格的做法以及拒绝给予我国部分企业分别税率的裁决，中国食品土畜进出口商会已代表企业在美国国际贸易法院进行上诉。美国国际贸易法院已经两次裁决将暖水虾案发回美国商务部重审。在最近的一次发回重审后，美国商务部已经将税率降至较低水平。在以后的发回重审中，原审中两家税率为80.19%以及82.27%的公司有望降至零税率。其次，个别规模较大的企业可通过年度行政复审获得较低税率，部分恢复对美出口。再次，2010年年初，暖水虾反倾销令即满5年，“日落复审”将近，不少企业希望通过这次“日落复审”获得重返美国市场的机会。最后，美国商务部已经被厄瓜多尔和泰国对其就计算反倾销税率时所采用的归零法则上诉至世界贸易组织，世界贸易组织裁定其不合法。越来越多的国内暖水虾生产企业希望行业组织能积极推动政府主管部门对美国商务部税率计算中的归零法则等问题向世界贸易组织提出上诉，通过世界贸易组织现有规则和争端解决机制保障我国暖水虾企业合法权益。如果归零法则能够被修改，绝大多数强制应诉企业的税率都可降至零，从根本上扭转现有被动局面。厄瓜多尔和泰国在这个问题上获得的成功，意味着现在向世界贸易组织提出上诉将使我国较快速和相对容易地获得胜利。

二、蜂蜜案

1994年，美国对中国出口的蜂蜜提起反倾销调查。我国蜂蜜应诉企业在初裁时的税率较高。原对外经济贸易合作部与美国政府达成并签署了中止协议。这是中美贸易史上第一个中止协议。协议规定中国向美国出口蜂蜜年总量不得超过19 000吨，根据美国市场蜂蜜消费量等情况，每年可有不超过6%的增减；出口价格不得低于美国商务部提供的参考价格，参考价格根据美国进口其他国家蜂蜜价格加权平均的92%确定。

中止协议于1995年8月开始实施，中国出口商完全依照美国商务部规定的数量和价格出售蜂蜜，美国商务部就该项内容在中国进行了多次核查。2000年8月1日，美国诉方未在法定期限内提出“日落复审”请求，中止协议自动终止。

2000年9月29日，美国蜂蜜制造商协会和SIOUX蜂蜜协会向美国国际贸易委员会和商务部递交了起诉书，再次指控中国蜂蜜对美国市场倾销，起诉倾销幅度为169%~183%。美国商务部于2001年9月28日公布终裁结果，裁定中国企业的促销幅度为64.2%~90.83%。此外，美国商务部还认定本案存在紧急状况。美国进口商对美国商务部认定存在紧急情况的结果进行了司法上诉。美国联邦巡回上诉法院于2005年12月裁定否决了美国商务部在原审中关于紧急情况的裁决，在认真考虑蜂蜜中止协议与低于正常价值销售的关系后，明确表示中止协议完全排除了低于正常价值销售。

随后的几年中，部分中国蜂蜜企业参加出口商复审以及年度行政复审，希望获得较低的复审税率，从而维持对美蜂蜜出口的市场份额。但是由于美国商务部对待中国蜂蜜应诉企业存在很多不公正做法，企业在应诉时遇到了许多限制和困难。同时，美国商务部在复审中一直采用非常高的原蜜替代价格，因此中国的蜂蜜企业在复审时取得的税率一直不理想。在此过程中，中美的蜂蜜业界曾试图通过协商来解决现存的问题，中国商务部也曾多次与美国商务部就此案进行接触，但一直未取得预期效果。

2006年，中国蜂蜜企业委托律师向美国国际贸易法院提起上诉，针对美国国际贸易委员会在原审调查中有实质损害的肯定裁决提出挑战。如果能够在这个方面取得突破，反倾销税令将被完全撤销，或者至少会将本案涉及的蜂蜜出口商排除在反倾销税令之外。为了能在复审中取得较为有利的结果，寻找更理想的替代国价格的工作也在进行。同时，我方继续委托律师与诉方进行和解工作。总之，业界希望通过这种一揽子的解决方案为中国蜂蜜有效突破反倾销的壁垒找到出路。

第六节　中国食品遭遇国外反倾销指控原因分析

一、国外对我国食品出口反倾销指控的特点

从1979年欧共体对我国出口的糖精、盐类发起第一宗反倾销调查，至2000年9月初，国外对华反倾销案件总数已达378起，涉及我国出口商品20多个大类中的绝大部分类别，总金额有100多亿美元。当前，国外对我国出口食品类商品实施反倾销，主要有以下几个特点：

（1）提起反倾销诉讼的次数频繁。从1979年我国产品首次在西方遭到反倾销诉讼至今，我国产品屡屡遭到反倾销诉讼，特别是进入20世纪90年代后，对我国产品提起的指控有增长之势，如欧盟仅在1996年上半年就发动了10起针对我国的反倾销调查，1998年6月美国开始对中国浓缩苹果汁征收反倾销税，8月中旬又指控中国钢材对美倾销。据有关方面数据统计，从1999年上半年至2000年上半年，国外对华反倾销起诉达53起，还有10起在立案之中，涉及中国出口商品金额约15亿美元。

（2）对中国产品倾销的确定带有很强的主观性。一般来说，构成倾销必须具备三个条件：一是产品以低于国内的价格或向第三国出口的价格对进口国进行销售；二是销售数量猛增；三是销售的产品对进口国造成实质性的危害，且这种危害与倾销之间存在因果联系。但是西方一些国家所确定的倾销并不完全具备这些条件，甚至有些时候根本不具备任何倾销的条件，在确定哪些是倾销产品方面带有主观性。作为倾销产品的对象，大多数是我国竞争力较强的产业，特别是低附加值、劳动力密集的产品。在这种情况下还确定为倾销，其意图是十分明显的。西方一些国家在确定反倾销税的征收上也带有很强的主观性，在实践中，常常不用统一标准对待所有出口同一类产品的国家。

（3）反倾销税的征收幅度大。西方一些国家反倾销税的征收幅度是很大的，从百分之十几到百分之几百乃至上千。如1997年7月美国商务部对我国几家企业所出口的小龙虾征收的反倾销税率平均为122.9%，最低的是91.5%，最高的是156.7%。面对如此高的税率，无论哪家企业都无法承受，这也就意味着中国的相关企业不得不退出已经占有的市场。

二、遭遇反倾销指控的国内因素

（1）我国欠缺合理的外贸出口结构。就商品结构而言，我国出口的多为轻工、纺织等劳动密集型商品及机电、电子等低附加值的商品，而这些商品大多是与创造就业机会密切相关的。由于主要出口市场近年来经济不景气、失业率上升，进口国政府、工会等出于维持就业的考虑对进口竞争产业实施贸易保护，对进口商品加以

限制，因而我国出口的许多商品也就成了其反倾销的对象。就市场结构而言，我国直接出口和经香港转口的出口中有65%是以欧美为目标市场的，出口市场过于集中。

（2）出口企业国际营销战略的失误。我国出口企业大多缺乏对国际市场的深入调研和总体把握，因而制定的国际营销战略易出现失误，主要表现在以下几个方面：一是价格竞争过度，长期以来我国企业实行薄利多销的营销战略，同行竞相压价，以低价求胜，给进口国留下了“低价倾销”的印象；二是竞争手段单一，我国出口企业单纯依赖低价战略打入国际市场的居多，对非价格竞争手段重视不够；三是缺乏宏观调控，一些企业未能把握国际市场和进口国行情，及时调整出口商品的价格和数量，致使某些商品大量涌入进口国，增大了其对我国反倾销的概率。

（3）企业不应诉或应诉不力往往使对方轻易获胜。我国企业不应诉就是主动放弃法律上对反倾销案件的知情权和申诉权，降低了起诉者的成本，并诱使国际竞争对手对我国企业实施更多的反倾销起诉，形成连锁反应。

（4）我国的外贸关系与环境不易牵制国外对我国的反倾销。目前，我国的国际贸易关系中单边交往仍较多，因而国外对我国进行反倾销时的顾虑就少，加上我国的反倾销条例出台较迟、实施的力度又不够，国外对我国的反倾销就更加有恃无恐。

三、遭遇反倾销指控的国外因素

（1）中国贸易迅速崛起，引起他国高度警惕。中国现在已成为第二大贸易国，出口贸易增长必然会取得更大的世界市场份额，一方面引起了同类产品竞争国的疑虑，另一方面在进口国造成了同类产品更剧烈的竞争。我国产品依靠劳动力和原材料的优势，在国际竞争中处于一定的有利地位。与我国巨大的贸易顺差相应的是其他国家存在的巨额贸易逆差。为了维持贸易平衡、抑制我国对外出口、保护本国的民族工业，其他国家频繁地实施对华反倾销。

（2）贸易自由化和区域经济一体化趋势。在目前全世界经济普遍增速减缓的情况下，贸易保护成了很好的转移国内社会矛盾的武器。而区域经济集团化的加强，使区域内合作加强，区域壁垒加剧，因集团内各国经济水平发展不一、产业结构不同，落后国家的中低档商品就刚好在集团中的发达国家找到市场，然而这些商品又正好是我国在国际市场上具有较强竞争力的商品。由于反倾销简便易行，且又为国际贸易公约所允许，自然成为各国最常用的手段。

（3）对我国国家经济性质的认定具有歧视性。我国作为世界上为数不多的几个社会主义制度国家之一，在社会、政治、经济发展上取得的巨大成就令世界瞩目，然而不同的社会制度以及一些国家、政府对社会主义制度的敌视，使其对我国仍然存在很大的偏见和歧视。在此问题上，各国当局都有相当大的自由裁量权，存在很强的主观倾向和随意性，如美、日、韩、澳大利亚等经济发达国家都曾认定我国商品倾销，而对我国产品征收很高的反倾销税，将我国产品挤出当地市场。

四、倾销与反倾销对我国经济的影响

（1）短期内阻碍中国产品出口，减少外汇收入。一旦有某类产品被提起反倾销调查，其间，外国进口商会心存疑虑而不敢大量订货；一旦初裁确定倾销，进口商在提货时还要向海关预交一笔相当于倾销幅度的保证金；假如最终裁决成立，进口商就要交纳高额的反倾销税。因此，外国进口商为避免经营风险，要么减少进口，要么干脆转移贸易伙伴。同时，假如一国对我国某种产品提起反倾销调查，则可能引起其他国家的连锁反应，导致更大范围内的反倾销。每次反倾销成立后都会持续五年起作用，时间效应长久，令我国出口产品受阻。

（2）长期将影响我国产业结构的调整。我国劳动密集型产品一直在出口上占有相对优势，然而正是这些产品频频遭到反倾销指控，如纺织、丝绸、皮革制品、鞋类、玩具、煤炭、有色金属等，这些恰恰是我国出口比较优势明显的产业。其中不少是利用外资开办的三资企业，它们带来了资金、先进的技术和治理经验，然而由于受到反倾销的冲击，部分三资企业被迫减产、停产或转产，从而使外商对我国投资的信心大减，严重破坏了投资环境。出口受阻的产品不得不在国内寻找市场，使得我国国内的同类产品受到冲击，从而使国内整个产业结构受到冲击，最终与国家对产业结构的调整发生偏离，影响到整个国民经济的发展。

（3）助长反倾销诉讼，形成恶性循环。某一产品的反倾销的影响或许还可以在一定的时期内消除，但是不可忽视的是它所带来的隐性威胁。一旦对某产品成功实施了反倾销，其原材料、半成品等下游产业以及相关产业的欧盟进口国或地区的经营者也将积极效仿，以期获得同样的利益。其他国家与地区的同行业也会提高警惕，在可能的情况下也会提出反倾销。这样的情况将为被实施反倾销的行业以及相关的国内产业带来毁灭性打击，进入恶性循环。

五、应对反倾销的策略分析

（1）产品差异化战略。

产品差异化是预防反倾销的有效途径。产品差异化就是形成一定的产品特色，缩小替代品的范围，在该产品领域建立垄断地位，以避免倾销损害。目前，在国际市场上，初级产品的竞争日趋激烈，高加工程度、高技术含量的商品成为国际贸易的主流。我国出口企业应当进一步转变观念，优化出口结构，提高产品的国际竞争力，以实力抢占国际市场，降低国外的反倾销指控。长期以来，我国出口企业不注重品牌塑造，只注重价格竞争，其后果是中国产品作为一个整体，在国际市场上形成了“低质量、低价格”的形象。很多企业在讨价还价时缺乏自信，而进口商则总是拿“形象竞争力差”压我们的价格。在这种情况下，一些质量本来不差的中国产品，其成交价也往往低于国际行情，很容易被指控为倾销。出口导向型企业要想提高产品质量，须按照国际权威机构认定的产品质量标准组织生产，尽快建立健全的国际认证质量保证体系。质量提高了，品牌形象就会逐步改善，我们在价格谈判中就会有信心，这将帮助我国产品走出低价泥潭和倾销阴影。

（2）灵活的价格竞争战略。

价格因素是各国倾销和反倾销的中心因素。反倾销法律所规定的确定倾销的构成以及决定对倾销行为的制裁程度均基于这一中心因素。因此，企业针对国外市场的具体情况和自身产品的特点设定合理的出口价格就显得非常重要。我国是一个劳动力资源丰富的国家，一些劳动力密集型产品，如纺织品、玩具等，即使以低于国际市场平均价格出售，也可保证企业获得合理的利润。过去，我国这类产品有不少是以低于应售价格出售的。由于企业实行这种低价竞销策略，因而还面临着提高有关商品售价的问题。这类商品的提价可通过国家加强管理和与企业协调来实现。在这方面，我国有过一些成功的例子。例如，1995 年国家开始对松香实行有偿招标，当年松香平均出口价比 1994 年上升了 30 %，1996 年又比 1995 年上升了 22 %。当然，这类商品提价后，价格还低于国际市场上该产品的平均水平，还有可能遭到歧视性反倾销指控。不过，在这种价格下，我们完全可以据理力争，反击国外的歧视性反倾销。

（3）市场多元化战略。

我国大部分出口集中于欧洲和北美地区，而这两个地区正是对我国反倾销最猛烈的地方。针对这一问题，解决的途径在于实施市场多元化策略。这一策略的实施要求出口企业首先对国外市场、国外相关工业以及该市场的国内竞争程度进行充分了解，根据信息决策是否进入市场；同时要善于根据产品特色和各国的消费偏好不断开发新市场。如果外销厂商无法立即分散产品至新市场，也应尽量避免对输入国某一特定区域集中销售的现象。过去国际贸易委员会的判例显示：在美国特定区域销售全部进口产品达 1/3 者，即有可能被认定构成集中销售。依美国对产业的认定，属区域性产业，可仅就该区域衡量倾销对产业的影响。我国企业应针对自身特点，积极开拓中东欧、非洲和西亚等市场，避免因市场过度集中而导致各个企业在出口上恶意竞价的问题。事实上，实施市场多元化战略还可降低我国出口遭受国外经济振荡影响的风险。

（4）对外直接投资战略。

20 世纪 80 年代，欧美反倾销的重点是日本、韩国以及我国台湾和香港地区，但后来这些国家和地区调整了贸易结构，将受到反倾销的生产转移到外地，这种方式值得我国借鉴。此外，无论发达国家还是发展中国家对外资普遍有优惠政策，便于外资企业迅速适应当地市场并获得发展，因而我国企业可扩大对外直接投资，这样既可了解当地市场，又便于开拓市场、有效规避反倾销。我国的一些名牌产品在国际市场上具有竞争力，与其让外国进口商获取高额利润，还不如到出口国办厂，利用掌握的技术结合当地的消费需求，生产出更符合当地人偏好的产品，既扩大了市场，提高了利润，又绕过了各种关税和非关税壁垒，免遭反倾销的干扰。

第七节　中国应对反倾销的措施

作为中国的重要贸易伙伴——美国，其发起的反倾销严重影响了中国的经济发展，从长期看来，对美国自身也有负面影响。我国商务部根据近年来的数据统计进行预测，在较长的一段时期，中国仍然会成为反倾销的重灾区。对此，为了避免或减少影响，推进经济发展，现从中国角度出发，针对宏观、中观、微观三个层面提出相应的措施。

一、国家政府——宏观层面

（1）积极参与国际规则的制定与完善。

多边贸易体制即 WTO 所管理的体制，是由 WTO 成员政府创立的、处理政府间相互关系的贸易体制，是一种对各国（地区）之间采取的贸易政策进行国际协调的制度安排。我们知道在多边贸易体制谈判中，各国均是以自己的利益为出发点。而现如今的世界性组织都是由西方发达国家操控，其国际规则也体现了西方发达国家的利益。作为最大的发展中国家，中国需要积极主动与国际社会交流，争取在国际上获得话语权，积极参与制定国际规则、完善国际规则，使得在国际社会上，发展中国家能够享有与发达国家平等地位，使得国际规则也能兼顾到发展中国家的利益。这不仅能够缓解中国遭受反倾销的境况，还对中国乃至整个发展中国家的经济、贸易、产业发展有着重要的战略意义。

（2）争取市场经济待遇。

2001 年 12 月，中国加入世界贸易组织时在签订的《中华人民共和国加入世界贸易组织协定书》中同意：在对倾销产品价值确定上可以忽略中国产品自身价值；承诺中国自 2001 年加入世界贸易组织起 15 年内，他国仍然可以将中国视为“非市场经济国家”来进行对待。这有利于他国对我国采取歧视性政策，以“替代国”或“第三国”制度来衡量中国的产品在出口时是否存在倾销，并订立倾销幅度，使得中国产品出口处于不利地位。所以，争取市场经济待遇将会直接改善中国所面临的反倾销环境。对此，中国政府应该做出以下一些努力：第一，加强与他国对话谈判能力，加强双边政治经贸对话；第二，根据国情，参照西方国家市场经济的标准，加快推进市场经济建设，改善经济发展环境。这就要求：一方面，健全市场经济价格机制，使产品价格和要素价格均以市场为导向；另一方面，建立较完善的企业制度，尽量避免国家对企业在经营管理方面的控制，使企业成为真正独立自主经营的市场主体。

（3）完善中国贸易救济体制。

构建完善的贸易救济体制，对缓解中国应对反倾销的压力是尤为重要的。只有完善贸易救济体制，才能很大程度上减少和避免反倾销的负面影响。对此，我们应当从以下几方面着手：

首先，要不断完善中国的反倾销法律法规建设。这就要求我国积极借鉴西方发达国家的反倾销法律法规，吸取其成功经验。由于我国制定的《中华人民共和国反倾销条例》起步较晚，与西方国家相比存在许多不足，这也导致了许多国家会利用中国反倾销法律体系的不完善而钻空子，阻碍了中国反倾销进程。

其次，与 WTO 接轨，利用 WTO 规则完善自身反倾销法律。由于中国的法律体系还不成熟，在一些问题上与 WTO 规则相矛盾，或者处于空白，这也容易引起他国对我国反倾销。对此，中国应当不断完善本国法律体系，弥补法律空白之处，修改与 WTO 规则矛盾处，相关法律法规尽量做到与之相一致、相协调。

再次，对遭受反倾销的企业给予贸易救济。许多遭受反倾销的企业之所以不积极采取应诉，多是因为高额的应诉成本及不确定的应诉结果。这就要求国家政府积极采取贸易救济的行动来鼓励企业积极应诉。例如，国家政府可以建立反倾销应诉基金制度，启动项目并对行业协会进行监督规范；同时还要大力培养一支精英队伍，使其能够对反倾销行为具有很灵敏的嗅觉，加强对 WTO 规则、争端解决机制以及国外反倾销法律和审理程序的研究，阻止他国对我国反倾销做出不公平合理的裁定。

最后，完善反倾销预警机制。虽然为了促进贸易健康发展，改变被指控反倾销的被动局面，中国已建立了产业损害调查局、公平贸易局等预警机构，但是中国的反倾销预警机制尚处于起步阶段，许多地方仍然很不成熟。为了让企业能够及时获得更全面的海外市场信息，在利益最大化的基础上通过协商谈判方式制定合理的出口价格，尽量避免国外对华的反倾销调查，政府部门应当分析当前国内外形势，借鉴他国先进的经验，协调好政府、行业协会、企业各部门的关系，使其各尽其责，进一步完善反倾销预警机制。

（4）逐步调整发展模式。

我国作为贸易出口大国，具有较高的出口依存度。面对全球性的经济衰退，对我国的反倾销之战也愈演愈烈，使得我国经济严重受挫。我国在经济发展模式和贸易发展模式上，均应当做出改变。

为了使我国在国际市场上获得更大的主动性，不受美国等西方国家的牵制，我国政府应当将目光转向国内，积极扩大内需，拉动经济增长。统计数据表明：2010 年，消费、投资、出口对国内生产总值增长的贡献率分别为 43.1%，52.9%和 4%。2011 年，消费、投资、出口对国内生产总值增长的贡献率分别为 55.5%，48.8%和 -4.3%。可以看出，政府在拉动内需上做出了一定的努力，但是消费要长期成为带动经济发展的主动力，在短期内并不能实现，这需要一个长期的过程。在贸易发展模式上，中国应当积极实施出口市场多元化战略，改变以往出口市场过于集中的局面。具体有以下一些做法：

第一，加强与新兴市场的贸易信息联系，对新兴市场信息进行充分掌握，开拓新兴市场的同时不放弃对原有市场的出口，这样可以适度降低对原有市场的贸易依存度，也避免由于出口数额多对原有市场的冲击，以减少中国出口的产品招致反倾销的概率。

第二，资料显示，在 20 世纪 80 年代，美国对我国的反倾销案件数量并不多，日本在当时却成为世界上遭遇反倾销最多的国家，同时美国也是针对日本提出反倾销诉讼最多的国家。为了降低反倾销带来的伤害程度，日本政府另辟蹊径，采取了建立海外工业园区的办法，将部分流通环节让给海外市场，使得一些国家在提出反倾销诉讼或终裁时会充分考虑本国进口商的利益，大大减轻了反倾销力度。对此，中国也可以充分借鉴日本调整贸易战略的经验，在保护出口企业不受损害的同时，也维护进口国企业的利益。

第三，虽然中国加工贸易为推动国民经济发展做出了贡献，但由于中国现有的加工贸易很大一部分存在层次较低、附加值低、技术含量较低的问题，直接导致了中国频繁遭受反倾销指控。对此，中国必须引进高新技术，向高端价值链转型，在注重产品技术含量的同时，中国政府应当着力发展循环经济和低碳经济，对产品研制、生产、包装等各个细微环节都进行严格把关，争取做到每个环节都符合国际环保标准，真正做到品质取胜。

（5）建立健全农产品反倾销预警机制。

进口国提起反倾销都会有一个酝酿过程，如果我国能够依托行业协会及主管部门建立一个反倾销预警机制，及时了解对方的动向，并做出调整，如控制出口节奏、适当提高出口产品价格，则可以使我国企业在外国欲提起反倾销调查前获得信息并做好准备，同时又可以把部分尚未提起的反倾销调查消灭在萌芽之中，从而减轻反倾销对我国出口产品造成的压力。农产品预警预报系统不仅要关注我国食品在国外遭到的反倾销和限制进口的动向，而且也要对其他国家发生的食品倾销纠纷案件关注，因为别国的遭遇很可能是我国的前车之鉴。在这方面，韩国的做法值得借鉴。韩国对国外反倾销的一些早期预警措施和做法，大致可简要归述为以下两点：一是韩国的驻外机构和民间机构都将驻在国进口限制动向作为重要工作内容，二是韩国媒体注意收集和报道其他国家产品遭遇反倾销指控的信息。

二、行业协会——中观层面

行业协会在应对反倾销方面发挥了积极作用，其地位不可替代。为了进一步提升行业协会应对反倾销的作用，行业协会应做到：

第一，协助政府完善反倾销预警机制。由于行业协会较国家政府更能够有针对性地捕捉本行业的海外信息，从而可以协助国家政府对企业做各项前期的准备和宣传工作，及时分析涉及本行业产品的反倾销信息，有助于政府尽快采取相应措施，把反倾销对企业的损害程度降到最低。

第二，加强行业协会服务意识和服务质量。许多中小型企业的应诉态度不积极、应诉能力不足，也与中国行业协会力量不够有关。这就要求行业协会加强与企业沟通交流，着重培养企业的应诉意识，对企业高层管理人员进行WTO规则和反倾销法律知识培训；及时向企业提供各种货物的反倾销信息，定期公布研究报告；加强协调行业内部的企业合作，为应诉企业提供专业律师并给予应诉基金补助。

第三，引导企业加强自律。行业协会应遵守法律法规，在行业内部制定共同职业道德规范，对企业加强宏观指导，引导企业加强自律，确保企业的共同利益；从总体上把握出口数量和价格，维护行业的竞争秩序，调解彼此的纷争，对不守行业规定擅自以低于成本的价格出口的企业，应给予惩罚。

三、企业自身——微观层面

企业作为经济发展的主体，是一国经济发展的重要基础。因此，企业如何应对反倾销也是非常重要的。本书认为企业应当在以下方面做出努力：

首先，充分了解反倾销法律法规，完善企业自身管理制度。我们知道正是由于中国企业对反倾销认识不足，使得中国成为反倾销的重灾区。对此，企业需要对WTO反倾销规则及国外的反倾销法律法规深入了解，积极运用法律法规保护自己的合法权益，争取获得有利地位；同时应当完善企业的管理制度，注重对平时的合同协议、商务信函、票据账本、相关费用的收集归类，在应对反倾销调查时，可以短时间备齐这些资料以说服国外相关部门采取本企业所提供的资料和数据来判定是否存在倾销以及倾销幅度的计算，从一定程度上避免不公平待遇。

其次，积极应诉，维护自身合法权益。据统计，全球针对美国的反倾销案只有27%被予以肯定性裁决，而35%的案件并未给予肯定性裁决。这是因为美国在被诉反倾销时，积极应诉。可见，通过法律途径积极应诉是能影响反倾销最终裁定结果的。中国企业应遵从以下几点：①在被诉反倾销后，中国企业应当抓紧时间，迅速做出反应，及时应诉，有针对性地备齐应诉材料，积极配合反倾销调查。②认真领会反倾销调查问卷中所涉及问题的真实意图，并认真填写问卷。③聘请对贸易救济法规有深入研究的专家作顾问、聘请对反倾销案件有过处理经验的资深律师进行抗辩。④由于“非市场经济国家”逐步采取市场经济制度，美国对待“非市场经济国家”允许企业申请“市场导向型产业”。这就要求企业应当积极争取“市场导向型产业”地位的认定，即使申请失败也应具体分析微观因素，力争说服美国有关部门选择合适的“替代国”。⑤虽然中国已加入世界贸易组织多年，但与发达国家相比，并不能熟练将问题提交到WTO的争端解决机构处理，这就要求中国企业对WTO争端解决机制的程序和运用有所注意和研究。如果裁决结果不满意，企业应当诉诸WTO争端解决机制，积极争取机会，才能减少因反倾销给企业带来的不良影响。

最后，优化产品结构，调整海外营销战略。虽然中国的经济发展水平得到了很大的提高，但是中国的产业结构和贸易结构层次仍然处于较低的层次。就目前产业结构来看，中国仍然是处于以工业为主导、第三产业发展滞后的局面；就贸易结构来看，中国出口产品中劳动密集型产品所占份额仍然较大，而资本密集型产品份额依旧较小。因此，因附加值低、技术含量低、价格低、质量低和标准低等问题而导致国外频频对中国出口产品反倾销也就不足为奇了。为了改变这个局面，中国企业必须向国外学习先进技术，加强自主创新，应用新工艺、新技术，提高产品附加值，增强售后服务质量，提升出口产品及企业的国际竞争力；同时也可以避免中国出口企业为了占据国外的出口市场，不惜与本国同行业厂商打价格战，结果让国外的消费者受益，自己反而要遭受反倾销的制裁，真正将经营理念从“以廉取胜”转变为“以质取胜”。在营销战略上，企业可以调整合作投资战略，适时在国外投资建厂，或者与国外的企业进行国际合作，以尽量避免或减少遭受到反倾销的概率。与此同时，企业应调整出口市场的分布，把目光投向其他国家，全方位开拓市场，既可以避免由于对某一国市场过度依赖而对日后中国出口贸易产生不利影响，又可以避免国外一些企业受到大量出口冲击而把反倾销的矛头指向中国。

第四章　美国食品贸易法规对我国食品贸易的影响

第一节　美国食品安全标准贸易壁垒形成的背景

近年来，全球食品安全事件频发，食品安全贸易壁垒盛行，食品生产与贸易的国际环境不断恶化。作为食品进口大国，美国食品安全深受进口食品影响。面对日益恶化的食品安全贸易的国际环境，美国加大了食品安全立法保护力度，制定了一系列食品安全标准，标准的壁垒作用也不断增强。

一、食品生产与贸易的国际环境恶化

（1）国际食品安全事件频发。

食品与人类的生活息息相关，它是人类赖以生存的物质基础。随着经济水平的不断攀升，人们对食品的质量越来越重视，食品安全逐渐成为国际热门话题。

近年来，食品安全问题在全球爆发。对食品实行“从农田到餐桌”全程监管的美国，也爆发了毒菠菜和沙门氏菌感染事件。发达国家尚且如此，发展中国家就更不例外了，曾席卷东南亚的禽流感事件就是例证。

当前，国际食品安全现状总体呈现出食品安全事件集中爆发、监控难度增大的趋势。经济全球化加速了国家产业分工，使食品供应链分布更加广泛，一旦发生食品安全事件，难以及时有效清查和处理。美国从约 150 个国家和地区进口食品，但食品安全检测率不足 1%。德国出血性大肠杆菌事件花费近一个月时间才确认感染源。

另外，新型食品添加剂和化学品层出不穷，各国难以及时出台新的监管规定加

以规范。食品安全问题并不仅仅是个别国家的国内问题，早已上升为全球性的问题。同时，各个国家的食品安全危机越来越多来源于国外进口食品或食品原料，同一污染源造成的食品安全事件在全球肆虐，引发国际骚动。与此同时，各国媒体在食品安全问题上推波助澜，大肆渲染或夸大一国国内的食品安全危机，造成国际恐慌，导致一些食品出口国承受了巨大的经济损失，遭到国际舆论的指责。当前国际食品安全现状表明，食品安全已经成为影响国际政治和经贸发展的重要问题，成为决定国家形象的关键因素之一，更成为制约国家竞争力的方式和手段。受国际食品安全事件频发的影响，各国纷纷筑起食品安全保护的高墙，致力于完善国内食品安全保护法律体系，试图减轻国际食品安全危机给本国带来的打击。

（2）食品安全贸易壁垒盛行。

全球食品安全问题引发了各国之间的贸易摩擦，导致相互之间的指责不断，美国、加拿大、澳大利亚等国曾一度暂停进口部分日本食品，其他国家也加强了对日本食品放射性物质的监测。欧盟指责俄罗斯封杀欧盟蔬菜的行为违反了 WTO 规则，而俄罗斯则要求欧盟重新审议食品流通监管机制。诸如此类的食品贸易纷争每天都在上演。众所周知，食品贸易在国际贸易中占有举足轻重的地位。随着科技水平的提升，世界各国之间的联系日趋密切，国际食品贸易也从早期的区域贸易向全球贸易转变。食品贸易的全球化促进了各国之间的食品流通，丰富了人们的饮食生活，但同时也引发了激烈的贸易争夺。基于频繁的贸易摩擦和保护食品安全的考量，各国加强了国内的食品安全贸易保护。发达国家凭借技术优势不断修订新的技术法规和标准，提高了食品安全保护的门槛，并推动了国际食品标准的形成。以欧美为代表的发达国家拥有比较完备的食品安全保护法律体系，其中食品安全法规和标准发挥着重要作用。每年，欧美等国都会出台大量新的食品安全法律法规，这些法律法规适用范围广、内容复杂，并且包含大量强制性食品安全标准，对发达国家国内食品和国外进口食品同样适用。随着食品安全标准的不断修订和扩充，发达国家国内的食品安全保护水平不断提升，同时也给国外食品的出口造成了某种程度的阻碍，形成了食品安全贸易壁垒。由于欧美等国的食品法规和标准在保护食品安全、保护人类和动植物健康、保护环境方面发挥着积极作用，很多食品法规和标准在全球得到了推行，逐渐成为其他国家纷纷采纳的国际标准。

当前背景下，传统关税贸易壁垒影响力正在逐渐减弱，以保护人类和动植物健康为目的的新型非关税贸易壁垒层出不穷。在早期的国际食品贸易中，关税贸易壁垒曾占主导地位，随着贸易自由化理念的深入，新型非关税贸易壁垒不断增多。新型非关税贸易壁垒以贸易保护的隐蔽性、操作的灵活性、效果的有效性在国际食品贸易的舞台上扮演着重要的角色。新型非关税贸易壁垒主要以食品安全标准贸易壁垒为主，同时还包括环境贸易壁垒和社会性贸易壁垒等。这些贸易壁垒的形式合法，均以保护环境和人类及动植物健康为目标；范围广泛，涉及食品安全领域的各个环节；内容复杂，大部分由食品安全法规、标准构成；手段隐蔽，名目众多，变换频繁，让人防不胜防。

同时，《技术性贸易壁垒协定》（TBT 协定）和《实施动植物卫生检疫措施协定》（SPS 协定）客观上给予了某些食品安全标准贸易壁垒合法的成长空间。《技术性贸易壁垒协定》的主旨在于消除技术性贸易壁垒，促进贸易的自由化，但是，它也允许基于正当理由采取某些技术性贸易措施，这里的正当理由主要表现为保护环境、保护人类和动植物健康等。《实施动植物卫生检疫措施协定》也规定可以实施相关的动植物卫生检疫措施，这些措施可能会对贸易产生限制，但是在保护动植物健康层面是合法和可行的。由此可见，《技术性贸易壁垒协定》和《实施动植物卫生检疫措施协定》这两个在世界贸易组织法律框架下的协定，在一定程度上为食品安全标准贸易壁垒留下了生存空间，从而也为国际食品贸易的发展带来了新的冲击和挑战。

二、美国食品安全保护不断强化

（1）美国食品安全深受进口食品影响。

美国是食品进口大国，美国市场有 60% 的蔬菜、水果和 75% 的海产品依靠进口。美国农业部表示，在 2008 年至 2012 年短短四个财政年度，美国进口农产品的资金就增加了 240 亿美元。可见，美国国内的食品安全深受进口食品影响。尽管美国食品安全保护法律体系已经相当完备，但是仍然不能避免食品安全事故的发生。每年，由于食源性疾病带来的食品安全事故造成了美国国内大量的人员伤亡和财产损害，因此，美国政府和相关机构也在不断致力于提升美国国内的食品安全保护水平。作为食品进口大国，美国特别注重加强对进口食品的管理，以确保进口食品的安全性。美国对进口食品有特殊的管理程序和相关配套制度，食品进入美国国内之前要经过重重考验，由于进口程序是专门针对进口食品而实施的程序，其实施内容和方式都区别于美国国内食品的检测检验，这于无形中提高和加大了美国对进口食品的检测水平和力度。

自“9·11”事件爆发后，美国政府强化了食品安全方面的国内反恐机制，把对进口食品的管理提升到了战略高度，通过了《2002 年公共健康安全与生物恐怖防范应对法案》。该法案规定了食品企业的注册登记制度和进出口食品的预先通报制度。注册登记制度要求所有国内外食品生产、加工、包装和仓储企业都必须在美国食品和药品管理局进行注册登记。而进出口食品预先通报制度则要求食品进口商在食品到达美国之前必须通知美国食品和药品管理局，并且对通知的内容、时间和途径做出了具体规定。这两项制度对美国国内外食品企业、生产商同样适用，并且具有强制性，一旦食品企业不遵循相关的法规条例，美国食品和药品管理局就有权对其行使贸易禁令。

可见，受进口食品冲击，美国政府早就开始加强对进口食品的管理，出台了大量进口食品管理法规，形成了进口食品管理体系，极大提升了国内食品安全保护水平，使得美国这个进口大国能从容应对国际食品安全危机。

（2）美国食品安全保护法律体系日益完备。

美国作为世界上食品供应最安全的国家之一，其食品安全立法保护经历了一段漫长的历史变迁。1906 年，美国通过了第一部《食品和药品法》，该法的出台标志着美国国内的食品安全得到了有效保障。1938 年，美国国会又通过了《联邦食品、药品和化妆品法》，这部法律不仅是对已过时的《食品和药品法》的彻底修正，也成为此后美国食品安全保护法律体系的基础。一百多年以来，美国出台了大量与食品安全保护相关的法律法规，但都是以《联邦食品、药品和化妆品法》为基本法律，对其进行修正或补充，从而形成了愈发完善的食品安全保护法律体系。

现行美国食品安全保护法律体系主要由两大类构成：一类是综合性法律，另一类是具体的法律规范。综合性的法律主要包括《联邦食品、药品和化妆品法》《食品质量保护法》《公共卫生服务法》。其中，《联邦食品、药品和化妆品法》是美国的食品基本法，已经经过了无数次的修订，是目前在世界同类法律中最为全面和系统的一部法律，该法也是美国食品安全立法领域的基石。其他具体法律主要包括《肉类检验法》《禽肉制品检验法》《蛋制品检验法》《包装和标签法》《婴儿食品法》等。这些法律由美国不同的食品监管部门负责执行，多个部门协同把关，共同保护美国的食品安全。

（3）美国食品安全标准的壁垒作用不断增强。

美国拥有完善的食品安全法律体系和监管体系，食品安全具有极高的公众信任度，无论是国内食品还是进口食品，均需要遵循美国相关的食品安全法律法规。

近年来，美国不断修订国内的食品安全标准，食品安全标准的壁垒作用也不断增强。具体而言，美国食品安全标准的壁垒作用主要体现为以下四个方面：

①美国食品安全标准的科技化含量高。美国的科技化水平高，美国制定的技术法规和标准严格、形式合法，其他国家的食品很难达到美国标准。迄今为止，美国已经制定和修订了 30 多部食品安全方面的法律法规，食品安全标准也是逐年更新，内容纷繁复杂。由于美国掌握了先进的食品安全检测技术，食品安全标准在世界上处于领先地位，当前国际食品领域的通用标准中，超过 80% 的食品行业标准都是美国制定的。不仅如此，美国还有很多食品安全标准高于国际食品安全标准，如农药残留限量标准，就比国际食品法典中的同类标准高出 4 倍。美国食品安全标准不仅数量多、内容复杂，其实施的方式和目的均符合国际和国内法律规定，其他国家尤其是一些发展中国家，一方面由于国内技术水平的落后，食品安全无法达到美国标准，另一方面也无法对美国食品安全的高标准和严要求实施贸易救济措施，造成了对美食品出口的严重障碍。

②美国食品安全标准注重对环境的保护。美国对食品安全的保护更多地立足于保护本国环境、人类和动植物健康。随着可持续发展观念的深入，人们的环保意识

普遍增强，政府也加大了对环境的保护力度。美国政府出台了大量的环境保护法规对食品安全领域的环保问题进行规制，如《动物福利法》《海洋动物保护法》等。国外有部分食品之所以难以进入美国市场，是因为不满足美国国内的环境保护政策，或者对人类的健康造成某种程度的危害。

③美国食品标签标准严格。美国是世界上食品标签法规最完备的国家，先后出台了《包装和标签法》《营养标签和教育法》《食品营养标签法》等。美国的食品标签种类繁多，但层次分明，主要包括营养标签、健康食品标签、原产地标签和有机食品标签。每一类标签都必须符合法律规定，否则食品就不能在市场上流通。尤其是营养标签的规定，使得美国成为世界上第一个强制性食品营养标签的国家，美国的食品营养标签中必须标注 16 种营养成分，并且标签内容的位置、大小、字体都有严格规定。这些规定不仅增加了国外食品生产商的生产成本，也成为阻碍食品贸易的一道屏障。

④美国食品安全质量管理体系完备。美国有一套以 HACCP 为基础的食品安全监督体系。该体系贯穿了食品从原料生产以及种植到食品食用的全过程，对该过程中所有可能造成食品污染的因素进行综合分析，以确保“从农田到餐桌”的食品安全。HACCP 是全球公认的食品安全质量保障体系，其实施有具体而复杂的步骤。目前，美国是全面推行 HACCP 管理体系的国家之一，它要求国外食品出口商必须提供 HACCP 证明，否则其食品不能进入美国国内，这在一定程度上阻碍了某些国外食品企业的食品出口。

不断完善的食品安全保护法律体系，形成了美国食品安全的保护伞。美国食品安全法律法规并非停滞不前，而是在不断修订中逐渐完善。作为美国食品安全基本法的《联邦食品、药品和化妆品法》，时至今日，仍在不断修正和完善。2011 年出台的《食品安全现代化法案》可以说是过去七十多年以来对基本法最大规模的修订，其中在进口食品的规定上，又有了新的突破，如加强了美国食品和药品管理局对进口食品的管理权限，提升了对进口食品的检测力度。

因而，尽管美国食品安全保护法律体系已经处于世界领先水平，但是仍在不断进步和发展，这也是美国食品安全标准贸易壁垒不断加强的根本原因。

第二节　美国食品安全标准贸易壁垒对国际食品贸易的影响

一、引发了国际食品贸易的连锁反应

经济全球化促使食品的生产、加工、运输从一国扩展至全球，食品中包含的配料、添加剂等相关食品成分都有可能是在不同的国家生产的。美国《联邦法典》中明确规定，食品包含组成食品的营养物质和食品添加剂，所有的食品和食品成分都

应符合美国法律的规定。对进口食品而言，其中某一类食品或食品添加剂遭遇美国食品安全标准贸易壁垒之后，会产生辐射效应，波及其他国家食品的生产或销售。例如，美国卡夫食品是仅次于瑞士雀巢的全球第二大食品公司，卡夫食品在食品生产过程中对农产品的需求特别大，尤其是对糖类的需求极大，因此，糖价的轻微变动都会对公司整个营收造成很大影响。由于美国食品安全标准贸易壁垒的影响，美国国内糖价上涨迅速，公司支付给美国糖类供应商的价格提高到了世界糖类均价的两到三倍，公司在农产品上的开销成本也被迫提高。

除了食品成分引发的贸易连锁反应外，某一类食品在一国遭遇贸易壁垒而禁止进口后，还会引起其他国家对这类食品的进口限制，这种进口行为引发的贸易连锁反应也会对食品贸易产生巨大影响。美国是食品进口大国，大部分国家都与美国建立了食品贸易伙伴关系，美国设置食品安全标准贸易壁垒，依托先进的科学技术和检测水平把不符合美国食品安全标准的食品拒之门外，必定会造成被拒食品在国际市场上的不良影响，从而影响一国食品企业的生存发展。

二、扰乱了国际食品市场的竞争秩序

美国食品安全标准贸易壁垒保护了国内食品市场，对其他国家的食品行业造成了沉重打击。为了应对美国食品安全标准贸易壁垒，保护食品海外贸易，其他国家纷纷采取措施突破美国设置的食品贸易障碍，例如通过提高本国食品安全标准来达到美国食品安全标准的具体要求，但这一措施的实施不仅需要大量时间，并且对国家的整体经济水平要求较高，因此，近期效果并不突出。大部分国家都采取了另一类直接有效的措施来克服美国食品安全标准贸易壁垒，即通过对国内食品行业或某一特定食品领域进行价格补贴或实施其他优惠政策，来提高食品在美国市场上的竞争力，从而弥补被美国食品安全标准贸易壁垒削减的成本优势。由于每个国家对国内食品行业的宏观调控政策不同，在不违反 WTO《反补贴协定》的前提下，各国纷纷加大了对国内食品行业的补贴力度，在一定程度上影响了国际食品贸易的市场竞争机制，可能会造成市场竞争机制的失灵。

此外，针对美国食品安全标准贸易壁垒，一些发展中国家采取了贸易报复措施，对国际食品贸易环境也产生了不良影响。例如，根据美国《生物反恐法》的具体规定，印度的海产品不符合美国食品安全标准，同时，印度出口至美国的食品中农药残留限量也违反了美国《联邦食品、药品和化妆品法》的规定，于是印度决定对美国食品安全标准贸易壁垒对印度农产品出口的影响展开报复性调查。

贸易报复行为可能会在一定程度上减轻食品贸易壁垒带来的消极影响，但实质上是对国际食品贸易公平竞争环境的破坏。

三、严重损害了发展中国家的食品贸易利益

尽管美国食品安全标准贸易壁垒对发达国家和发展中国家的食品贸易利益都造

成了损害，但相对于发达国家而言，发展中国家受到的损害更为严重。德国、日本等发达国家食品生产的科技化程度高、食品安全标准严格，出口食品受美国食品安全标准贸易壁垒的影响较小。发展中国家食品安全标准体系不健全、食品检测技术落后、食品企业质量管理机制缺失，削弱了应对美国食品安全标准贸易壁垒的能力。

当前，受美国食品安全标准贸易壁垒影响最大的发展中国家主要集中在亚洲，包括中国、印度等人口密度较大的国家。这些国家劳动力资源丰富，劳动力成本较低，食品的价格竞争优势突出，在国际食品贸易中一直占据有利地位。然而，美国食品安全标准贸易壁垒迫使国外食品生产商增加生产成本，实际上提高了出口食品在国际市场上的销售价格，发展中国家因此失去了依靠食品价格优势获取的贸易利益，严重削弱了发展中国家在国际市场上的食品贸易份额，影响到国内食品行业的整体发展。

美国食品安全标准贸易壁垒改变了进口食品的类型和地域分布，发展中国家的劳动密集型食品难以进入美国境内，发达国家的高标准食品占据了美国市场，贸易不公平现象加剧，从而使发展中国家的食品贸易利益受到严重损害。

第三节　美国食品安全标准贸易壁垒对我国的影响

我国出口产品在美国频频遭受现行技术性贸易壁垒，给出口企业造成很大损失，其中比较常见的是美国食品和药品管理局的产品扣留和美国消费品安全委员会的产品召回。

美国食品和药品管理局可对产品实施扣留和自动扣留。一般而言，对来自一个国家或者地区的产品实施自动扣留的情况较少，只有当美国食品和药品管理局认为来自该地域范围的产品普遍存在不符合规定的情况下，才会发生自动扣留。被扣留的主要原因为：未经注册批准和不符合生产的相关标准与规定、缺少证书材料，不符合包装、标签和说明的规定，限量超标，不符合卫生要求，含有有毒有害物质，不符合进口法律规定，人类受到危害等。

美国消费品安全委员会根据美国《消费品安全法案》于 1972 年设立，1973 年开始工作，是一个独立的联邦监管机构，负有“保护公众免遭与消费品有关的、不合理的伤害与死亡风险”的职责。其管辖约 15 000 种用于家庭、体育、娱乐及学校或类似用途的消费品，但机动车辆、轮胎、船只、酒、烟草、火器、食品、药品、化妆品、农药及医疗器械等产品不在其内，分别受其他相关法案管辖。美国消费品安全委员会的工作依据消费品安全法案（CPSA）、联邦危险品法案（FHSA）、危险品包装法案（PPPA）、易燃材料法案（FFA）和冰箱安全法案（RSA）这五个法案进行。美国消费品安全委员会每年都要在市场上抽检一定数量的消费品，调查因某消费品造成的伤害事件，并公开产品安全性问题的投诉电话、电子邮件地址、投诉表格提交等渠道，鼓励公民参与对市面上出售的消费品进行监督，同时也鼓励企业对自己的产品进行监控。一旦发现有潜在伤害性或已造成伤害的产品，经调查确认，即与制造商或经销商联合发布召回公告。

一、提高了我国输美食品的市场准入标准

根据美国《联邦法典》的规定，构成美国食品营养标签壁垒、食品残留物限量壁垒、食品 HACCP 管理体系壁垒和食品注册通报壁垒的具体标准均为强制性国家标准，在全国范围内普遍适用。进口食品必须满足美国的强制性食品安全标准，否则无法进入美国境内。美国的食品安全标准科技化含量高、具体实施复杂、更新速度快，我国输美食品很难达到美国的相关标准。

美国食品安全标准贸易壁垒在本质上提高了我国输美食品的市场准入标准。据相关数据统计，1987 年以来，我国出口至美国的食品，有 25%左右是由于不符合美国食品营养标签的规定而遭受扣留。例如，根据美国《联邦食品、药品和化妆品法》的规定，食品营养标签中的“份餐量”规定为 30g，但是我国山东省淄博出口的雪花山楂条，错误地将净含量 397g 理解为美国的份餐量，宁波粮油食品进出口公司经销的雪菜罐头，将份餐量定为 90g，超出了美国的规定含量。该例子说明，造成我国食品不符合美国食品营养标签标准的原因，不仅在于中美文化差异导致的理解错误，更重要的是美国食品营养标签标准严苛、实施困难。早年发生在中美两国间的“蘑菇罐头”事件，也反映了美国食品 HACCP 管理体系壁垒的市场准入限制。有报道称，1989 年 2 月至 9 月，美国连续数次发生了食用中国蘑菇罐头造成的食物中毒风波，美国食品和药品管理局据此宣布对中国所有输往美国的蘑菇罐头实行自动扣留，由此还引起了加拿大、日本、西欧等国的连锁反应，使我国蘑菇罐头工业面临极为严峻的局面。此后，美国食品和药品管理局要求中国蘑菇罐头生产企业采取整改措施，在美国咨询公司的帮助下，建立企业 HACCP 管理体系，制订从农场到成品全过程的 HACCP 计划，并且咨询公司必须依次对中国蘑菇罐头的生产记录、工厂情况进行审核，确保食品达到无菌要求，满足美国的相关进口标准，然后将计划提交美国食品和药品管理局审核。这一措施使中国蘑菇罐头遭受了美国长达 15 年的进口限制，对中国蘑菇养殖和加工业造成了巨大冲击。

对我国食品出口企业而言，美国食品安全标准贸易壁垒的市场准入限制不仅阻碍了我国企业在国际市场上的公平竞争，更限制了企业生产规模的扩大和战略结构的调整，对我国食品出口企业的长远发展极为不利。对我国食品行业而言，美国食品安全标准贸易壁垒的市场准入限制，本质上是贸易保护的体现，不仅限制了自由竞争，更打击了中国食品在国际上的影响力，制约了我国食品行业的良性发展。

二、削弱了我国出口食品的国际竞争力

美国食品安全标准贸易壁垒不仅提高了食品的市场准入标准，同时也提高了食品的生产成本，增加了食品的质量保障风险。我国食品能在美国市场上占有一席之地，其主要原因就在于食品的价格优势，由于我国的廉价劳动力资源和较低的原材料成本，使得我国物美价廉的食品受到了广大美国消费者的青睐，但是美国食品安全标准贸易壁垒削弱了我国出口食品的价格竞争优势，降低了我国出口食品的国际竞争力。

美国食品安全标准的实施必须依托先进的检测技术，我国食品出口企业不得不支付高昂的检测费用以应对美国的食品检测，我国出口食品的总体成本不断增加。例如，为应对美国的食品残留物限量壁垒，我国企业必须按照美国的残留限量标准依次检测出食品中的相关残留物，然后严格控制其残留量。近年来，美国加大了对进口动物源性食品中农药、兽药等残留物的检测力度，禁止在动物源性食品中使用氯霉素、盐酸克伦特罗、己烯雌酚等 11 种药物，并且扩大了绝对禁止的药物种类，提高了食品检测的门槛。而我国高标准的食品检测机构相对稀缺，检测费用自然不低，这在很大程度上加重了企业的负担，削弱了我国出口食品的国际竞争力。而美国的注册通报程序由于内容繁杂、安全环节多，延长了我国食品的出口时间，尤其对保存期较短的食品相当不利，加大了其质量保障风险。例如，在预先通报程序中，美国的《进出口食品预先通报条例》规定了食品提前通知的时间，一旦没按照规定时间提前通知美国食品和药品管理局，食品到达美国港口时就会遭到扣留，或者转移到海关仓库进行暂时存放，待相关程序正常结束之后再进入美国境内，而此时一些生鲜食品很可能已经腐败变质或超出其保质期，无法进入市场流通。美国食品安全标准要求国外食品出口企业提供合格、高质的安全食品，这增加了企业的生产成本，降低了食品的竞争力。作为发展中国家，我国食品在国际竞争中取胜的关键因素之一就是价格优势，美国食品安全标准贸易壁垒迫使我国食品出口企业增加生产成本，削弱了我国食品的价格竞争优势。

三、损害了我国食品出口企业的声誉

美国食品安全标准的壁垒性只针对不符合美国食品技术法规和强制性食品标准的国外食品。对食品出口企业而言，食品能否顺利输往其他国家，不仅关系着企业的经济利益，更关系着企业在国际上的声誉。美国食品安全标准贸易壁垒对我国输美食品的阻碍，已经严重影响到了我国食品出口企业的声誉，降低了我国企业的国际信誉度。

由于我国输美食品屡屡受到美国食品安全标准贸易壁垒的影响，一些出口食品企业的信誉度受到质疑，久而久之，企业在国际市场上的声誉也受到削弱，加之国

外媒体的大肆渲染，导致中国制造的食品和中国企业被贴上了某种固定的标签。尤其对于一些国内知名企业而言，一旦其食品未能通过美国的食品安全检测，被美国拒绝入境或就地销毁，其影响更是打击性的，甚至可能影响到出口企业的生死存亡。因为消费者更关心他们所熟知的品牌，当品牌效力深入人心之后，任何舆论都将把它推向风口浪尖，成为众人指责的对象。例如，根据美国《食品企业注册条例》的规定，国外食品企业必须在美国食品和药品管理局进行注册登记，而美国的信息记录系统相当发达，一些多次被美国拒绝入境的食品会被列入美国进口食品黑名单。一旦被列入黑名单，企业就必须采取更为积极主动的方式来证明其食品的安全性，如取得第三方检验机构的证明文件、获得美国食品和药品管理局的认证等，这些措施反过来又加剧了企业的经济负担。如果企业不采取任何措施消除其食品的黑名单效力，则有可能连带降低该企业的信誉度，导致美国全面禁止从该食品出口企业进口任何食品，这种后果是难以想象的。

美国食品安全标准贸易壁垒影响了我国食品出口企业的国际形象，损害了中国的国际利益。以食品安全标准为基础的贸易壁垒，已经成为美国保护国内食品安全，削弱他国食品和企业竞争力的主要方式。

四、加剧了中美两国间的食品贸易摩擦

食品贸易自由是贸易自由原则在食品领域的具体体现，美国以保护国内食品安全为借口，制定大量严苛的食品安全标准，形成了食品安全标准贸易壁垒，这是对公平贸易和贸易自由原则的挑战，必然会加剧各国间的食品贸易摩擦，引发国际食品争端。2010 年，中美食品、农产品贸易达 213.65 亿美元，占中国食品、农产品进出口总额的 17.5%。贸易量的增多在一定程度上会导致贸易摩擦增加，而中美食品贸易摩擦由来已久，如前文提到的早年发生在中美两国之间的“蘑菇罐头”案，以及近年来美国食品和药品管理局以中国鳗鱼、虾、鲮鱼等几种水产品含有微量非法添加剂为由暂停其进口等事件，这些都只是中美食品贸易争端的一小部分。随着美国逐年更新相关的食品法规和标准，中美食品贸易摩擦有加剧之势，这显然不利于中美两国间的食品贸易往来，在一定程度上限制甚至禁止了食品贸易的开展，破坏了中美两国间的贸易伙伴关系，对我国食品出口贸易的长远发展极为不利。

我国对美国食品出口规模不断加大，对美国国内食品产业造成了冲击，美国食品安全标准贸易壁垒在一定程度上缓解了美国国内食品产业的压力，却也加剧了中美食品贸易摩擦。美国的食品营养标签壁垒、食品残留物限量壁垒、食品 HACCP 管理体系壁垒和食品注册通报壁垒分别给我国食品营养标签的制作、残留物限量的检测、HACCP 管理体系的实施和食品的注册登记工作带来了障碍，中美食品贸易在这些领域冲突不断。

第四节　我国食品安全监管存在的不足

一、监管行政手段单一

由于历史发展的客观规律和改革的渐进性，我国目前的食品安全监管体制具有特殊的混合特质，既有现代市场经济理念的探索，又有过去计划经济的痕迹，监管方式也基本以强制为主，其不足主要体现在以下几点：

第一，监管理念仍比较滞后。我国目前的监管主要依靠行政部门行使职权来实现，强制性、命令式、重管理、轻服务等处处体现了理念的滞后，有时甚至会出现过度介入市场，间接影响市场竞争的情况，尤其是对“纳税大户、支柱产业”等带有地方保护的色彩。

第二，监管方式单一。我国集中强化了政府监管的单一性、强制性和对立性，忽视了其他主体的主观能动性，如行业协会、社会团体等。

第三，始终没有把从“农田到餐桌”的全过程监管归于一个部门。国际上普遍开展的质量认证并没有在我国国内广泛地推广 来，如 GMP、GAP、HACCP 等。

在我国，消费者委托政府，政府委托具体的行政部门来监管食品质量安全。由于行政手段单一，监管部门不能完全满足消费者的意愿，委托人和代理人在相互制约、相互博弈的情况下，最终很难达到利益的均衡。通常，委托人的利益都会不同程度受损，博弈的结果就体现了食品质量安全的水平。

二、监管技术手段落后

第一，食品安全标准体系比较落后。我国的食品安全标准体系与国外相比存在较大的差距。我国现行的许多食品安全的国家标准和行业标准都是 20 世纪八九十年代制定的。由于缺乏时效性，有的标准几十年都没有修订过，所以经常会出现国内标准低于国际标准的情况。据 WHO2012 年 7 月 4 日的消息，联合国国际食品法典委员会设定的牛奶中三聚氰胺含量新标准为每千克液态婴儿牛奶中三聚氰胺含量不得超过 0.15 毫克。而我国卫生部等五部委 2011 年发布的婴儿配方食品中三聚氰胺的限量值为 1mg/kg，其他食品中的限量值为 2.5mg/kg，远远超出了国际标准要求。对某些新产品新技术，如转基因食品，我国就由于缺少相关标准而导致监管真空。同时，我国也存在标准落实性差的情况。有的标准规定的检测项目，因为检测技术的落后或检测设备的缺失等原因无法正常实施检测。总之，加快我国标准的制定和修订工作，已迫在眉睫。

第二，食品安全检测体系不健全。由于我国是从 20 世纪 80 年代才开始出现食品检测，短短几十年的发展，再加上本身起步晚、起点低，因而目前检测技术落后，与美国等发达国家相比存在较大差距。在食品工业中，我国目前有 1 000 多项国家标准、行业标准和500多项进出口食品检验方法行业标准，但仅仅有14.63%与国际标准接轨。

我国历来搞突击式或运动型的抽查偏多，抽查的重点一般都是最终产品，忽视了对中间环节的监测，使得检测工作不能常态化、全程化。目前，我国许多食品企业没有认识到食品检测的重要性，缺少必要的实验室配备，难以保障食品质量安全。另外，我国在食品安全检测的科研方面也比较落后，没有掌握国际先进的检测技术，在科研的具体工作上做得也不够。

第五节　我国食品监管能力不足的原因

我国对出口食品的监管能力的增长速度远低于出口食品的增长速度，出现了监管能力不足的现象。执法队伍力量薄弱、监督不力是食品安全事故频发的重要原因。我国食品监管能力不足主要表现在：

一、食品安全监管的体制不合理

第一，分析我国对食品安全监管部门的配置，发现其具有较明显的纵向关系和横向关系。从纵向关系看，监管部门分别有垂直管理、半垂直管理和分级管理这三种关系。

从横向关系看，各个监管部门分别对应着食品供应链的不同环节。尤其是半垂直管理单位，省以下机构难以得到当地政府和领导的配合与支持。省以下垂直管理，意味着所有经费开支都只能从省财政获得，而省财政一般是按照全省的平均水平来保障人员的工资待遇，同时维持机构正常运转的工作经费，对人员培训、改进监管设备所需要的资金则难以保障。这极大地制约了监管职能的发挥和监管水平的提升。而且现代食品供应链变得越来越长，经常会跨越省区界限，在省级之间或各地区机构之间协调好关系，将是一个严峻的考验。

第二，地方保护主义导致个别地方政府存在无效监管现象。根据信息不对称理论，在市场经济中，生产者追求利润最大化，消费者追求实用性最大化，只有当生产者和消费者都拥有足够的信息时，才能达到各自的目的。然而，由于食品质量安全的特殊性，往往是生产者、经营者掌控着较多的信息，而消费者处于不利的地位，并没有全面了解食品安全信息。更有少数生产经营者为了取得更大的利润，向社会散布虚假信息，将不合格产品卖给顾客。消费者无论是在选择权，还是知情权上都处于劣势，无法正确判断食品的质量是否安全。更有少数消费者出于不同的目的，主动购买不合格食品，加剧了市场的混乱。地方政府在利益的推动下，往往会采取寻租手段来行使自己掌控的公共权力，如降低市场准入门槛、实行地方保护主义、消极执法、行政不作为等。这是代理人为了自身利益最大化，牺牲委托人利益的典型表现。

二、市场准入执行不到位

食品市场准入制度，是指食品生产企业必须具备国家规定的生产条件，才能保证其生产食品的安全与合格，所出厂的食品才能在市场上进行销售。该制度旨在解决我国日益严峻的食品安全问题，从源头把好质量关，为保障消费者利益，而在全国实施的强制性行政制度。虽然我国从 2003 年起就实施了 QS 标志制度，但是市场上仍有未加贴 QS 标志的食品在正常销售，造成市场混乱。同时，我国早年的免检制度也间接造成了一些食品安全事件的发生。双汇正是由于免检，缺少政府监督，而消费者由于信息不透明，很难发现其是否存在质量缺陷，单纯的社会监督难以保障食品质量安全。这都是我国市场准入体制不完善的体现。

对我国近期发生的影响恶劣的食品安全事件进行综合分析，可以看出信息不通畅是一个很重要的原因：首先，政府没有做到及时发布预警信息；其次，各个监管部门之间的信息没有共享，相互之间没有做到有效沟通；最后，消费者找不到一个权威的平台来获取信息。由于生产者和消费者之间存在信息不对称，消费者处于信息端的劣势，对农药残留、重金属等信息不能主动、及时获取，只能凭借市场价格的高低来判断。反思一下，很多食品安全事件都是媒体先发现，监管部门后查处。这足以看出，单单依靠政府监管是不够的，必须加强群众的参与、社会的监督。只有生产者和消费者之间信息通畅，才能保障食品质量安全。

三、食品安全检测体系分布不均

我国由于食品安全检测技术起步较晚，且分布不均、水平落后，从某种程度上制约了食品安全监管。2003 年“非典”之后，国家给检测机构配备了常规的检测设备，如分析天平、气相色谱、紫外可见、生化酶标仪等。我国目前有家检测机构、第三方实验室，也有官方实验室。由于管理部门各自执法，相互之间不沟通，造成很大的资源浪费，比如重复购置相同的设备仪器，但缺少真正稀缺的应急检测设备或多项目检测设备，如红外光谱等。我国的检测水平与国际水平相比仍有较大差距，如农药残留方面，美国能检测 360 多种农药，我国目前只能检测几十种。

检测能力分布不均是我国普遍存在的一个突出问题。这种差别主要体现在城市和农村之间。我国省级和地市级的检测机构大多设备先进，有专业检测人员，技术水平较高，检测周期短、效率高。县级及县级以下的检测机构大多检测能力较低，缺少专业人才，检测数据往往缺乏权威性，作为参考数据的情况较多。先进快速的检测技术是食品质量安全的有力保障，合理均衡检测能力是政府必须解决的问题。

我国缺少一个专业的权威的平台来统一全国的食品安全检测机构。鉴于目前机构多、检测水平不均、检测能力不均等问题，我国急需建立一个食品安全检测体系来规范市场，保障数据的绝对准确，不能有任何偏差。

四、责任追究机制不完善

行政法上的行政责任是指行政主体及其公务人员因违反行政法律规范而依法必须承担的法律责任，不包括行政主体及其公务人员的法定义务。当前，对于监管人员的责任追究明显处罚过轻。《中华人民共和国食品安全法》规定对出具虚假检验报告、未履行职责、滥用职权、玩忽职守和徇私舞弊等行为给予行政处分，构成犯罪的，依法追究刑事责任。监管人员构成犯罪的处罚转移到了《中华人民共和国刑法》上，但《中华人民共和国刑法》并没有具体规定有关食品安全监管人员犯罪的情形和处罚措施。另外，行政问责机制存在“安抚公众”和“走过场”等现象。

五、食品行业安全监管参与不够

行业自律是建立有效的食品安全保障的重要基础。在很多发达国家，行业参与的深度和广度是保障食品安全的基础。但是，我国在这几个方面的作用并没有得到充分发挥。我国的食品安全监管体制是一个自上而下的体制。目前，我国很多标准的制定、法律法规的出台、认证认可体系的建立、检验检疫体系的建立并不是根据行业的现实情况出发的，这就造成了实际管理实践中的虚化现象，很多具体管理措施在实践中难以执行。同时，我国食品行业组织还没有得到充分的重视和发展，食品行业与消费者的沟通也比较少，没有充分发挥作用。

六、监管成本与经济效益的矛盾

我国目前食品监管体系的监管成本与经济效益的矛盾主要表现在以下两个方面：

（1）检验机构庞杂。

目前我国的检验机构包括三大体系：第一，农业部门在全国建设了多个国家级和部级农产品质量监督检验检疫中心，并指导全国 1/3 的地市县建立了以快速检测为主的农产品质量安全检测站。第二，质量监督检验检疫部门在全国建有多个农产品、食品检测机构，每个省、市县都建有农产品、食品监督检验检测机构。第三，商业部门在大型农副产品批发市场配备了专职人员以及卫生质量检测设备。这种管理现状的突出问题是食品安全检验检测机构数量庞大，特别是这些检验检疫人员分属于不同的管理部门，在管理实践中缺乏统一的规划和部署，使得队伍建设重复、检测装备投入不够、技术水平低。

现实中往往会出现这样的现象，同样的检测项目却被不同的部门重复检测，一方面加重了执法成本，另一方面加重了食品供应商的检测成本负担，不利于经济效益的提高。

（2）实验室建设滞后。

整个食品安全监管体系中有一个非常重要的环节就是食品安全检测实验室的建设。实验室的任务不仅是要推动食品安全检测技术的发展和提高，更重要的是把各种食品监测数据联系起来，为国家相关主管部门制定正确的食品安全控制策略做依据，提高我国出口食品的质量安全的管理水平，维护出口食品给国家和人民带来的经济效益。

当前，我国食品安全检测实验室的建设一直比较缓慢，没有构成一个完整的检测和预防体系。很多用于出口食品监管检测的标准物、试剂等易耗材料在资金不足的情况下难以购买，检测工作无法正常开展。而且我国的食品检测的主管机构社会服务能力较弱，在满足不同市场主体需求方面还存在较大差距，实践中必要的质量保证与责任约束难以形成。我国于 2005 年成立了中国实验室国家认可委员会食品安全工作委员会，对于协调整个食品安全监管工作提供了较好的管理机制，具有较好的示范效应，但功能的逐步发挥还需要一个各部门协同的完善过程。

第六节　完善我国食品安全监管的对策建议

一、更好地发挥监管主体的作用

（1）明确职责分工，加强协调配合。

第一，国务院应当赋予食品安全委员会作为最高协调机构的刚性地位，明确其全面指导和综合协调的行政职能，使其充分承担起统一领导全国食品安全的职责。具体来讲，包括分析食品安全的总体形势、研究部署下一步工作计划、统筹安排细化工作、提出重大监管措施等。

第二，国家市场监督管理总局是全国食品安全监管体系的核心部门，必须细化和明确各个监管机构的具体职责，尤其是做好部门职责分工的衔接与协调，加强沟通配合。明确国家市场监督管理总局与其他食品监管部门的职责分工，搞好部门之间的协调配合，克服监管“越位”和监管“空位”等现象，真正实现高效的合作。

第三，大力加强县级、乡镇和街道办事处一级的食品监管机构建设，将监管力量适当向基层倾斜，增加基层人员的配备和检测力量的配备，提高基层食品检测的技术水平，从源头加大监管力度。县级以上地方政府要充分发挥其组织协调的职能，确保本行政区域内食品的质量安全。

（2）充分调动地方部门的积极性。

中国地大物博，地区之间的差异性较大，我国可以适当借鉴美国的经验，建立中央政府和地方政府联合监管的方式。中国目前只有质检系统的出入境机构属于垂直管理，其余的农业系统、质量技术监督部门等都是分级管理。分级管理系统的特点就是由本级政府决定各级监管部门的任命，各级政府分别负责本辖区内的食品安全，实行领导问责制，这就极大地发挥了地方政府在食品安全监管中的作用。这种从中央到地方的监管体制，在全国、省、市、县都起到了较好的监督作用，监督食品的生产与流通。食品有国家标准、行业标准、企业标准，中央和地方在制定食品安全标准时，要保持协调一致。当有国家标准时，必须以国家标准优先。中央及地方监管机构严格按照国家标准对食品进行检验检测，保持上下的配合一致，各地不得随意乱用或降低标准，以保证食品正常的市场流通。当没有国家标准时，可遵照行业标准或企业标准进行监管。

二、增强食品安全监管效能

（1）实现全过程管理，加强社会监督。

实现全过程管理，需要做好以下几点：一是要狠抓源头管理，在生产源头上切实做好食品安全保障工作，通过相应的具体措施，如净化环境和规范化肥、饲料、农兽药及食品添加剂的使用，确保食品种养殖的环境和条件符合生产要求，从源头把好质量关。二是强化生产过程的管理，从原料进厂到生产、加工、制造的整个过程都要符合食品安全要求。三是进一步完善市场准入制度，推广质量认证，严格遵照现行的市场准入制度执行，对产品进行严格的检验检测，绝对禁止不合格、不安全的产品混入市场，影响消费者的健康与安全。四是实行标签管理等可追溯制度。为了与国际市场接轨及满足 WTO 的要求，我国应积极推行标签管理，要求包装上市的预包装食品必须符合 GB7718 的要求，标明产品的基本信息，同时标注经销商的地址、联系方式等，便于产品的追溯；对转基因或其他生物标识也要有严格的规定。

大力加强社会舆论的力量，发挥好监督作用。我们必须肯定社会舆论，其具有信息传递快、社会影响力大、作用时间长、公众参与性强等很多优点与特点。我们要采取一些激励手段来增强社会媒体与消费者的参与性，鼓励媒体曝光、鼓励消费者投诉、鼓励民众提供线索等，要营造出社会全体共同发现、查处安全隐患的积极气氛，让制假造假窝点无处藏身。

（2）合理推广 HACCP 体系和认证制度。

第一，推广 HACCP 体系的应用。HACCP 体系旨在预防和控制可能存在的或潜在的食品危害，通过科学分析整个食品生产加工过程，特别是可能产生危害的环节，确定关键限值和关键控制点，为每个关键控制点设置预防和监控措施。美国成功地将 HACCP 体系应用于食品工业的生产和安全管理之中，真正实现了从原料到成品的全过程监控，成为世界公认的最佳的安全控制模式。推行 HACCP 体系，具体来说就是将食品从原料进厂到成品出厂的全过程统一地进行规范制约，这样不仅能有效的保证食品质量安全，又能突出过程中的重点，减少不必要的开支，降低食品安全的总成本。另外，HACCP 系统非常重视企业的档案制度，要求整个食品供应链的每个环节都要做到规范记录，用于随时查询和调用。

我国的食品生产加工企业有自己的特点，种类繁多、分布广泛，由于地区差异或条件限制等原因，各个企业在生产水平和技术能力上参差不齐，相应的监管模式也就千差万别。由于食品工业本身涉及学科众多，包括化学、生物学等，因而更加加大了食品安全监管的难度。目前，HACCP 体系在全国全面推开的空间还很大，我们可以效仿美国，做到预防为主，从源头上预防食品危害的发生，从而保证食品的质量安全。

第二，科学推广认证制度。认证制度主要分为产品的认证和体系的认证，质量体系认证可以促进 HACCP 和 GMP 等的应用，产品认证将有利于维护和提升产品品质及市场竞争力。认证制度对维护我国食品安全标准有着积极的意义。质量体系认证分为强制性和推荐性两种，产品认证大多以自愿为主。我国目前已成功开展的认证有很多，"无公害食品""绿色食品"和"有机食品"是目前较常见的几种食品认证。它们对产品要求的侧重点不太一样，对种养殖环境、生产条件、技术水平、成品质量等都有详细的规定，认证标准也有细微的不同。产品取得认证将对该企业品牌、企业管理水平、企业产品质量等多方面带来极大的积极的作用。但是对部分消费者来讲，由于对认证知识了解较少，难免会出现理解偏差或认识上的偏离。对食品企业来讲，必须讲诚信、重诚信，不能只是在认证审核期间重视自己的生产条件、保证环境卫生等，在获得认证资格后，还要长期保持良好的生产状态，杜绝一切安全隐患。

为了更好地完善质量体系认证及产品认证在食品企业中的应用，更好地发挥其积极正面的作用，我们需要做到以下几点：第一，理顺各部门之间的关系，确保食品认证机构之间良好的沟通、交流与合作；第二，合理充分地利用资源，将所有关于产品认证的标准都统一起来，形成合力；第三，加强与美国等其他发达国家的交流与合作，尤其在行政管理、认证认可、科研技术等方面，缩短与发达国家的距离；第四，与发达国家合作，科学借鉴国外的先进经验，建立企业产品的相互认可，增加企业及产品的公信度；第五，对于申请认证的食品企业、认证机构或第三方机构都要定期或不定期地对企业及产品进行检验检测，对已获得认证的企业更要实行有效的跟踪管理。做好以上五点，有利于提高我国食品的质量安全，有利于确保我国食品质量的标准符合性。

三、完善食品安全法律法规体系

（1）加大对食品安全法律的制定和修订力度。

建议针对较敏感或较复杂的食品进行单独立法，如乳制品、水产品、蜂制品等。虽然我国现行的食品安全法律体系是以《中华人民共和国食品安全法》为核心，建立了许多与之相配套的实施条例、管理办法等作为支撑，但仍然有大量可以填补的空间。我们应该将法律涵盖至食品的所有类别，并针对每一项法律，制定与之相配套的实施细则，增加法律的实践性和具体性，在我国建成一个完整的、协调的食品安全法律体系，为监管人员执法提供强有力的法律保障。

（2）严格执法、加大惩罚力度。

第一，严格法律责任追究制度。食品安全关系百姓民生，容不得半点马虎。一旦出现食品安全问题，必须严惩。如果处罚太轻，不仅不能起到震慑作用，反而会助长违法者的嚣张气焰，继续甚至更恶劣的制假贩假，坑害百姓。为清理整顿食品市场，规范食品生产销售者的行为，严格遵守法律法规和行为规范，我们可以追究违法者的民事责任，以罚款作为赔偿。对某些情节恶劣的、造成重大影响的违法者，除了进行严厉的惩罚赔偿外，还可以追究其刑事责任，让违法者付出惨痛的代价。

第二，加大行政处罚力度，首先，加大对违法食品生产企业的行政处罚力度，将情节恶劣、后果严重的食品企业直接纳入黑名单，禁止其再从事与食品相关的生产，并对其违法行为处以重罚。其次，加大对食品监管人员的责任追究制度。监管人员的监督制度分为内部监督和外部监督：内部监督是指监管部门内部的监督，是上级部门对下级部门的监督、上司对下属的监督和单位内部不同部门间的监督；外部监督是指食品安全委员会的监督、监察部门的监督和广大社会的监督。加强内部监督需要强化纪律、加强考核。加强外部监督需要加强来自外部的力量，如加强信息的公开透明，加强公众参与性，加强食品安全委员会的统筹领导作用，鼓励广大群众揭露违法犯罪行为等。同时，要将责任细化到每个人，实行责任追究制，谁监管、谁负责，对构成违法犯罪的公职人员绝不包庇，按照法律规定，追究其刑事责任。

四、健全食品安全技术保障体系

（1）整合检测机构、扩大覆盖面。

第一，整合现有的食品检测机构、避免资源浪费。本书在前面阐述了我国目前食品检测市场的乱象及普遍存在的资源浪费的问题，建议整合我国现有的所有官方检测机构，创建出高效的、权威的食品安全检测体系。在中央各部门之间、中央与地方之间、地方各部门之间都要进行检测机构的整合，首先肯定各部门各地方已经建成的检测网，在充分发挥其优势的基础上，再分别针对国内和国外不同的要求进行分配，最终达到效用最大化。总之，要顺应时代的发展需要，合理整合实验室资源，严格实验室资质管理，实现实验室资源共享，力争建成全国性的、统一协调的、高效合作的食品安全实验室检测体系，满足整个食品供应链的检测需要；提升我国整体的检测技术水平，尤其是要将国家级重点实验室建成具有国际领先水平的检测机构，同时促进检测机构的市场化和社会化，大力鼓励第三方实验室的发展壮大。

第二，扩大检测覆盖面，尤其要延伸至农村。目前，我国在农村仍存在许多监管空位，只有实现全方位的监测覆盖，才能确保全面有效地将食品安全监管落到实处。实验室检测是保证食品安全监管的重要技术支撑，必须正确认识强基础的重要性。我国应尽快在全国范围内设置一个专门的科研机构，该机构主要负责统一协调、培训指导、数据分析、信息交流等工作，选择分配能充分代表全国平均水平的监测点，长期定点监测食源性疾病和食品污染物；同时，尽快成立独立、权威的食品公共实验室，加大对实验室的硬件投入，以提高其检测能力，为科学高效的监管食品质量安全提供有力的技术保障。

（2）规范食品安全标准体系。

第一，规范法律法规与标准的一致性。规范一致性是指将我国法律法规与相关标准衔接起来，在法律法规中明确规定标准制定事宜，如制定的主体、制定的依据、制定程序、制定目标、实施力度等。

第二，加大对国际食品标准的研究和借鉴。国际标准的制定通常是在科学的基础上，综合世界各国的标准之后，制定的比较宽泛的标准，并没有想象中那么苛刻。我国在制定和修订标准时，要综合考虑多方面的因素，既要本着促进贸易的原则，又要努力提高食品的安全性能，既要节约时间，又要考虑经济成本，目的只有一个，就是在重视国际标准的基础上，制定出与国际接轨的标准。如果我国标准严重滞后于国际标准，某些不法商贩就会钻这个标准差的空子，进口一些低劣食品在我国市场上大肆兜售。所以，国内标准必须及时更新，与国际标准保持一致性。我国应重视研究国际标准的必要性，适当借鉴国外先进经验和做法，制定出符合经济发展和人民需要的食品安全标准。

第三，鼓励发展行业标准和企业标准。国外发达国家非常重视行业协会或商会等社会组织的作用，且其已发展的比较完善，并且在某些特定行业发挥着很重要的作用。由于我国食品种类繁多且每年新增量也较大，涉及整个食品供应链的每个细小环节，国家强制标准难以面面俱到，这时就需要行业标准或企业标准及时弥补空缺，起到必要的保护作用。有部分企业为了提高自己的信誉，提升在市场的竞争力，会以比国家标准更高的规格严格要求自己，规范企业行为，保证产品质量。因此，我国应该鼓励发展行业协会或商会等社会组织，同时鼓励发展制定行业标准，鼓励企业进行体系认证和产品认证，鼓励发展制定企业标准，还应该鼓励行业标准和企业标准高于国家标准的情况。这样才能更好地维护食品安全，繁荣食品贸易。总之，健全的食品安全标准体系应当将各层次的标准有机结合在一起，科学合理地应用于广泛的食品安全监管体系之中。

第五章　中国应对美国食品贸易法规的措施

美国食品安全标准贸易壁垒对我国食品出口贸易的影响日益加剧，我国必须正确应对美国食品安全标准贸易壁垒。我国政府和食品出口企业要同时采取应对措施，减轻美国食品安全标准壁垒对我国的危害。具体而言，政府应发挥主导作用，以管理者的身份加快我国食品安全标准的研究制定工作，同时加强对 TBT 协定和 SPS 协定的研究，建立食品安全标准贸易壁垒预警机制，也要以谈判组织者的身份促进中美贸易谈判，缓解中美贸易摩擦；企业应发挥协调作用，提高应对美国食品安全标准贸易壁垒的能力，加强食品信息沟通，提高出口食品质量，完善人才培养机制，充分利用 WTO 争端解决机制维护自身的合法权益。

第一节　发挥政府的主导作用

一、完善我国的食品安全标准立法体系

我国食品安全标准立法体系是以《中华人民共和国食品安全法》为主导，并由《中华人民共和国产品质量法》《中华人民共和国标准化法》《中华人民共和国农产品质量安全法》《中华人民共和国动物防疫法》等单行法及其相关行政法规、部门规章构成的有机整体。尽管我国现已颁布的涉及食品安全的法律法规多达几十部，但我国食品安全标准立法体系仍缺乏系统性和完整性，相关法律条款相对分散，食品安全单行法调整范围也比较狭窄。标准是食品安全监控的重要手段。我国食品安全法规不健全，直接导致我国食品安全标准缺失。因此，为应对美国食品安全标准贸易壁垒，我国必须完善食品安全标准专项法规，并制定与国际接轨的食品安全标准，从而构筑我国的食品安全标准立法体系。具体而言，我国应从以下几个方面对

食品安全标准立法体系进行完善。

（1）完善食品营养标签成分标准和形式标准。

我国出口到国外的食品，特别是特产食品，有些没有营养标签。这与我国食品企业的标签制作能力不高有关，由于我国食品企业主要依靠低成本生产的价格优势打入国际市场，因而忽略了对食品营养标签的制作。美国的食品营养标签法规完善、保护程度高，其强制性营养标签的规定使得我国一部分食品在营养标签上达不到美国标准，阻碍了我国食品对美国的出口。《预包装食品营养标签通则》于 2013 年 1 月 1 日正式实施，其规定了强制性食品营养标签，提高了我国食品行业的整体标签制作水平，增强了我国应对美国食品营养标签壁垒的能力。《预包装食品营养标签通则》明确规定了我国食品营养标签的形式，对营养标签的形状、标示内容、顺序、字体等都进行了规范化管理，营养标签的格式趋于标准化，我国食品营养标签标准与国际标准趋近。但是，《预包装食品营养标签通则》只规定了 6 种标签的基本格式，而美国食品营养标签格式高达 16 种，并且《预包装食品营养标签通则》只规定了蛋白质、脂肪、碳水化合物和钠四种核心营养成分，而美国食品营养标签中规定了 16 种营养成分。我国食品营养标签标准与美国仍存在差距，为此，我国还需继续丰富营养标签中营养成分的种类，不断完善我国的食品营养标签标准，突破美国的食品营养标签壁垒。

（2）完善食品残留物限量分类标准。

当前，我国规定食品中农药、兽药残留限量标准的法律主要有《中华人民共和国农产品质量安全法》《中华人民共和国农药管理条例》。与国际食品法典委员会的《食品中污染物最高限量标准》相比，我国的残留物限量标准数量和国际标准大致相当，但是分类没有国际标准细致、明确。我国许多限量标准都没有得到法律的规制，一些标准的分类也缺乏科学依据。我国仍需加强食品中残留物限量标准的制定，不断扩大标准的种类，形成覆盖面广、内容丰富的残留物限量标准体系。美国精细的残留物限量标准分类给我国食品生产带来了挑战，影响了我国对美国的食品出口贸易。我国应尽快统一农产品分类体系，按照农产品分类划分具体的残留物限量标准，同时熟悉美国食品中残留物限量分类标准的具体规定，跟踪其发展动态，从容应对美国食品残留物限量壁垒。

（3）完善食品 GMP 和 SSOP 标准。

美国对进口食品全面实施 HACCP 管理体系，我国企业需尽快建立统一的食品 HACCP 管理体系。我国可以借鉴美国的做法，为食品生产企业在融资或税收方面提供优惠政策，便于企业有充足的资金购置相应设备；同时，在食品生产企业中宣传食品 HACCP 管理体系的科学化，提高企业的重视程度。国家应该对食品 HACCP 管理体系在我国的实施情况进行有效监测，尽快在食品生产企业中全面覆盖 HACCP 管理体系。当前，我国对食品 GMP 标准进行规制的法律主要是《食品企业通用卫生规范》，该规范是参照国际食品法典委员会的《食品卫生通则》制定的，具有

GMP 总则的效力。此外，我国还对 19 类食品加工企业制定了特殊的卫生规范，这些规范共同构成了我国食品企业的 GMP 标准体系。尽管我国拥有和国际标准相近的 GMP 体系，但是 GMP 标准却没有得到全面实施，主要在于标准的可操作性不强。实施 GMP 体系需要企业具备良好的基础，我国大部分的中小型企业并不具备相应的基础，同时，我国 GMP 体系的内容比较宽泛，针对性不强，操作起来没有实际性。因而，应尽快完善我国食品企业的 GMP 体系，制定科学的和有针对性的具体标准。如我国饮料企业 GMP 规范主要适用于碳酸型饮料，对其他类型的饮料如果汁型、乳酸菌型饮料无法适用，应尽快对类似的规范进行重新修订，推动企业建立统一的 GMP 生产规范。我国的 SSOP 标准主要指对食品加工企业规定的具体卫生操作规范，由于 SSOP 的内容比较分散、操作性强，并且我国对 SSOP 的研究不够深入，因而我国并未形成统一的 SSOP 体系，而是作为 GMP 的具体操作细则。我国需加强对 SSOP 的立法工作，尽快建立起统一的 SSOP 体系，以应对美国食品 HACCP 管理体系壁垒。

（4）完善食品信息证明标准。

目前，我国的食品安全信息存在诸多漏洞，主要体现在信息内容狭窄、信息采集能力弱、信息管理主体分散等。尽管《中华人民共和国食品安全法》设立了食品安全信息统一公布制度，但是食品安全事件仍然频发，可见，我国的食品信息管理机制有待进一步加强。国内食品信息的不完备直接影响到出口食品的竞争力，尤其是输美食品要面临注册通报壁垒，而国内食品信息的整体环境显然对出口食品不利，因而，我国有必要采取相应措施进行应对。国家质量监督检验检疫总局审议通过的《出口食品生产企业备案管理规定》于 2011 年 10 月 1 日正式实施，该法案的实行对建立良性的食品信息管理机制有一定的帮助作用。《出口食品生产企业备案管理规定》主要规范出口食品生产企业的备案工作，包括企业的营业执照、对食品进口国的承诺声明、生产条件、卫生控制体系和其他资质证照等的备案，该法案第六条明确规定“出口食品生产企业未依法履行备案法定义务或者经备案审查不符合要求的，其产品不予出口”。可见，该法案有助于我国食品生产企业进行食品信息的自我完善，提高了应对美国食品注册通报壁垒的能力。但是，该法案的适用范围仅限于食品生产企业，并不包含食品的加工、储存及运输企业，并且，食品信息仅限于企业信息，对出口食品信息涉及较少，而美国的食品注册通报标准中包括大量的食品信息。因而，我国需继续完善食品信息管理机制，把食品信息的管理纳入法制化的轨道上来。

二、加强对 TBT 协定和 SPS 协定的研究

当前，对食品安全标准贸易壁垒进行规制的国际协定主要包括 TBT 协定和 SPS 协定。WTO 体制下形成的 TBT 协定和 SPS 协定，将 WTO 成员采取的技术性贸易措

施纳入强制性多边贸易框架下，为协调国际食品贸易关系奠定了基础。美国作为WTO成员，其食品安全标准贸易壁垒受TBT协定和SPS协定的规制，因此，加强对TBT协定和SPS协定的研究，有利于我国合理分析美国食品安全标准贸易壁垒，从而有效维护我国在国际食品贸易中的正当利益。

根据TBT协定的基本规则，TBT协定对美国食品安全标准贸易壁垒的规制主要体现在以下几个方面：第一，根据TBT协定第2条第1款、第2条第10款第3项的规定，美国食品安全标准不得违反非歧视原则，即美国食品安全标准给予进口食品的待遇不得低于国内类似食品，并且国外食品企业申请美国认证时，对其要求的费用、等候时间不能歧视。第二，根据TBT协定第2条第2款、第5条第2款第3项及第6项的规定，美国食品安全标准应避免造成不必要的贸易障碍，即美国食品安全标准的实施在目的或效果上均不会给国际食品贸易造成不必要的障碍。不必要的贸易障碍是指超出了实现保护人身健康和安全、保护动植物的生命和健康等目标的必要限度，即TBT协定承认在一定情况下采取的没有超出必要限度的贸易措施，而这种措施可能造成某种程度的贸易障碍。第三，根据TBT协定的前言及第2条第6款的规定，美国食品安全标准应符合协调性原则。美国食品安全标准的制定和实施应尽量以现有的国际食品安全标准为依据，以减少国家间的差异对贸易造成的障碍。相对于TBT协定而言，SPS协定的规定更具有可操作性。SPS协定对美国食品安全标准贸易壁垒的规制同样包括不得违反非歧视原则和应符合协调性原则两个方面。此外，SPS协定还有其他的规制内容：第一，根据SPS协定第3条第3款、第5条第7款的规定，美国对进口食品实施高于国际标准的食品安全标准时，必须有科学依据或者是以SPS协定规定的风险评估为基础，如果没有充分的科学依据，也来不及进行风险评估，可以根据可获得的信息采取临时措施，临时措施的标准可高于国际食品安全标准。第二，根据SPS协定第5条第1款的规定，美国食品安全标准的实施应以相关的风险评估为基础，风险评估主要包括对病虫害的风险评估和对食品中存在的添加剂或污染物的风险评估，通过评估可能产生的生态或经济后果，确定对食品安全的保护水平。从TBT协定和SPS协定对美国食品安全标准贸易壁垒的规制内容可以看出，美国食品安全标准贸易壁垒受到诸多限制。我国在应对美国食品安全标准贸易壁垒时，应具体分析美国食品安全标准的制定和实施是否符合TBT协定和SPS协定的具体规则，积极运用世界贸易组织的规则维护本国的正当贸易利益。

三、建立食品安全标准贸易壁垒预警机制

我国没有专门应对食品安全标准贸易壁垒的法律机制，《中华人民共和国对外贸易法》中规定了我国应对贸易壁垒的一般性措施，对食品安全标准贸易壁垒同样适用。然而，美国食品安全标准贸易壁垒具有灵活性和复杂性，《中华人民共和国

对外贸易法》中的一般性措施难以有效减轻美国食品安全标准贸易壁垒带来的负面影响。因而，针对美国食品安全标准贸易壁垒，我国应建立一套专门的预防应对机制。具体而言，政府相关职能部门需对美国的食品安全法律法规及时进行解读，便于我国食品出口企业迅速调整出口方针；对列入美国食品处罚清单的商品需实行特殊管理，重点分析遭遇美国处罚的原因，并发现出口食品潜在的危害性，及时采取监督、预防和纠正措施。此外，企业应加强和政府部门的信息交流，遭遇美国食品处罚措施后，要及时向政府反映处罚情况，便于政府进行信息的采集；了解美国食品安全标准贸易壁垒的最新发展，避免遭到美国的连续处罚。简言之，要及时高效地应对美国多变的食品安全标准贸易壁垒，我国应尽快建立食品安全标准贸易壁垒预警机制，加强政府和企业的联系，积极采取应对措施。

四、积极促进中美贸易谈判

在处理中美食品贸易纠纷的过程中，中方要积极与美方谈判，通过磋商来协商解决两国间的贸易纠纷，同时，加强两国间的高层对话，建立相关食品交流机制和工作组，如中美已建立了中美商贸联合委员会和中美战略与经济对话等平台。相对于 WTO 烦琐的解决机制，这些在 WTO 之外的纠纷解决机制更具有实效性，在处理中美两国的食品贸易纠纷中发挥了重要作用。对美国限制中国食品出口的少数歧视性案件，中方要运用 WTO 规则捍卫自己的正当利益，必要时可向 WTO 争端解决机构提起诉讼。

鉴于美国当前的食品安全标准贸易壁垒越来越难以攻克，并且美国食品安全标准对国际食品安全标准也有一定的导向作用，我国应积极参与国际食品安全标准的制定和研究工作，加强双边和多边谈判，改进食品安全国际标准，建立公正、合理的食品安全贸易规则，争取为我国的食品出口营造一个公平的国际竞争环境。

此外，我国还应继续推进区域经济一体化组织的建立，构建以中国为中心的区域经济集团，提高我国的国际竞争力和在国际谈判中的地位，争取主动权，积极维护我国的合法利益。

第二节　充分调动地方部门的积极性

中国地大物博，地区之间的差异性较大，我国可以适当借鉴美国的经验，建立中央政府和地方政府联合监管的方式。中国目前只有质检系统的出入境机构属于垂直管理，其余的农业系统、质量技术监督部门等都是分级管理。分级管理系统的特点就是由本级政府决定各级监管部门的任命，各级政府分别负责本辖区内的食品安全，实行领导问责制，这就极大地发挥了地方政府在食品安全监管中的作用。这种从中央到地方的监管体制，在全国都起到了较好的监督作用，监督食品的生产与流通。食品有国家标准、行业标准、企业标准，中央和地方在制定食品安全标准时，要保持协调一致。当有国家标准时，必须以国家标准优先。中央及地方监管机构应严格按照国家标准对食品进行检验检测，保持上下的配合一致，各地不得随意乱用或降低标准，以保证食品正常的市场流通。当没有国家标准时，可遵照行业标准或企业标准进行监管。

第三节　提高食品企业的安全管理水平

作为中国食品业的生产主体，虽然食品加工企业为国家经济发展、为百姓生活做出了重要的、积极的贡献，但是我们同时也看到，与原料生产、流通环节相比，目前中国的食品安全问题在生产加工环节最为突出。

由于食品生产企业数量众多、准入门槛较低，一直以来，食品行业小、散、乱的问题突出，绝大多数食品安全问题出在小企业、小作坊甚至黑窝点。但是，随着南京冠生园的月饼事件，三鹿、蒙牛、伊利等的三聚氰胺事件，双汇的健美猪事件，金浩的毒茶油事件等一连串食品安全事件曝光后，中国大中型食品企业的食品安全管理问题也不可避免地被放到了聚光灯下。这充分表明，现阶段安全管理仍是中国食品业的全行业问题。归纳起来，食品企业安全管理存在的突出问题是：

第一，食品安全管理体系不健全。在不同企业、不同地区、不同时段，屡屡出现相同或类似的食品安全问题，比如三聚氰胺问题、瘦肉精问题。这就说明加工企业食品安全管理体系仍然不够健全。

第二，质量控制以及食品安全管理制度落实不到位。客观来讲，很多加工企业特别是大中型食品企业质量控制及食品安全方面的基本管理制度都是健全的，绝大多数企业都通过了 QS、ISO 系列、HACCP 等管理认证，还有许多绿色食品、有机食品、无公害食品等认证。但是在实践中我们可以看到，这些认证多是为了产品上市、产品出口、企业宣传的需要。达到这些目的后，多数企业在实际运行中落实不到位。否则，何以连食品最基本的安全要求都做不到？

第三，企业经营者和从业人员的食品安全和质量意识水平参差不齐。目前，国内加工企业在食品安全方面表现出了比较明显的差距。这种差距不仅是由设备、厂房等硬件的差距造成的，还是由食品企业经营者乃至从业人员的食品安全意识和质量意识的差距造成的。

第四，产业链各环节上的企业在食品安全上协作、沟通不够。双汇出现的“瘦肉精”事件的根源是生猪饲养环节出现了问题。同样，以三鹿为首的“三聚氰胺”事件的根源症结也是原奶供应环节出现了问题。这些都反映出在同一产业链条上，不同环节、不同利益主体，在食品安全问题上的整体管理、集体协作、高效沟通机制还没有形成，为了利益各管一段甚至不惜置上下游企业于风险之中。

因此，为提高安全管理能力和应对美国技术壁垒的能力，我国食品企业主要从以下几个方面开展工作：

一、建立可持续发展的商业模式

（1）解决好发展战略问题。

很多食品企业，特别是食品安全出大问题的企业，在企业战略制定方面普遍存在"贪大求快"的问题，比如前文分析过的乳业三鹿、肉类食品业的双汇。企业做大，固然有规模效益高、抗风险能力相对较强等优势，但在市场多元化、需求日益多样化的今天，并不是只有大才能生存，只有大才能获得盈利，也不是只有大才能打造百年老店。企业有大小，市场有细分。汽车行业中的劳斯莱斯是中国食品企业的榜样。一场金融危机，几乎使全球汽车行业的老大——年产汽车近 700 万辆的通用汽车公司破产；但只做高端，按订单生产的劳斯莱斯，虽然年产量不到 2 000 台，却安然无恙。中国食品企业切忌一味求大，欧洲食品工业发展可以给我们很好的启示。在白羽肉鸡加工、大规模快速消费深加工食品方面，欧洲产业集中度很高，企业规模也大；但在奶酪、香肠等传统食品制造方面，很多中小企业凭借可靠质量、独特工艺和品牌优势，占有了各自的细分市场，也取得了很好的发展。

（2）解决好企业内外资源整合问题。

完善产业链、从源头抓起是食品企业组织、整合各种生产资源要素的基本出发点。食品企业要尊重行业规律，研究产业链特点，采取自建、规范的合同外包等形式控制原料供应环节，通过控制源头来保证食品安全，不可像服装企业、IT 企业等那样，片面追求重渠道、重品牌的轻资产模式。当然，这里我们不是建议每一个食品企业都像中粮集团那样，打造全产业链，什么都自己投资做，那样大而全也不是未来的发展方向，但必须要通过互相参股、有效契约等形式实现全程可控。

（3）解决好竞争和协作关系问题。

在食品行业内，我们经常看到一幕幕"同行是冤家、上下游合作伙伴是盘剥对象"的大戏。比如：以家乐福为代表的大型连锁超市挟渠道之优势，通过进店费、店庆费等多种名目盘剥食品供应商，以致发生康师傅、福临门退出家乐福等事件。恶性竞争、盘剥产业链伙伴的做法，最终必导致双输或多输。食品产业链上，同行业企业应树立良性竞争的理念，上下游企业要加强协调协作。今后，行业协会应该更加规范，在这方面发挥积极正面的作用。

二、打造诚信经营、质量至上的企业文化

企业经营如做人。人只有守信、遵守公德，才能在社会立足，才能求得个人发

展，实现自身价值。企业只有诚信经营、质量至上，才能在市场立足，才能取得发展，打造百年老店。同理，企业要做到诚信需要将自律和他律相结合。他律主要来自外部约束，只能解决行为层面问题。自律来自企业内部，来自每一个人的内心，只有自律才能最终解决认识层面问题。在企业经营管理中，特别是食品企业安全管理中，要想解决包括企业家在内所有员工的自律问题，抓好企业文化建设是核心。作为企业管理的重要组成部分，企业文化的重要性已被中外企业广泛认同。企业文化建设决定了企业的经营哲学、价值观念和企业精神，也决定了包括企业家在内所有员工的思维方式和行为模式。

企业文化建设不是空对空，企业文化建设是扎实做事而不是自我标榜，是企业家带头身体力行而不是宣传口号。民以食为天，食以安为先，安以质为本，质以诚为根。中国食品企业文化建设，应解决好以下三个核心问题：

第一，要解决知行合一问题。中国明代哲学家王阳明提出了知行合一的思想，强调“知中有行、行中有知”，强调不仅要认识（知），还应当实践（行）。在企业文化建设上，现阶段的中国企业要切实克服“两张皮”、说一套做一套的问题。号称以“诚是立身之本，信是兴业之本”为核心价值观的三鹿在诚信问题上向消费者和社会又交出的是一份怎样的答卷？反观没有高举“德行天下”之类口号的同仁堂，一直秉承“炮制虽繁，必不敢省人工；品味虽贵，必不敢减物力”的企业文化。这充满敬畏的两个“必不敢”，坚持了三百多年，不但使同仁堂真正成为百年老店，而且使同仁堂在全球化的今天形成了独特的核心竞争力，不断焕发新的生机。

第二，要解决食品企业文化的基本要素问题。有人类就有食物消费。作为人类历史上最悠久的行业，也是永远的朝阳行业的食品业，有着自身独特的文化积淀。但看看我们很多食品企业的文化，并没有真正去传承、提炼总结应有的文化要素，要么是空洞的政治化的团结求实，要么是跟风赶潮的创新。食品企业在文化建设中，更应该突出诚信经营、质量至上、踏实做事、志存高远等基本文化要素。

第三，要解决企业家精神问题。要做到知行合一，要做到把诚信经营、质量至上等价值观融入员工的心灵和行为规范中去，融入产业链和价值链中去，首先需要企业家以身作则、带头实践。只有食品企业的领导者具备了真正的企业家精神，具备了诚信、合作、敬业、宽容、服务等精神品质，才能做到抵御诱惑、守住底线，才能做到自觉承担社会责任，真正打造百年老店。中国是人口大国、食品大国、美食之邦，但却没有国际级的食品企业，很重要的一点是缺乏国际级的、真正的企业家，这一点实在让国人和食品业从业人士感到遗憾。

三、完善企业的食品安全控制体系

对于食品企业而言，建立起完善的食品安全控制体系是实现产品安全的基本保证。从北京华都集团三十多年的实践经验来看，一家食品加工企业的全流程食品安全控制体系建设，主要应推行 HACCP 安全卫生预防控制体系，或 HACCP 与 ISO 相结合的控制体系。

传统的食品控制方法主要为成品的抽样检验和现场检查，以成品的检验结果作为判定食品是否合格的标准。随着食品安全标准提高，HACCP 体系得到完善和推广。HACCP 体系是对食品生产的全过程进行控制，对从原料生产采购、加工、运输、储存和销售的所有环节进行危害分析，鉴别其存在的显著危害，确定关键控制点，按照科学的方法进行监控，从而做到“从农场到餐桌”全过程食品安全风险控制。中国食品企业 HACCP 体系重点应突出以下三个关键环节：

第一，原（辅）料安全控制。原（辅）料的优劣直接决定了食品的质量高低，原（辅）料的安全性也决定了产品的初始安全性。三鹿、双汇都是在外部采购的原材料环节出了问题，以致最终酿成大祸。

食品企业原（辅）料安全控制主要包括：①供应商准入制度，主要是建立数量合理、规模适度、风险可控的供应商队伍；②原（辅）料检验制度，主要是供应商提供必要的国家机构和供应企业自检报告，本企业要对其进行必要的复检、抽检或必要的第三方送检；③追溯制度，主要是原（辅）料留样以备出现问题时，追溯至问题批次及问题供应商。

第二，生产加工安全控制。食品企业生产加工安全控制，重点是确保 GMP 和 SSOP 的实际执行。GMP 是良好作业规范的简称，是政府食品卫生主管部门用法规或强制性标准的形式发布的，包括环境、硬件设施和卫生管理等方面的原则性要求。在我国，非出口食品企业通过卫生注册、登记就相当于通过了 GMP 认证。

SSOP 是卫生标准操作程序的简称，是企业为了达到 GMP 所规定的卫生要求而制定的企业内部的卫生控制文件。SSOP 各个方面的内容都应该是具体、具有可操作性的，还应该有一整套相关的执行记录、监督检查和纠偏记录。由于是企业内部文件，中国食品企业，特别是非出口企业往往内容不全，缺乏执行、监督、纠偏记录机制，也经常导致加工环节一些食品安全问题的发生。

第三，储存、流通安全控制。食品生产完成后，通常要经过厂家储存、运输、商家销售三个环节才能到达最终客户。在这个过程中，仍然可能发生非人为甚至人为的污染、超保质期等食品安全问题，特别是要求冷链储存、销售的低温食品、冷冻食品。因此，企业要充分利用 GPS、条形码等现代信息技术，建立完善的产品入库、出库、运输、交货管理制度，做到批次清楚、货证相符，从而保证储存和运输符合卫生要求，防止污染，一旦出现问题也可以实现源头追溯。

除了按 HACCP 体系完善上述关键环节控制外，食品企业还应该建立完善的消费者信息反馈体系，及时接收零售商、消费者对食品的卫生、质量以及口味等方面的信息反馈，及时处理消费者投诉，并及时进行生产和管理改进。

四、加强食品企业的信息沟通

信息缺失是困扰我国食品出口企业的重要问题，中小型食品出口企业的信息系统不发达，无法及时了解美国食品安全标准贸易壁垒涉及的具体标准，限制了我国食品出口企业对美国的食品出口。因此，我国出口企业要建立相应的食品信息获取机制，保持信息的及时和有效性，准确掌握美国食品安全标准和国内政策，根据美国的市场变化及时调整食品出口战略，改进食品生产技术。例如，面对美国的肯定列表制度，我国食品企业要熟悉美国《联邦法典》中对具体食品农药、兽药残留限量的具体标准，规避列表上的绝对禁止残留物，控制残留物的限量指标。

目前，美国对我国出口的蔬菜规定的必检残留物为六种，而对我国出口的动物源性食品则主要加强氯霉素、磺胺类、呋喃类等残留物的检测。对于这些基本信息，我国食品企业必须及时掌握，从而调整出口策略。无论是食品生产、加工、储存或是销售企业，面对美国的食品安全标准贸易壁垒，企业不仅要完善食品信息，更要承担起保证食品信息准确的责任。具体而言，食品生产企业要对食品的生产信息负责，加工、储存、销售企业要对食品的加工、储存、销售信息负责，保证食品在生产和流通中有确定的责任承担主体。这样不仅可分散处罚的力度，对食品企业而言也更加公平，能促使它们正确应对美国的食品安全标准贸易壁垒。

五、提升出口食品的质量竞争优势

由于美国的食品安全标准贸易壁垒给我国食品出口企业增加了沉重的经济负担，导致企业的出口成本显著增加，而我国出口企业的食品大部分因价格低廉备受青睐，如此一来，价格优势必然会受到影响，企业的正常贸易往来也会发生变化。因而，我国需尽快转变出口企业的盈利模式，提高出口食品的质量竞争优势，而不单靠价格优势占领市场，奠定食品在美国市场的品牌效力。例如，我国遭遇美国食品残留物限量壁垒的领域主要是农产品领域，包括蔬菜和一些动物源性食品，主要原因就在于美国严苛的最高残留物限量标准。由于我国农作物的种植和管理以家庭为单位自主进行，在农药残存量等问题上没有给予足够重视，使用农药、杀虫剂过于频繁，在面对美国苛刻的农药、兽药残留标准时，只能被拒之门外。美国的食品残留物限量壁垒也给我国农产品的出口敲响了一记警钟，国际食品贸易格局已经发生了巨大变化，如果我国食品出口仍然墨守成规，必然会在国际竞争中惨遭淘汰。因而，在食品残留物限量标准上，对于美国的步步紧逼，我国确实应该采取必要的措施来加强食品的国际竞争力：首先，为应对美国的农药和兽药残留限量壁垒，最根本以及最有效的做法就是提高我国农产品的出口质量，这就需要引进新技术，加强科技创新，提高农产品的科技附加值，进而提升农产品的国际竞争力；其次，需要加强对农户的科技培训，提高生产者的素质，使农产品的生产过程科学化；最后，要优化我国农产品的出口结构，因地制宜地避开美国苛刻的检疫措施，如一些企业尝试把生鲜制品改为熟制品出口，不但提高了食品的附加值，而且巧妙地规避了美国的食品安全标准贸易壁垒。

六、完善企业的人才培养机制

由于美国的食品安全标准反映的是美国人的生活方式和价值选择，因此中国食品企业在对美国食品安全法规进行解读时必然存在偏差，无法达到美国国内食品生产商的认知水平，在应对食品安全标准贸易壁垒时会无所适从。食品出口企业必须尽快提升食品从业人员的文化素养，对他们进行专门的食品知识培训，同时普及美国的食品文化，增进他们对美国食品行业的了解，尤其要加强对美国食品安全标准的学习，掌握正确的食品安全信息。例如，由于美国 HACCP 管理体系明确要求企业必须建立人才培训制度，使企业内部具有一定数量的 HACCP 体系技术操作人员，而我国企业相关制度缺失，因而需尽快在企业内部创办人才培养研修班，进行 HACCP 管理体系核心内容的授课，并建立相应的人才储备体系，为企业培养专业的 HACCP 技术人员，从而形成企业内部的 HACCP 人才培养机制。

七、充分利用 WTO 争端解决机制参与诉讼

SPS 协定和 TBT 协定是多边贸易规则中正式有效的法律文件。这两个协定作为 WTO 组织文件体系的主要组成部分，对缔约双方都具有国际法上的约束力。因而，对违反这两个协定的行为都可以通过争端解决程序诉诸 WTO 争端解决机构。我国食品出口企业在应对美国食品安全标准贸易壁垒时，应充分利用 WTO 争端解决机制维护自身合法权益，对美国违反 WTO 规则的行为提起诉讼。WTO 争端解决机制在很大程度上类似于国内法的司法程序，拥有常设的争端解决机构、专门分析法律问题的上诉机构等，其准司法性十分明显。我国食品出口企业在参与诉讼的过程中，要熟练掌握 WTO 贸易规则，具体分析美国食品安全标准贸易壁垒对我国食品出口企业造成的危害，积极提出有利的诉讼主张，争取合法权益，敦促美国承担相应的国际责任和义务，促进中美食品贸易的正常往来。

八、建立健全促进食品企业增加科技投入的激励机制，培育企业成为食品安全科技投入的主体对象

食品行业总体的技术性要求不是很高，食品企业之间的同质竞争在所难免。食品安全是食品企业的生命，打造食品安全是企业的最重要使命，推行企业标准化管理是食品安全的重要保证。三流企业卖产品，二流企业卖技术，一流企业卖标准。企业的科技投入也推动标准化的发展，标准化为企业自主创新搭建了平台。自主创新的速度决定了标准更新的频率，自主创新的程度决定了标准竞争力的强弱。

加大科研投入，增强产业集中度，提高生产效率、降低能源消耗，开发科技含量高、附加值高的优质新产品，提高精、深加工产品的比重，实现产业升级，是食品工业的根本出路。而一味以低价位为竞争手段，牺牲消费者的利益，无视食品的安全、卫生，忽视消费者对食品口感、风味的需求的企业注定将被市场抛弃。食品企业一定要未动先谋，主动适应市场变化。

第四节　健全食品安全技术保障体系

一、美国食品安全技术保障体系

美国的食品产业庞大，且在安全方面有着出色的记录，被认为是世界上最安全的食品供应。美国人在日常生活中对食品安全的信任度也很高。这种安全感来源于时刻高效运转的联合监管体系、完备的法律法规、先进的检测手段、完备的安全评估技术以及每年数亿美元的科研投入，当然还有美国人强烈的法律意识。美国进行食品管制的政府机构是美国食品和药品管理局、农业部食品安全检验署、农业部动植物卫生检验检疫局以及环境保护署。美国十分重视食品安全科技支撑体系及其发展战略的研究，1997 年所发布的《食品安全行动计划》，将食品安全科技作为优先科学研究领域。其食品安全科技管理体系的构成呈现如下特点：

（1）食品安全管理机构的合理设置。

参与美国食品安全管理的机构主要有食品和药品管理局、美国农业部、人类和健康服务部、食品安全与监测服务部、动植物健康监测服务部和环境保护署等几个部门。此外，国家健康研究所、疾病控制预防中心、农业研究服务部、国家研究教育及服务中心、监测包装及畜牧管理局、美国法典办公室、农业市场服务部、经济研究服务部、国家水产品服务中心等几个部门也担负着研究、预防、监测、制定标准、教育和对突发事件做出应急对策等责任。食品安全检验署主要负责肉、家禽和蛋制品的安全；食品和药品管理局负责食品掺假、存在不安全因素隐患和标签有夸大宣传等工作。另外海关部门也定期检查和留样监测进口食品。美国食品安全管理体系有如下特点：立法、执法和司法三部门权力分离、工作透明、决策科学和公众参与。美国宪法规定食品安全管理体系由立法、执法和司法三个部门负责。国会颁布立法部门制定的法规，委托执法部门强行执法或修订、实施法规；而司法部门则对由强制执法、监管工作或一些政策法规引起的争端纠纷做出公正裁决。美国最高法律、法规和总统执委会采取了与公众相互交流的工作方式。

美国的食品安全监管机构实行的是从上到下垂直管理，采取品种监管为主的方式，即按照产品种类进行职责分工。不同种类的食品由不同部门管理，各部门分工明确，各司其职，强有力地保障了食品安全，而且部门之间有着良好的合作关系，既分工，又合作。

在食品质量安全监督管理工作方面，联邦政府不依赖于各州的政府部门，它们向全国各地驻派大量的调查员，并在全美国设立多个检验中心或实验室。下属具有食品质量安全监督职能的机构都不具有促进贸易的职能，从而免受地方和部门经济利益影响和干扰。但在一些具体问题上，联邦政府与一些州政府签订协议，授权当地一些检验机构按照联邦政府提供的方法检验食品，并由联邦政府支付费用。

（2）健全的法律体系。

美国食品安全监管具有健全的法律体系，从1906年美国第一部与食品有关的法规《食品和药品法》开始，美国政府制定和修订了35部与食品安全有关的法规。目前，美国食品安全相关的主要法律有：《食品质量保护法》（FQPA）、《联邦肉类检验法》（FMIA）、《禽类产品检验法》（PPIA）、《蛋产品检验法》（EPIA）、《联邦食品、药品和化妆品法》（FFDCA）和《公共健康服务法》（PHSA）等。其中，《联邦食品、药品和化妆品法》是美国关于食品和药品的基本法，该法已成为世界同类法中较全面的一部法律。

（3）重视食品安全的风险评估分析。

在预防性措施方面，科学性和危险性评估分析是美国制定食品安全政策的基础。鉴于多年来对食品中化学危害的管理经验，美国制定了许多关于药品、杀虫剂、添加剂及其他对人体存在潜在危害的物理和化学危害的法规。近年来，联邦政府更加关注食品“从田间到餐桌”全程的安全性，从而降低微生物致病原的危险性。然而要真正减少食源性致病原和食源性疾病的发生，需要多方机构的共同参与。1997年美国总统发出关于食品安全的倡议，要求所有联邦机构负责食品安全的危险性管理，建立机构间危险性评价协会，鼓励研发预报模型和其他手段，推进了微生物危险性评价的发展。

在食品安全风险管理方面，美国强调风险的评估与管理。受数据和科学知识的限制，风险评估也不是绝对的准确。风险评估实质就是应用科学手段检验食品中是否含有不利于人类健康的因素，然后分析这些因素的性质与特征、影响范围、时间、人群及程度。风险管理是为了防范风险所采取的措施，就是一系列的规定和标准。而美国政府特别强调风险信息交流和传播在风险评估与风险管理中的重要作用：其一，进行及时有效的信息发布和信息传播使消费者和相关组织能够及早进行预防，使社会大众健康免于受到不安全食品的危害；其二，通过风险信息交流，可以提高风险分析的明确性和风险管理的有效性。风险分析程序也向民众公开，发挥群策群力的作用，接受社会大众的评论和建议。

（4）预警系统技术的应用。

美国危险性预警系统是食品和饲料中某些成分的控制系统。在通过立法实施该禁令时，政府遵照现行的行政管理条例，在联邦注册公告中解释采取该行动的原因，其中包括危险性说明。另一预警是食品添加剂、杀虫剂和动物药品在上市前的审批制度。产品在生产企业提供行政管理机构满意的安全证明之前不能上市。企业提供的评价资料应能确定添加剂的暴露量，包括其中所有可能存在的混杂物。管理机构根据化学物的级别和暴露量考虑评价试验程度，并且用文件记录所有评价过程。最后的结论和详细的解释在联邦注册公告上公布。对决定有异议的人可以提交申诉材料要求举办听证会，而在申诉失败后，可以在法庭上对政府的批文再次申诉。

（5）强调“从农田到餐桌”的全程监控。

美国对食品安全监管强调围绕“从农田到餐桌”的整个过程，实行生产全过程的监控。由于美国实行的是以品种监管为主的监管模式，从而使得对某种食品的“从农田到餐桌”的全程监管的责任主体明确，即由一个部门负责与该种食品有关的所有活动，包括种植、养殖、生产加工、销售、进出口等的监管，避免出现监管真空。这有利于发现监管过程中存在的薄弱环节，从而使监管切实有效。

此外，美国率先发展了 HACCP 的监管模式。美国于 1972 年首先成功地应用 HACCP 对低酸罐头生产过程中的微生物污染进行了控制。美国食品和药品管理局和农业部等有关机构分别先后对 HACCP 的推广应用做出了一系列强制性规定，并要求建立一个以 HACCP 为基础的食品安全监督体系（Food Safety Inspection Model Based upon HACCP）。1995 年，食品和药品管理局颁布了《水产品 HACCP 法规》（21 CFR Part 123）；1996 年，食品安全检验署颁布了《致病性微生物的控制与 HACCP 法规》（61 FR 38805），要求国内的进口肉类食品加工企业必须实施 HACCP 管理；1998 年，食品和药品管理局提出了《应用 HACCP 对果蔬汁饮料进行监督管理法规》草案（63 FR 20486）。1997 年 6 月，国际食品法典委员会通过了《HACCP 应用系统及其应用准则》，并号召各国积极推广应用。实际上，在国际食品贸易中，许多进口国已将 HACCP 作为对出口国的一项必需的要求。国际粮农组织于 1994 年起草的《水产品质量保证》文件中规定应将 HACCP 作为水产品企业进行卫生管理的主要要求，并使用 HACCP 原则对企业进行评估。

（6）加强食品安全管理能力。

美国政府一方面组织机构内部优秀科学家加强对前沿问题的研究，另一方面与国际组织保持密切联系（如世界卫生组织、国际联合流行病机构和粮农组织等），从中分享最新的科学技术，也通过技术咨询、合作研究等各种形式，充分利用政府部门以外的科学家资源，使他们能为食品安全管理工作服务。

（7）联邦政府是实现“从田间到餐桌”食品安全目标的保障。

联邦机构会尽可能地利用资源，有效地保护公众避免食源性疾病。同时，联邦机构鼓励食品安全活动，对企业和消费者促进食品安全的活动给予协助。美国政府认为企业应该作为当事人和当事人的一部分对食品安全负有主要责任。企业应按食品安全法规生产食品。政府的职责是制定合适的标准，同时监督企业按照这些标准和食品安全法规进行生产食品。目前，美国正在测试新的肉禽类监测模式，以此来决定植物资源在食物链中的转换，包括食品的运输、贮藏和零售，消费者是否需要提供其他的保护。联邦食品安全机构定期同州或其他机构成为合作伙伴，鼓励改善生产活动，发展和促进食品安全措施，发展良好农业生产规范，减少杀虫剂的残留和微生物危险性。美国对突发事件的反应能力是稳定且不断提升的。美国食品安全管理机构参与的 FoodNet，旨在确定引起常见食源性疾患的食品组成情况、食源性疾病的发生频率和严重程度及对新的细菌、寄生虫和病毒等食源性致病原进行描述。FoodNet 将收集的潜在食源性疾病的资料报告给予国家食品机构合作的州和地方卫生行政部门，然后确定这些食源性疾病的发生过程和性质，再发布公开的、恰当的警告，并对相关的产品尽可能采取强制行动。

二、中国进出口食品安全科技支撑体系与美国的差距

我国虽然已经建立了一大批国家标准和行业标准，颁布了一系列法规和规程，启动攻关项目对一些共性技术问题进行了研究，对一些成果进行了示范研究，初步建立了全国性污染物监控网。但是，我国的食品安全科技的整体水平仍处于较低水平。这已经成为当前发展我国食品安全保障体系的瓶颈。中国进出口食品安全科技体系与美国的差距主要表现在以下几个方面：

（1）检测技术。

实验室检测方法通常分为两类：筛选方法和确证方法。筛选方法，是用于筛选目的的方法。这类方法用于测定一种或一类待测物，灵敏度能满足残留检测的要求。这类方法的样品处理能力高，常用于大量样品中潜在的阳性样品的筛选、筛选方法的目的在于避免假阴性结果。确证方法是用于确证目的的方法。确证方法的目的在于避免假阳性结果。对于限量规定为不得检出的物质，如果样品中待测物被明确确证，则分析结果为阳性。对于建立了最高残留限量的物质，如果试验样品（使用任何校正因子以后）中待测物含量超过最高残留限量，则分析结果为阳性。对于限量规定为不得检出的物质，经确证样品中不存在待测物，则分析结果为阴性。对于已建立最高残留限量的残留物，样品中待测物测定含量低于最高残留限量，则分析结果为阴性。

美国的农产品安全检测技术日益呈现出快速化、系列化、精确化和标准化的特征。其快速检测方法灵敏度高、特异性高、适用范围较宽、检测的费用低。多残留分析方法在发达国家已经得到广泛应用。美国多残留方法可检测 360 多种农药。目前，我国农业环境监测机构能检测项目约 140 个，差距非常明显。这在相当大的程度上限制了对我国农产品中危害的溯源及鉴定能力。特别针对农产品中污染物种类多、样品量大、时间紧、危害严重的特点，亟须有自主知识产权的快速、简便、高通量的检测技术。我国还亟须开发对农产品中农用化学物质、生物污染物和环境污染物的控制技术和高通量检测技术，以及研制快速高通量的农用化学品、生物污染物和环境污染物检测仪器和设备，以保障人类和农产品安全。

我国现虽在农药、兽药、有机污染物、食品添加剂、饲料添加剂、违禁化学物质和生物毒素等化学有害物质的关键技术方面有较大突破，但是一些快速的检测技术，如酶联免疫检测试剂盒、生物纳米技术、多残留检测技术、质量控制技术等与国际水平仍然有较大的差距。依据我国国情，我国在近期应重点发展快速检测技术，同时有选择性地研究与研制部分高、精、尖检测方法，开发部分先进的仪器设备，加快研制检测所需要的消耗品，重点开发农产品安全监控中急需的有关安全限量标准中对应的农药、兽药、重要有机污染物、食品添加剂、饲料添加剂与违禁化学物质、生物毒素、重要人兽共患疾病病原体和植物病原的检测技术和相关设备。

食品安全控制问题的关键是检测的时效性和准确性。在食品生物安全关键技术方面，过去几十年中，食物链已发生了相当大且迅速的变化，变得非常复杂和具有国际性。尽管食品安全水平在整体上已有了显著提高，但是各国的进展不同步，而且因微生物污染、化学物质和有毒物质造成的食源性疾病在许多国家屡有发生。国家间进行受污染食物的贸易增加了疫情传播的可能性，对重要病原体检测技术、人兽共患疾病的检测技术，各国都予以高度关注。对病原微生物的检测，目前我国各出入境检测机构多采用 PCR 类检测技术。该技术在食品检测中检测敏感性较低、时效性和准确性差，因而无法进行危险性分析和快速应对。对于我国最常见的十几种食源性病原体的检测，我国仍然得靠传统方法，只能单一定性监测，不能多重定量检测，严重影响了食品通关的速度。因此，我国亟须加快建立食源性致病菌分子分型电子网络的步伐，迅速提高对食源性致病菌的检测能力。

（2）新技术、新工艺、新资源加工食品的安全性评估。

新技术、新工艺、新资源加工食品的生产工艺应安全合理，生产加工过程中所用原料、添加剂及加工助剂应符合我国食品有关标准和规定。

与食品不卫生导致的食品传统安全风险相比，食品新技术所诱发的安全风险隐蔽性更强、危害性更大、涉及面更广。

与美国相比，我国在新技术、新工艺、新资源加工食品的安全性研究与评估方面存在较大差距。我国保健食品原料往往是多种植物的混合物，有效因子含量、功效不明确，缺乏安全性评价。我国对一些新型食品添加剂、包装材料、酶制剂以及转基因食品的安全性问题缺乏研究与评估。

（3）全程控制技术。

我国食品企业中 HACCP 的应用起步较晚。质检系统（原出入境检验检疫局）多年来对水产品、禽肉、畜肉、果蔬汁等行业的出口企业推行了 HACCP，并取得了初步成效，促进了我国食品的出口贸易。

我国与美国在这方面的差距在于：①缺乏一套适合于我国的、按行业区分的 HACCP 实施指南；②缺乏评价和认证个别企业 HACCP 系统的技术准则；③实施 HACCP 的企业数量很少（吴永宁，2007）。如果直接引用国外的现成模式，存在如下几个方面的缺陷：①美国的 HACCP 模式不适应于中国食品生产企业大量劳动密集型的加工特点。如中国的水产品和蔬、果类罐头的加工，往往依赖于大量的人工操作，类似漂洗、分级、分选、修剪这样的工序时常就是这个情况；大量人工操作的结果，有可能带来加工中比自动化生产更多的生物学、化学和物理性危害。②美国的 HACCP 模式不适应于中国食品原料的生产方式。中国食品生产企业用于加工的原料，其生产的产业化程度较低，大量来源于千家万户粗放型的操作，即便现在时髦的“公司+农户”形式，也难以完全避免粗放型原料生产带来的各种弊病。如粗放的生产管理、相对落后的生产技术，以及多种原料来源，造成原料安全质量方面的不一致性。农药兽药残留、寄生虫以及物理性异物等食品安全危害，都可能随着原料进入食品加工过程。③美国的 HACCP 模式不适应于中国消费者的消费方式。美国的消费者偏爱生食或半熟食，在对肉食的选择方面多喜欢冰鲜肉或肉制品；中国消费者喜爱热食，凡食品多习惯于下锅煮熟后食用，而在肉食选择方面，又偏爱食用新鲜肉。

我国特有的产业模式导致食品安全的全程控制体系比较难以实施，目前 HACCP 和 GMP 的推广使用幅度在全国食品行业来说还不是很大，有的也流于形式。另外，还有很多小企业、小作坊基本不受监控。一旦有食品安全问题，最多做到“事后惩罚监控”，未能做到防患于未然，即过程监控。

目前，我国缺乏食品安全控制的信息平台，缺乏面向广大消费者、生产者的教育、培训和信息咨询系统以及大规模的食品安全预警机制。由于缺乏统一协调和有效管理，资源没有充分利用，仅有的检测设施和技术也没有充分利用。

由于至今缺乏真正科学意义上的农产品质量安全预警与引导系统，因而无法对影响农产品质量安全的危害因素实现实时采集、分析与处理、提示与引导，难以真正做到“早发现、早报告、早预防、早控制”。

造成我国应对食品和消费品安全问题被动局面的主要原因之一是我国食品和消费品检测资源、食品和消费品数据资源以及食品和消费品相关信息资源分散、共享平台建设滞后。面对突发事件，我国难以在最短时间内调集包括食品和消费品检测方法、限量指标、配套标准、检测机构等在内的关键资源，难以在最短时间内对食品和消费品中有毒有害物质进行风险评估确认，难以在最短时间内对相关食品和消费品安全数据进行采集、分析和预警，更难以预先对食品和消费品中有毒有害物质进行识别，从而导致我国应对食品和消费品安全问题的预警、分析和应对能力还远远不足，食品监管的针对性和有效性较差。由于信息不能共享，公众没有合理、公开的途径获得食品和消费品安全信息和数据，使得他们对政府和社会的疑虑增强，增加了社会不稳定因素产生的概率。

三、健全我国食品安全技术保障体系的对策建议

随着经济全球化进程日益加速，食品安全不仅事关消费者健康，而且影响国际食品和农产品贸易，成为国际社会关注的焦点问题之一。美国通过调整和修订政策

法规，将食品安全列入优先领域，不断增加科技投入，强化技术研发，保障食品安全。解决食品安全问题，需要全社会的努力，不论是政府还是食品生产经营者、科学工作者、大专院校、媒体、消费者，应一起努力才能解决食品安全问题。

（1）整合检测机构、扩大覆盖面。

第一，整合现有的食品检测机构、避免资源浪费。目前，我国食品检测市场呈现乱象、普遍存在资源浪费，因此建议将我国现有的所有官方检测机构整合，创建出我国高效的、权威的食品安全检测体系。在中央各部门之间、中央与地方之间、地方各部门之间都要进行检测机构的整合。首先，肯定各部门各地方已经建成的检测网，在充分发挥其优势的基础上，再分别针对国内和国外不同的要求进行分配，最终达到效用最大化。

第二，扩大检测覆盖面，尤其要延伸至农村。目前，我国在农村仍存在许多监管空位，只有实现全方位的检测覆盖，才能全面有效地将食品安全监管落到实处。实验室检测是保证食品安全监管重要的技术支撑，因此必须正确认识强基础的重要性，尽快在全国范围内设置一个专门的科研机构，该机构主要负责统一协调、培训指导、数据分析、信息交流等工作，选择分配能充分代表全国平均水平的监测点，长期定点监测食源性疾病和食品污染物。同时，尽快成立独立、权威的食品公共实验室，加大对实验室的硬件投入，提高检测能力，为科学高效的监管食品质量安全提供有力的技术保障。

（2）规范食品安全标准体系。

第一，规范法律法规与标准的一致性。规范一致性是指将我国法律法规与相关标准良好地衔接起来，在法律法规中明确规定标准制定事宜，如制定的主体、制定的依据、制定程序、制定目标、实施力度等。

第二，加大对国际食品标准的研究和借鉴。国际标准的制定通常是在科学的基础上，综合世界各国的标准之后，制定的比较宽泛的标准，并没有想象中那么苛刻。我国在制定标准时，要综合考虑多方面的因素，既要本着促进贸易的原则，又要努力提高食品的安全性能，既要节约时间，又要考虑经济成本，目的只有一个，就是在重视国际标准的基础上，制定出与国际接轨的标准。如果我国标准严重滞后于国际标准，某些不法商贩就会钻这个标准差的空子，进口一些低劣食品在我国市场上大肆兜售。所以，国内标准必须及时更新，与国际标准保持一致性。我国应重视研究国际标准的必要性，适当借鉴国外先进经验和做法，制定出符合经济发展和人民需要的食品安全标准。

第三，鼓励发展行业标准和企业标准。国外发达国家非常重视行业协会或商会等社会组织的作用，且已发展得比较完善，并且在某些特定行业发挥着很重要的作用。由于我国食品种类繁多且每年新增量也较大，涉及整个食品供应链的每个细小环节，国家强制标准难以面面俱到，这时就需要行业标准或企业标准及时弥补空缺，起到必要的保护作用。有部分企业为了提高自己的信誉，提升市场竞争力，会以比国家标准更高的规格严格要求自己，规范企业行为，保证产品质量。因此，我国应该鼓励发展行业协会或商会等社会组织，同时鼓励发展制定行业标准，鼓励企业进行体系认证和产品认证，鼓励发展制定企业标准，还应该鼓励行业标准和企业标准高于国家标准的情况，这样才能更好地维护食品安全、繁荣食品贸易。总之，健全的食品安全标准体系应当将各层次的标准有机结合在一起，科学合理地应用于广泛的食品安全监管体系。

（3）加强检验检疫核心技术研究。

我国食品和农产品出口的主要不合格原因是农药兽药残留超标、葡萄球菌超标、添加剂超标、品质缺陷。农产品中，植物饲料、种子、非食用动物油脂的不合格率偏高，主要不合格原因是与合同不符、汞超标、夹带杂草/草籽、杂质超标、品质缺陷。总的来看，我国出境货物不合格率较低，存在问题较多的主要是初级产品。我国特有的产业模式导致食品安全的全程控制体系比较难以实施，目前 HACCP 和 GMP 的推广使用幅度还不是很大，有的也流于形式。另外，有很多小企业、小作坊基本不受监控。一旦有食品安全问题，最多做到“事后惩罚监控”，未能做到“防患于未然”。

我国在进口食品中所面临的形势是不容乐观的。第一，食品安全事件不光在中国发生，在世界任何一个地方都可能发生或大或小的食品安全事件。这些问题的发生，导致我们进口食品的风险进一步加大。第二，我国的标准比较少、比较低，导致进口食品的准入门槛比较低。第三，随着贸易的自由化，我国对进口食品的关税在下降、配额在取消，从而导致越来越多的食品能轻而易举地进入我国市场。第四，非法进口扰乱了正常的贸易秩序，给我国进口食品的安全带来很大隐患。第五，我国食品的市场潜力很大、消费群体很大，各个国家争前恐后地想把它们的食品打入我国市场，这样就使食品安全的技术问题政治化，往往成为高层互访的重要问题。甚至有的元首在和我国党和国家领导人会谈的时候，都会涉及比如蛋的问题、肉类的问题等非常具体的意见，使得我国在这个方面承受着很大的压力。有力的检验检疫措施将为我国在国际贸易中获得更多的主动权。

（4）完善第三方检测及认证机构。

认证认可作为国际通行的产品、服务、管理体系的质量保证和管理手段，在推动我国经济协调发展、构建和谐社会中担负着重要使命。第三方检测及认证机构，独立于政府、独立于食品企业，专门提供食品安全服务，以检验、审核、认证为主要业务，负责提供公正的检测报告，依据标准对食品企业进行严格审核并在相关国家机构的授权下为企业颁发认证证书。

政府在食品安全体系建设与运行中扮演重要角色，但是，食品安全工作仅仅靠政府是远远不够的。在欧美等发达国家，通过第三方认证机构的认证活动来加强农产品、食品生产和经营企业安全体系的建设已经成为保障食品安全的重要手段，同时也降低了行政成本，有利于分散行政风险。

在保障食品质量与安全工作方面，检测与认证是一个非常重要的环节，食品企业为证明自身产品的质量及安全，必须出示相关的检测报告及采购商或进口要求的认证证书。这些工作，一方面由政府相关机构完成，一方面则需要由第三方检测认证机构完成。而随着全球经济一体化趋势的发展，那些有着丰富经验的全球性第三方检测认证机构的实力日益凸显，尤其涉及出口的食品企业，必定会寻求这些机构的帮助。近年来，越来越多的国际检测认证机构进入中国，为大量的中国食品企业提供全面的服务，如美国国家卫生基金会（National Sanitation Foundation，NSF）等。这些检测认证服务机构由于建立早、实力强、拥有国际性品牌，其检测和认证具有较高的权威性，因此受到很多发达国家尤其是欧盟成员的认可，并且成为很多境外采购商指定的检测和认证机构。

认证是当前国际通行的农产品和食品质量安全管理手段，其最具有特色且起着重要作用的功能有四个。一是有利于推进标准化的贯彻实施，便于规范农产品种养过程及食品加工、销售等环节，促使农产品及食品的生产者、经营者及相关管理者树立标准意识和质量意识。二是判定农产品、食品是否符合标准，是由处于公正地位的专业化的认证机构做出的。它以不同于农产品种植、养殖方和食品加工方（即第一方）与批发商、经销商（即第二方）的第三方身份，对获得认证的产品持续符合标准和技术规范的要求提供证明，并承担保障认证结果公正和有效的责任。三是有利于解决当前国际农产品及食品贸易遇到的技术壁垒，通过农产品、食品认证的国际互认，便于我国农产品、食品顺利走出国门。四是开展认证，适应了政府职能转变和机构改革形势，有利于政府从直接实施产品质量安全检验检测等行政审批性质（直接承担着质量安全的责任）的工作中解脱出来，减少政府的责任和风险，因而对于深化行政管理体制改革，提高政府效能，从源头上预防和治理腐败，也具有重要意义。

目前，我国管理农产品、食品质量安全的方式方法有很多。我国应对农产品认证制度进行整合，按照农产品、食品生产供应链建立我国农产品和食品质量安全认证的框架；同时，实施现有的无公害农产品、绿色食品、有机食品认证制度，既满足一般消费者对质量安全的基本要求，又适应不同消费层次的需求。

第六章　典型案例评析

案例一　武汉小蜜蜂食品有限公司首次出口美国遭遇反倾销及其应诉的案例分析

中国养蜂业具有悠久的历史，据有关资料统计，我国有蜜蜂 700 万群左右，年产蜂蜜 20 余万吨，其中年出口 10 余万吨，稳居世界第一。我国蜂蜜主销日本、美国等国家和地区，年均创汇 1 亿多美元。此外，蜂蜜的加工和出口对我国农作物天然授粉和农民致富起到了不可替代的积极作用，现今蜂蜜产业从业人员高达 10 余万人，被誉为“甜蜜的事业”。湖北是蜂蜜生产和出口大省，年出口约 2 万吨，占全国出口总量的 20%以上，多年名列全国之首。小小蜜蜂惠及湖北千万农户，“酿”出数亿元年产值，促进了地方经济的发展和人民生活水平的提高。但是，我国蜂蜜产品贸易又一直是贸易摩擦的重灾区，深受反倾销、等贸易管制措施的侵害之苦，给“甜蜜的事业”蒙上了“苦涩的阴影”。

一、案例简介

武汉小蜜蜂食品有限公司（以下称“小蜜蜂公司”）是一家集科研、生产、销售为一体的股份制民营企业，是国家农业产业化重点龙头企业，于 1997 年成立，位于武汉市江夏区庙山开发区。该公司主要从事农产品加工，其主要产品为蜂产品和藠头两大系列，有 20 多个品种，出口市场主要为日本、美国、欧盟、东南亚等 20 多个国家和地区，年创汇 1 000 万美元以上，产值过亿元。

据《湖北日报》披露，从 2001 年开始小蜜蜂公司参与了对美国蜂蜜反倾销的应诉。2001 年 5 月，小蜜蜂公司首次向美国出口几十吨蜂蜜，即被告知为倾销商品，须向美国政府缴纳24%~183.3%的特别关税。附加说明称，这是美国2 000多家蜂农集体向美国商务部提起的诉讼，称中国企业向美国倾销蜂蜜，其中包括武汉小蜜蜂食品有限公司。

首次向美国出口蜂蜜，怎么就成了倾销？小蜜蜂公司决意向美国商务部讨说法。小小民营企业，与美国商务部打官司，可不是一件容易的事。且不说聘请美国律师、往返美国提供材料、接受美国有关方面问卷调查及实地核查的复杂性，仅各种费用初算，公司要花费200多万元。该公司董事长说："加入世界贸易组织后，我国企业在国际贸易活动中应享受平等待遇，应诉反倾销是中国企业的权益，我们必须据理力争。"于是，这家成立不久的民营企业开始了与美国商务部打官司的漫长道路，也为湖北农产品应诉反倾销带了个好头。

针对小蜜蜂公司的反倾销应诉，武汉市外经贸主管部门及时组织相关企业学习WTO规则，同时带领该公司有关人员专程前往北京向商务部汇报，积极参加由中国食品土畜进出口商会组织的反倾销应诉，最终获得了单独税率，取得了这场"洋官司"的初步胜利。按照"谁应诉谁收益"原则，湖北地区只有武汉小蜜蜂公司一家企业可以出口蜂蜜到美国，该公司抓住机遇，迅速占领市场，努力扩大出口规模。2002年，该公司出口蜂蜜3 600多吨，创汇350多万美元。2003年仅1月至5月出口蜂蜜创汇达到295万美元，同期增长幅度为332%，取得了骄人的成绩，并带动了一批农民增产增收，受到地方各级政府的嘉奖。

二、案件关键点分析

1. 特殊案件

从上一部分的简单叙述可以看出，武汉小蜜蜂公司的反倾销案是一宗特定条件下的特殊案件，与一般的反倾销应诉案件具有共性又有个性。

众所周知，美国市场是我国蜂蜜出口市场中贸易保护主义最强大、保护时间最长的市场。1993年以来，中国蜂蜜多次历经了美国"反市场扰乱""反倾销"的打击。直到2000年8月，中美双方政府签订的《美国对中国蜂蜜反倾销中止协议》结束时，美国才取消了对中国蜂蜜出口配额等限制措施。但随后美国蜂农组织立即向美国商务部申请发起新一轮蜂蜜反倾销诉讼，美国商务部当即立案启动新一轮调查，终裁税率为26%~183.3%。美国贸易保护措施的再度实施，致使我国对美蜂蜜出口骤减，2001年同比减少33%，2002年又减少56%。

为何武汉小蜜蜂公司可以出口美国市场，重新启动反倾销诉讼程序呢？这就是该案的特殊之处。因为美国对调查期间出口蜂蜜的中国不同企业征收差别特别关税，未获平均税率的应诉企业和未应诉企业按全国统一最高税率即183.3%征收。部分与武汉小蜜蜂公司类似的公司在反倾销调查期间未曾向美国出口蜂蜜因而无法应诉，但如果这些企业要进入美国蜂蜜市场，就要按183.3%的最高税率被征收反倾销关税。这类情况显然是不合理的，有悖公平贸易原则，因而就出现了所谓的新出口商行政复审制度，为新出口商绕过高额的全国统一反倾销税率，进入美国新市场提供了机会。武汉小蜜蜂公司正是利用这一法律制度，抓住这一契机试探性出口小批量蜂蜜，在被征收最高反倾销税率之后状告美国商务部，提请新出口商复审，以获得单独税率维护企业利益。

2. 新出口商

所谓新出口商是指在原反倾销调查期间没有向进口国（地区）出口过涉案产品的涉案国（地区）的出口商、生产商。新出口商复审即在原反倾销措施生效后对新出口商要求为其单独确定反倾销税率的审查。一般而言，申请新出口商复审的条件相对简单，新出口企业大多可以满足。但是，符合申请复审条件并不一定等同于胜诉，并非意味着可以获得单独税率。

新出口商复审源于WTO的法律制度。根据WTO《反倾销协定》的规定，目前WTO各成员相继建立了新出口商行政复审制度，对在实施反倾销措施之后的新出口商给予法律救济，以保证公平贸易法律原则的有效实施。可见，若新出口企业充分利用新出口商行政复审，便有可能避开高额的统一税率，从而获得比那些所谓老出口商相对较低的单独反倾销税率甚至是零税率，由此赢得竞争优势开拓目标市场。

3. 法律焦点

分析武汉小蜜蜂公司的新出口商复审实战经验，参照我国其他行业已发生的类似案件，在美国、欧盟等发达国家和地区要想通过新出口商复审获得优惠、较低的单独税率，除通常的应对反倾销问卷调查、实地核查等事项措施外，出口企业还必须在下述两个方面做实文章：一是必须证明政府对其出口行为没有法律上的控制，二是必须证明政府对其出口行为没有事实上的控制。这一问题的核心均在于美国、欧盟等发达国家和地区至今仍不承认中华人民共和国的市场经济地位，认为中国是非市场经济国家或转型经济国家。因此中国企业申请新出口商复审时需要接受单独税率测试，证明企业符合获得单独税率的标准，才能被调查机关接受裁定单独的倾销幅度和较低的反倾销单独税率，否则就要缴纳高额的全国统一反倾销税率。

总结在美国提请新出口商复审的经验，美国调查机关在确定新出口商的出口行为在法律上是否受政府控制时主要考虑三个因素：①是否存在任何削弱或分散对企业控制的立法；②是否存在任何其他中央或地方政府削弱或分散对企业控制的措施；③是否存在与单个出口商的营业执照和出口许可证相关的限制性约束。要证明上述三点，出口企业须提交《中华人民共和国公司法》《中华人民共和国对外贸易法》以及企业营业执照等，以证明中国政府对其出口行为不存在法律上的控制。

同时，出口企业还要证明其出口行为在事实上不受政府的控制。在分析该问题时，美国调查机关通常还要考虑四个因素：①出口商确定出口价格时是否独立于政府，无须政府的批准；②出口商是否能保有销售收入并且能独立做出有关利润分配和亏损弥补的决定；③出口商是否有权进行谈判、签署合同和其他协议；④出口商是否能独立于政府自主选择管理层。

在申请新出口商复审以期获得优惠单独税率时，除政府法律上的控制外，新出口商能证明政府对其出口行为不存在事实上的控制尤其重要。因此，新出口商首先要搞清楚调查机关的调查要求和证据要求，在提供材料时注意不得提供虚假的材料，否则就会功亏一篑，失去机会。

三、案例启示

1. “洋官司”并不可怕

随着我国出口规模的高速增长，国外对我出口产品反倾销不断升级，案件也越来越多。然而，面对国外的反倾销调查，国内仍有不少企业缺乏运用国际法律规则保护自身权益的法律意识，存在“等、靠、要”的思想，只想搭便车而不愿意站出来，因而延误了应诉时机，导致最终被征收高额反倾销税或被迫退出该市场。武汉小蜜蜂公司应诉反倾销的成功经验告诉我们：赢了反倾销就是赢得了市场。“洋官司”并不可怕，关键在于要熟悉国际规则和相关国家的法律法规。正如武汉小蜜蜂公司董事长所坚信的：“我们一定能赢得这场官司，因为我们没有倾销商品。”不惧“洋官司”、敢于应诉的理念最终维护了武汉小蜜蜂公司的利益。因此，出口企业在遭受国外反倾销调查时，万万不可消极等待、观望，甚至“前怕狼后怕虎”，要团结一心、众志成城，高举维权之剑，积极大胆应诉，维护自身的正当权益。

2. 策略应诉是关键

武汉小蜜蜂公司对美出口蜂蜜反倾销案的经验还启示我们：出口企业招致反倾销在积极应诉的同时，还应该做到“策略应诉”，即理性地对待应诉，把握战略和战术的结合，找到案件的关键突破口，为最终的胜诉奠定基础。

武汉小蜜蜂公司首先积极争取武汉市商务局和湖北省商务厅的大力支持，争取到中国食品土畜进出口商会的全力支持，在专家的指导下寻找到了最佳的路径，树立了应诉的信心并熟悉和掌握了相关法律规则，在此基础上找到了主动出击的突破口。该公司利用美国的新出口商行政复审制度，绕开高额的全国统一反倾销税率，通过获得比其他中国蜂蜜出口企业相对较低的单独税率，赢得其他出口企业所不具备的竞争优势，开拓美国蜂蜜新市场。

3. 熟悉规则、遵守规则、在例外规则中找商机

WTO 法律规则博大精深，各国法律制度更是纷繁复杂。出口企业在经营活动中遵循国际规则与进出口国的法律制度是前提。但众多国际多边协定的形成过程均是讨价还价、艰苦而漫长谈判的结果，所以自然形成了大量的例外规则。发达国家通过这些例外规则不断获取实质利益，发展中国家也通过这些例外规则对国内工业进行保护，促进国内经济的发展。反倾销手段的频繁使用严重扭曲了国际贸易，导致资源的浪费及其他一系列严重后果，发展中国家深受其害。

以上武汉小蜜蜂公司的应诉策略的尝试是成功的，既遵守了反倾销规则，又成功地应用好了例外规则。新出口商复审已经成为我国出口企业在错过原始的反倾销调查之后，避开高额的全国反倾销税率，进入当事国市场的法律利器。面对国外对我国出口产品反倾销的大潮，广大出口企业应勇于应诉、理性应诉、策略应诉，善于运用新出口商复审这一法律武器，进入海外新市场，维护企业权益，扩大出口规模，增加出口效益。

案例二　中国暖水虾遭遇美国反倾销的案例分析

2004 年 2 月，美国国际贸易委员会建议对原产于中国等 6 个国家的冷冻和罐装暖水虾征收高额反倾销税。消息传出，在我国水产业，特别是虾产业中引起了强烈震动，使我国虾产品出口严重受阻。2004 年 4 月，我国渔业大省浙江全面停止对美出口虾产品。2004 年 3 月至 6 月，广东虾产品对美国出口仅为 1 010 吨，降幅达 85.9%。此 4 个月出口量比前 2 个月下降 37.6%。2004 年，我国向美出口海产虾 6.61 万吨，同比下降 18.84%；金额 3.386 亿美元，同比下降 23.78%。而 2004 年美国虾产品进口量在 50 万吨的水平，我国虾产品占有率为 13.2%。自 2004 年下半年开始，我国几乎失去了美国虾产品市场。这是我国进入世界贸易组织后，在国际贸易中遭受的第一起有关水产品的反倾销调查。当尘埃落定之后，我们有必要重新审视此案，为今后的水产品国际贸易提供借鉴。

一、案例介绍

2002 年 1 月，以佛罗里达半岛沿海地区为代表的美国南部阿拉巴马、佛罗里达、佐治亚、得克萨斯、路易斯安那、密西西比、北卡罗来纳、南卡罗来纳 8 个州养虾业的 47 家企业组成“南方虾业联盟”，以本国虾产业利益受到进口虾威胁为由，商议对原产于泰国、中国、越南和部分南美国家在内的 16 个国家的进口对虾提起反倾销立案调查诉讼申请，并聘请律师搜集证据。2002 年春季，由于异常低温，墨西哥湾野生对虾捕获量减少，过少的捕获量意味着赚钱的机会较少，使美国南方虾类产业长期以来面临的生产下滑问题凸显出来。

2002 年 7 月，美国对虾加工商也加入“南方虾业联盟”，该联盟的企业总数达到 217 家，使涉案产品的范围从原料虾扩大至对虾加工品。2000 年，由西弗吉尼亚联邦参议员罗伯特·伯德提出并获通过的《伯德修正案》允许将关税收入补贴给最先提出倾销诉讼的美国企业。2001—2003 年，美国向提起倾销诉讼的美国企业补贴了 8 亿美元。有关业界人士预计，在本次虾反倾销案中，即使仅对目前 50%的六国进口虾数量征收 15%的反倾销税，关税总额也将达到 1.8 亿美元。按此计算，参与和积极支持本次反倾销诉讼案的217家捕虾业者，每家可从征收的反倾销税中平均分得82.9万美元的补偿金。这就是美国企业积极申诉的重要原因。

2003年8月8日，美国“南方虾业联盟”决定向美国国际贸易委员会申请对进口虾进行调查，对以中国为首，包括巴西、泰国、委内瑞拉等12个对虾出口国提起反倾销诉讼。2003年，美国联邦政府以救灾款（disaster assistance）的名义资助国内捕虾业者3 500万美元。

2003年12月31日，美国“南方虾业联盟”正式致函美国国际贸易委员会，要求对亚洲和拉美几个国家的冷冻和罐装暖水虾征收25.76%~63.68%的反倾销税，称“由于外国虾养殖业者的不公平竞争，美国捕虾者和虾加工者已经不能维持基本的生产，正处于全行业亏损的境地”。该联盟提供的数字显示，2000—2002年，进口虾急剧增长导致美国虾加工企业大量裁员，两年间虾捕捞产值从12.5亿美元降至5.6亿美元，下降了50%以上。在墨西哥湾沿岸的一些港口，捕捞虾的港口交货价约为3.3美元/磅，比两年前低了近50%。路易斯安那州政府将35万美元的联邦资金拨付给参与提出反倾销诉求的虾捕捞企业用以支付律师费用，该州的一些官员公开力劝虾捕捞业者向联邦政府申请《伯德修正案》资金。

2004年1月4日，美国国际贸易委员会发布公告，启动对原产于中国、巴西、厄瓜多尔、印度、泰国和越南的冷冻和罐装暖水虾的产业损害调查程序。涉案产品海关编码为03061300、16052010。2004年1月21日，美国国际贸易委员会举行听证会，听取支持征税方和反对征税方为时1小时的陈述。

2004年2月17日，美国国际贸易委员会初裁认定，原产于巴西、中国、泰国、印度、越南、厄瓜多尔的冷冻和罐装暖水虾损害了美国以海洋捕捞为主的虾产业，建议对上述国家的虾产品征收高额反倾销税。2004年7月6日，美国商务部发布公告，对原产于中国和越南的冷冻和罐装暖水虾做出反倾销初裁：除中国湛江国联水产品有限公司外，中国暖水虾生产商和出口商的倾销幅度为7.67%~112.81%；越南暖水虾生产商和出口商的倾销幅度为12.11%~93.13%。此外，美国国家海洋渔业服务署以宣传野生捕捞虾的营销费用的名义资助“南方虾业联盟”400万美元。

2005年1月6日，美国国际贸易委员会对原产于巴西、中国、厄瓜多尔、印度、泰国和越南的冷冻和罐装暖水虾做出产业损害终裁：原产于上述六国的冷冻暖水虾对美国国内产业造成了实质性损害；原产于中国、泰国和越南的罐装暖水虾没有对美国国内产业造成损害；原产于巴西、厄瓜多尔和印度的罐装暖水虾造成的损害属于微量。

2005年1月26日，美国商务部发布公告，修改此前做出的对原产于中国、巴西、厄瓜多尔、印度、泰国和越南的冷冻和罐装暖水虾的反倾销终裁结果并发布反倾销征税令。美国商务部在修订后的裁决中没有将罐装暖水虾包含在征税范围之内。其中，我国应诉企业中获得单独税率的企业为39家，占总数的73.58%，比初裁增加了18家。获得单独税率的企业平均税率为53.68%。平均税率与初裁变化不大。

湛江国联水产品有限公司的单独税率被重新确定为0.067 6%。我国应诉企业有53家，在当时占我国对虾出口企业总数的51%。也就是说，有49%的企业没有应诉，而较长期地放弃了美国虾产品市场。

2005年4月21日，美国商务部反倾销执行办公室公布了非市场经济国家反倾销单独税率申请模板和所需证明文件。美国商务部认定，中国、越南、乌克兰、白俄罗斯、摩尔多瓦、阿塞拜疆、格鲁吉亚、亚美尼亚、吉尔吉斯斯坦、塔吉克斯坦、土库曼斯坦和乌兹别克斯坦为非市场经济国家。非市场经济国家的出口商只有在法律和事实上提供充足的证据说明出口活动不受政府控制，才可以获得单独的倾销幅度。

政府在事实上未对出口活动进行控制通常取决于以下四个因素：①每个出口商是否未在政府的控制下、未经政府授权单独制定出口价格；②每个出口商是否根据销售情况独立做出有关利润分配和融资的决定；③每个出口商是否有权进行谈判、签署合同和其他协议；④每个出口商是否在确定管理层方面享有自主权。在进行上述检验后，应诉企业可以申请单独税率。实际上，正是由于我国被美国认为是非市场经济国家，在虾产品反倾销案中，我国所受到的伤害也最大。

2005年4月25日，美国商务部法律顾问Theodore Kassinger同来访的印度商务部领导人Elangovan和Menon会谈之后，美国国际贸易委员会决定重新考虑对印度和泰国这两个受到海啸侵害的国家执行反倾销税。

在被调查的6个国家中，印度和泰国这两个养虾大国被终止调查。巴西和厄瓜多尔的绝大多数企业仍然可以向美国出口冷冻虾。越南有4家企业可以向美国出口对虾。中国有1家企业可以向美国出口对虾。美国对中国和越南基本关闭了虾市场的大门。中国是本次案件受影响最严重的国家。

受本次案件影响，我国一些大型对虾加工企业已经停产，更多的企业处于半停产状态，很多企业开始转产。由于对虾龙头企业数量剧减，一大批对虾养殖户也开始转产。很长一段时间，从我国南方到北方的南美白虾养殖热、加工热、出口热被就此节制。但是，由此带来了更为严重的问题：我国由此而出现的剩余劳动力、剩余生产力又都投入已经明显过剩的罗非鱼的养殖、加工和出口之中。当水产品出口中的第一品牌——对虾出口受阻后，紧接着我们又用自己的手把罗非鱼推向反倾销的风口浪尖。

二、案例特点分析

1. 扩大适用“紧急情况”条款

2003年5月19日，申诉方申请涉案产品存在“紧急情况”。2003年5月27日，应诉方就申诉方的“紧急情况”申请进行抗辩。由于申诉方在美国商务部做出初裁的法定时限的前20日提出申请，根据美国法典19CFR351.206的规定，美国商务部须在倾销初裁做出前做出“紧急情况”的初裁。

根据美国商务部反倾销条例的规定，应根据下列标准确定涉案产品的进口是否在短期内大量增加：①进口产品的数量和价值；②季节趋势；③进口量占国内消费量的百分比。关于“涉案产品在短期内大量进口”的条件方面，美国商务部通常是以申诉方提交申请之日前的一段时间（通常为不少于 3 个月）与提交申请书之后的相同一段时间进行对比，如果提交申请书后的一段时间的进口量比提交前一段时间的进口量增长 15%，则认为涉案产品在短期内被大量进口。

确定涉案产品是否有倾销的历史时，美国商务部通常会调查其国内以及其他国家的反倾销案对于目前正在被调查的产品是否曾经有征收反倾销税的情况。美国商务部政策办公室负责调查在美国之外是否有其他国家对被调查产品采取过反倾销措施，信息来源主要是世界贸易组织反倾销措施委员会发布的各成员提供的报告。本案申诉方没有提供这方面的证据，美国商务部也不清楚涉案产品是否存在倾销的历史，因此，美国商务部不能认定涉案产品有倾销的历史。

在关于“进口商已知或应知出口商以低于正常价值出口到美国，且此类倾销会造成损害”的条件方面，美国商务部以估算涉案产品的倾销幅度的大小作为认定依据。

如果在涉案产品的出口商直接将产品出口给美国国内的非关联公司的情况下估算出的倾销幅度大于或等于 25%，或者在涉案产品的出口商通过美国国内的“关联企业”将产品出口给美国国内的非关联公司的情况下估算出的倾销幅度大于或等于 15%，商务部则推定进口商已知或者应知涉案产品存在倾销。

在对上述法律标准进行分析后，美国商务部认为进口商、出口商或生产商已知或应知涉案产品存在倾销。美国商务部表示，2002 年 12 月至 2003 年 8 月与 2003 年 9 月至 2004 年 5 月比较，进口量增长了 51. 57%。由于强制应诉企业和申请单独税率企业提交了紧急情况信息，美国商务部做出初裁，认定进口商已知或应知出口商正在以低于正常价值的价格出口涉案产品并由此给美国国内产业造成实质性损害。

因为涉案产品在申请书被提交后的相当短的一段时间内的进口量比此前一段时间的进口量增长超过 15%，同时，进口商已知或应知出口商正在以低于正常价值的价格出口涉案产品并由此给美国国内产业造成实质性损害。因此，2004 年 7 月 16 日，美国商务部做出紧急情况初裁，所有涉案企业，除湛江国联水产股份有限公司和汕头红园食品有限公司公司外，都存在紧急情况。

美国商务部对紧急情况做出的初裁和终裁都是肯定的，裁定涉案产品存在紧急情况的直接法律后果是，可以对实施临时措施前 90 日内的进口涉案产品追溯征收反倾销税。因此，在本案中大面积适用紧急情况对企业的影响是非常大的。

尽管在 2005 年 1 月 6 日，美国国际贸易委员会的 6 名委员一致就紧急情况做出了否定性裁决。但值得我们注意的是，紧急情况的适用在调查期间保护国内产业和阻止涉案产品进入美国具有不可替代的作用。

2. 全面收紧单独税率

（1）拒绝单独税率申请企业的比例大。

美国商务部初裁中有 21 家企业获得单独税率，32 家企业未能获得单独税率，未能获得单独税率企业的比例占申请单独税率企业的 61%。在中国应诉企业的抗争下，美国商务部在终裁中只给予 35 家中国企业单独税率，拒绝给予其他 18 家企业单独税率，拒绝申请的比例占申请单独税率企业的 34%。尽管 2005 年 1 月 26 日，美国商务部对其终裁进行了修正，但只有 39 家中国企业获得单独税率，仍有 14 家中国企业未能获得单独税率。未能获得单独税率企业的比例占申请单独税率企业的 26%。

（2）申诉方极力推动采用联合税率。

申诉方根据美国 2004 年 9 月 20 日公布的对非市场经济国家单独税率修订征集意见，要求对中国应诉企业适用联合税率。申诉方声称，依据目前对来自非市场经济国家单独税率申请的做法，美国商务部只将单独税率给予应诉的出口商，而不给未应诉的生产商（生产商如向美国出口，则适用普遍税率），这种做法使生产商可以通过获得较低税率的出口商向美国出口，以达到规避较高反倾销税的目的。

申诉方建议美国商务部将出口商与在调查期内与其有代理出口关系的生产商捆绑在一起，并适用统一的反倾销税率。申诉方进一步要求美国商务部加大联合税率的适用范围，应适用于所有非市场经济国家案件的所有涉案企业。

美国商务部在初裁中没有采纳申诉方的意见，主要理由是美国对非市场经济国家的单独税率政策修订还处于征集意见期，所以不能作为本案处理非市场经济国家的单独税率问题的依据。

从美国的裁决意见中可看出，如果美国正式实施修正后的对非市场经济国家单独税率政策，美国商务部很可能对中国的应诉企业采用联合税率，而采用联合税率对中国企业将非常不利。

实际上，美国商务部在 2004 年 12 月 28 日公布了对非市场经济国家单独税率政策的变化，并继续征求公众意见。总之，美国国内申诉企业的呼声以及美国商务部在单独税率上的政策趋势在一定程度上限制了中国应诉企业申请单独税率。

（3）替代国价格不公正。

美国视中国为非市场经济国家，根据生产要素来计算中国涉案产品的正常价值。在计算正常价值时，美国商务部计算的生产要素包括（但不限于）：生产率、原材料、能源和其他资源的消耗，有代表性的成本。按照生产要素的计算方法，在本案中，美国商务部根据中国涉案企业提交的其在调查期内投入的生产要素数量，乘以相应的印度（印度为替代国）产品价格，再加上一定比例的制造费、销售及管理费、利润和一定的包装费用，即为中国涉案产品的正常价值。在生产要素的替代价格方面，暖水虾的替代价格是双方争议的焦点。在计算正常价值时，带头、带壳暖水虾的价格在计算正常价值时的比例非常大，是计算是否存在倾销的重要因素。根据使用替代价格的条件，美国商务部指出，申诉方和应诉方提供的替代价格都不能满足条件。

2004 年 5 月 21 日，中国应诉企业提供的替代价格是来自印度海产品协会在调查期内发布的、按照不同地区带头虾的大小规格详细统计的价格。印度海产品协会是代表印度虾出口企业和加工企业的组织，在印度主要的虾生产地都有分支机构。此外，印度海产品协会公布的价格是美国反倾销调查期内的价格，反映了真实的虾购买价格。申诉方指出，印度海产品协会公布的价格不是真实的市场交易价格，只是该协会建议企业销售的最低价格。同时，申诉方还指出，印度海产品协会的价格只提供给其会员，而无法从公开渠道获得。

随后，中国应诉企业向美国商务部提供了两份替代价格：一份是美国水产品合格证理事会网站上公布的印度虾加工企业按规格支付的原料虾价格，另一份是印度两家最大的虾生产公司对原料虾的平均采购价格数据。

但是，美国商务部最终采纳了申诉方的建议，使用印度 Apex 食品有限公司在 2002 年 5 月—2003 年 5 月的财务报表上的原料价格数据作为替代价格。而该财务报表的数据是该公司 2002 年度采购的全部水产原料。这些原料中不仅包括了 20%以上加工过的去头虾，还包括了其他海产品（如龙虾）。美国采用了此家公司的虾的价格作为替代价格，但实际上，该价格不具备最低限度的代表性。此外，本案调查期为 2003 年 4 月至 9 月，而美国商务部选取的印度这家公司财务报表价格为 2002 年 5 月—2003 年 5 月，不在调查期内。美国商务部所选择的替代价格不符合代表性和同期性的原则。这种不公平的替代价格导致中国涉案企业适用的反倾销税不合理、不合法。

（4）商务部与国际贸易委员会对涉案产品的裁决方式冲突。

美国商务部在初裁、终裁中都把冷冻和罐装暖水虾作为涉案产品，并计算其倾销幅度。美国国际贸易委员会的初裁也没有区分冷冻暖水虾与罐装暖水虾。裁决结果表明，冷冻暖水虾和罐装暖水虾都对美国国内产业造成了损害。而在终裁中，美国国际贸易委员会却把冷冻暖水虾和罐装暖水虾分开裁决：2005 年 1 月 6 日，美国国际贸易委员会对中国的冷冻暖水虾和罐装暖水虾做出产业损害终裁。美国国际贸易委员会 4 名委员认定，涉案产品为两种相似产品，即冷冻暖水虾和罐装暖水虾。其中，冷冻暖水虾对美国国内产业造成实质性损害，罐装暖水虾未对美国国内产业造成损害。根据美国国际贸易委员会的终裁，美国商务部对原产于中国的冷冻暖水虾发布反倾销征税令，而不对罐装暖水虾发布反倾销征税令。

尽管中国对美国出口的罐装暖水虾的数量很少，但是，美国国际贸易委员会的裁决引起的法律问题值得涉案企业关注，因为计算倾销幅度时是把罐装暖水虾和冷冻暖水虾放在一起进行计算的。既然美国国际贸易委员会最终裁决罐装暖水虾没有对美国国内产业造成损害，那么，如何处理在计算倾销幅度时已经计算的罐装暖水虾的价格和数量、确定什么样的倾销幅度对中国涉案企业才是公平的等相关问题都是涉案企业应该考虑的。2005 年 1 月 26 日，美国商务部发布公告，对终裁结果进行修正：4 家强制应诉企业中只有联合太平洋集团公司的反倾销税发生了变化，从 84.93%修正为 80.19%；获得单独税率的企业的反倾销税从 55.23%降至 53.68%。2005 年 2 月 1 日，美国商务部根据修正后的终裁结果发布反倾销征税令。中国涉案企业对美国商务部发布的征税令不服，并向美国国际贸易法院提起上诉。

三、案例启示

第一，反倾销并不是政府行为，而是企业行为。用市场经济的观点看，政府是为企业服务的，围着企业转，为企业解决困难，而不是企业围着政府转。正是由于我国被认定为非市场经济国家，所以，我国企业受到的影响最大。也正因为如此，该事件也具有了政治色彩。那么，如何从这一困境中突围？只有一条路，那就是在所谓的“非市场化国家”的环境中，创造出市场化的企业，即确立起现代公司制度的企业。企业在所有的商业行为中，应该刻意营造商人的光环，而不是政府的光环。行业要有自己的组织，企业要有自己的组织，这种组织不是政府的组织，也不是政府的某一个部门控制的组织，而是市场化的、能够自己说了算的组织。

第二，行业要建立起专业性的预警体系，企业更要建立起企业自身的预警体系。通过这次美国虾反倾销案，我们可以看到，整个事件美方酝酿了三年，而我们很多企业对此毫无反应。企业的产品研发是重要的事情，但比产品更重要的是对产品所处市场的研究，是信息的筛选、搜集、整理、提炼。企业必须要养“闲人”，要有没有经济指标的人，要有不围着产品转的人，要有专门研究市场的人。信息时代的网络化并不是简单地建立公司网站，不是让别人能够搜索到自己，更不是摆谱，而应是能够随时知道潜在的竞争对手正在做什么。信息人员不是电脑操手，而是具有职业敏感度的市场分析人员、市场情报人员。湛江国联水产品有限公司于 2002 年得到案件的相关信息后，立即组织人员做好防范工作，保全原始记录，在强制调查中从容应对，填写了 3 000 多份问卷，最后胜出。虽然代价是 1 000 多万元的应诉费用，但相对于 1 亿美元/年的出口额，确是九牛一毛。

第三，单一产品的公司、单一市场的公司、单一客户的公司都是经营风险极高的公司，都是不稳定的公司。一旦市场发生变化，这样的企业随时都会面临绝境。多元化的策略，无论是在国际还是国内贸易中都是非常必要的。当企业产品处于成熟期时，尤其应当如此。多元化的策略，主要是指企业既应该有成熟期的产品，也应该有成长期的产品，还要有开发期的产品。在本次虾产品反倾销案中，一家南方企业因为仅有对虾一个产品，生产线只能生产出口产品，且只有美国一个市场，结果在 2004 年 6 月不得不全面停产。而此前其半年出口额就已经达到 2 000 多万美元，2003 年 9 月新建流水线才刚刚投产，损失惨重。多元化的策略还表现在多元化的市场上。虽然湛江国联水产品有限公司在本次虾反倾销案中以零关税胜出，但是，按照多元化思想，其不仅应该逐步提高在美国市场的占有率，更应该将目光投向其他市场，如日本、南美、欧盟和东南亚等。

第四，产品质量是企业生存的根本。湛江国联水产品有限公司此次以零关税胜出，很多人想知道为什么。其实，根本的原因在于产品过硬的质量、在于生产环境的全面现代化、在于员工的出色表现。美国商务部代表在现场核查中对湛江国联水产品有限公司优秀的生产环境、严格的全程质量管理表示钦佩。所以，湛江国联公司胜出不是美国的选择，而是市场的选择。

第五，尊重市场规律是我们应对反倾销的最有力的武器。政府有关部门、很多省市往往热衷于人为地确定优势产业带、优势产品群，形成一哄而上、又一哄而下的局面，结果事与愿违。优势产业的形成不是人为决定的，而是市场决定的。人为决定的事情，多数会被市场无情地改变和修正。政策导向应该集中在科技含量高、附加值高、核心竞争力高的产品、产业、资金投入上。科学的发展观要求政策导向更加关注环境保护、水资源的充分利用、产品生产全过程有害物质的严格控制、相关产业的可持续发展上。

市场规律要求我们，政府必须与企业脱钩。企业的事情企业办、行业的事情行业办、政府的事情政府办，各司其职。

案例三　苹果汁反倾销案

一、案例介绍

1. 背景

20 世纪 90 年代，中国浓缩苹果汁加工业异军突起，浓缩苹果汁产量和出口量急剧增加，1998 年产量达到了 9.09 万吨，出口量达到 8.05 万吨，出口占到了生产量的 88%。美国是中国浓缩苹果汁最大的出口市场，约占全国出口总量的 40% ~ 50%。但是由于中国浓缩苹果汁加工业发展过快，各地浓缩苹果汁加工企业重复建设严重，导致生产相对过剩。国内企业在生产和出口上缺乏协调和统一，于是在国内市场尚未打开之前竞相出口、低价竞销，在短期内对美国出口量迅速增加，从 1995 年的 3 000 吨增长到 1998 年的 40 000 吨，增幅超过 1 200%；在美国浓缩苹果汁市场的占有率也从 1995 年 1%上升到 1998 年 18%，而同期中国浓缩苹果汁的平均出口价格却迅速下降，从 1995 年 7.65 美元/加仑下降到 1998 年的 3.57 美元/加仑，下降幅度超过 53%。中国出口的大量低价浓缩苹果汁对美国苹果种植业和加工业带来了较大冲击。从 1995 年到 1998 年，美国浓缩苹果汁价格下降了 50%，苹果的价格也从 1995 年的 153 美元/每吨下降到了 1998 年 55 美元/每吨，下降了 64%。据美国农业部估计，1995 年到 1998 年，美国苹果种植业的损失超过 1.35 亿美元。

1998年，中国苹果丰收，中国浓缩苹果汁的出口进一步扩大。面对这种情况，美国苹果协会主席纳期于1998年年底开始联合美国同类企业起诉中国浓缩苹果汁低价倾销，并在1999年年初向美国商务部递交申请，要求对中国浓缩苹果汁征收高达91.84%的反倾销税。该消息很快传到国内，在中国食品土畜产进出口商会的组织和联合下，我国近50家苹果汁生产厂家于1998年年底和1999年年初两次聚会商讨对策，会上大家一致同意把对美出口价格上调，不再相互恶性竞争。

按美国反倾销法规定，起诉书必须先经由美国国际贸易委员会初审，通过后才能由商务部再审，应诉时间不超过20天，终裁时间为一年。由于中美两国政府协调，美国商务部初裁立案时间从1999年1月推迟到当年6月。

2. 案件经过

任何一个反倾销案都要经过一个复杂的调查裁决过程。本案主要经历了以下四个过程：①反倾销的提起：②初裁及其调查：③终裁及其调查；④征收反倾销税。

（1）反倾销的提起。

1999年6月7日，五家美方企业联名向美国商务部提交了正式申请书，控告中国的非冷冻浓缩苹果汁在美国倾销。美方企业声称从中国进口的非冷冻浓缩苹果汁正在或可能以低于正常价值的价格向美国出售，而且这些进口给美国的某一产业造成了实质性的损害和威胁。

1999年6月27日，美国商务部根据美方企业提供的信息，认为以不公平的价格从中国进口的非冷冻浓缩苹果汁存在倾销行为，决定受理此案，对来自中国的非冷冻浓缩苹果汁进行反倾销调查。

调查期间为1998年10月至1999年3月，调查内容为中国对美国出口的冷冻浓缩苹果汁的数量、价格及对美国国内市场的影响。

（2）初裁及调查。

在调查期内对美国出口过非冷冻浓缩苹果汁的中国生产和出口企业共有40多家，其中烟台北方安德利果汁有限公司（以下简称北方安德利）、陕西海升鲜果汁有限公司（以下简称海升）、三门峡湖滨果汁制造有限公司（以下简称湖滨）、山东中鲁果汁有限公司（2001年3月组建为“国投中鲁果汁股份有限公司”）（以下简称中鲁）、东岳烟台果汁进出口公司（以下简称东岳）、青岛南南食品有限公司（以下简称南南）、陕西咸阳富安果汁有限公司（以下简称富安）、西安亚秦果品有限公司（以下简称亚秦）、陕西机械设备进出口公司（以下简称陕西机械）、陕西对外经济贸易发展公司（以下简称陕西外经）、长沙市工矿产品进出口有限公司（以下简称长沙工矿）和山东省食品进出口公司（以下简称山东食品）12家企业聘请了律师进行应诉。

美国国际贸易委员会通过对涉案商品进口数量变化、价格变化以及对美国国内产业的影响等几个方面的调查，于1999年7月22日做出初步裁定，认为从中国进口的非冷冻浓缩苹果汁对美国的非冷冻浓缩苹果汁产业造成了实质性损害。

在美国国际贸易委员会做出初步裁决之后，由美国商务部对中国非冷冻浓缩苹果汁是否低于正常价值进行调查。

1999年7月22日，按照美国商务部的要求，12家应诉企业提供了1998年10月1日至1999年3月31日期间向美国出口的涉案商品的详细清单。

1999年7月27日至29日，美国商务部发信至中国食品土畜产进出口商会索要以下信息和文件：①调查期间向美国出口的非冷冻浓缩苹果汁的总量；②调查期间除了12家应诉企业外其他向美国出口过非冷冻浓缩苹果汁的企业名单和每个企业的出口数量；③向非生产性出口企业提供产品的生产企业名单。1999年8月11日，中国食品土畜产进出口商会提供了在1998年10月至1999年3月向美国出口的非冷冻浓缩苹果汁的总量和其他18家出口商详细的出口情况和联系方式。

由于涉及的出口商数量太多，美国商务部决定把调查对象限定在5家最大的生产和出口企业（按数量排序），这五家必须接受调查的企业分别是北方安德利、海升、东岳、南南和陕西机械。1999年8月17日美国商务部向这五家生产和出口企业发放了完整的调查问卷，8月18日通过律师或中国食品土畜产进出口商会向其他应诉企业和所有主动要求给予分别税率的企业发放了分别税率问卷，内容包括这些企业非冷冻浓缩苹果汁的销售数量和金额、公司结构、所有权和从属关系。当日，湖滨和中鲁主动申请接受调查。1999年9月9日，湖滨和中鲁被接受为自愿的调查对象。1999年8月23日陕西外经放弃了应诉。

1999年9月15日，美国商务部邀请利害关系当事人就替代国的选择发表各自的观点，并提供公开可获得的信息来估算产品要素的价格。1999年9月27日，美方企业和中方企业都做出了回应。1999年10月4日至6日，美方企业和中方企业各自就替代品的价值提交了不同观点。1999年10月4日至6日，美国商务部收到了来自5个要求必须接受调查（北方安德利、海升、东岳、南南、陕西机械）和2个自愿接受调查的被告（湖滨和中鲁）的调查问卷的A、C、D部分。1999年9月21日，富安、亚秦、长沙工矿和山东食品递交了分别税率调查问卷。1999年10月，美国商务部发放了补充的调查问卷，并于1999年10月和11月收回。1999年10月14日至20日，美国商务部收到了来自美方企业关于问卷的答复。

1999年11月3日，美国商务部对紧急情况做出初步裁决，除中鲁和东岳外，其他被告均被裁定存在紧急情况。

1999年11月15日，美国商务部就中国的非冷冻浓缩苹果汁是否低于正常价值做出初步裁决，认为中国的非冷冻浓缩苹果汁正在或可能以低于正常价值的价格向美国出口。各企业的初裁倾销幅度见表6.1。

表6.1 初裁倾销幅度

出口/生产企业	加权平均倾销幅度（%）	紧急情况
烟台北方安德利果汁有限公司	0	存在
陕西海升鲜果汁有限公司	18.58	存在

表6.1(续)

出口/生产企业	加权平均倾销幅度（%）	紧急情况
三门峡湖滨果汁制造有限公司	54.55	存在
山东中鲁果汁有限公司	9.85	不存在
东岳烟台果汁进出口公司	14.97	不存在
青岛南南食品有限公司	44.24	存在
陕西机械设备进出口公司	35.29	存在
西安亚秦果品有限公司	28.71	存在
陕西咸阳富安果汁有限公司	28.71	存在
长沙市工矿产品进出口有限公司	28.71	存在
山东省食品进出口公司	28.71	存在

初裁还涉及以下主要内容：①扩大了被调查产品的范围，把添加了维生素和矿物质的非冷冻浓缩苹果汁列入被调查产品的范围。②对分别税率做出裁决，11家应诉企业全部符合分别税率标准，其中没有对全部反倾销调查问卷进行答复的企业（因为它们没有被选择应答或者没有主动申请应答）的税率按照要求答复的企业（不包括北方安德利，其税率为0）的税率的加权平均值计算。③其他企业由于没有应诉，均被假定为由政府控制，而被裁定为一般税率。在本案中其税率等于应诉企业中被征收最高反倾销税企业湖滨的税率54.55%。

（4）对以低于正常价值出口的企业按倾销幅度交纳保证金。

1999年11月24日，中方企业指出在初步裁定中，美国商务部在计算所有被告的一般销售管理费用（SG&A）、经常开支比例、湖滨的海洋运费和在决定未接受调查公司的紧急情况时存在明确的行政错误。

1999年12月27日，美国商务部联邦日志上公布了其修正后的初步裁定，主要内容有：①把税则号更正为2009.70.00.20和2106.90.52；②同意延期终裁，最晚推迟至2000年4月6日，并延期临时措施；③对湖滨公司的倾销幅度做出了更正，从初裁的54.55%降低至29.89%。

（5）终裁及其调查。

2000年1月10日，陕西机械向美国商务部声明不再接受调查，退出应诉。

2000年1月和2月，美方企业就烟台北方安德利果汁有限公司、陕西海升鲜果汁有限公司、三门峡湖滨果汁制造有限公司、山东中鲁果汁有限公司、东岳烟台果汁进出口公司、青岛南南食品有限公司提交的调查问卷进行查证，并于2000年2月和3月发布了查证报告。

按照美国商务部的要求，2000年2月25日至28日，美方企业和中方企业就替代品的价值各自提交了补充信息。2000年3月9日至14日，美方企业和中方企业提交了案件和举证简（filed Case and rebuttal briefs）。

2000 年 4 月 6 日，美国商务部就中国的非冷冻浓缩苹果汁是否低于正常价值做出最终裁决。各企业的终裁倾销幅度见表 6.2。

表 6.2 仲裁倾销幅度

出口/生产企业	加权平均倾销幅度（%）	紧急情况
烟台北方安德利果汁有限公司	0	不存在
陕西海升鲜果汁有限公司	12.9	不存在
三门峡湖滨果汁制造有限公司	28.54	存在
山东中鲁果汁有限公司	9.4	不存在
东岳烟台果汁进出口公司	9.96	不存在
青岛南南食品有限公司	15.36	存在
西安亚秦果品有限公司	15.36	不存在
陕西咸阳富安果汁有限公司	15.36	不存在
长沙市工矿产品进出口有限公司	15.36	不存在
山东省食品进出口公司	15.36	不存在

终裁的主要内容还涉及以下几个方面：①由于陕西机械不允许美国商务部验证其信息的可靠性，并退出调查，所以不再被看作应诉公司，而适用一般税率；②由于使用最佳可获得信息计算的税率高于应诉者的最高税率，所以被用作一般税率；③海关将要求出口企业按倾销幅度提供担保或现金押金。

在中方企业的要求下，2000 年 4 月 17 日，美国商务部召开了公开听证会。2000 年 4 月 18 日美国商务部收到了来自中方企业提交的关于终裁中存在行政错误的报告。美国商务部承认其在终裁中计算国际运输费用替代价值时存在行政错误，并对终裁做了如下修正，见表 6.3。

表 6.3 修正后的终裁倾销幅度

出口/生产企业	加权平均倾销幅度（%）	修改后的加权平均倾销幅度（%）
烟台北方安德利果汁有限公司	0	0
陕西海升鲜果汁有限公司	12.9	12.03
三门峡湖滨果汁制造有限公司	28.54	27.57
山东中鲁果汁有限公司	9.4	8.98
东岳烟台果汁进出口公司	9.96	9.96
青岛南南食品有限公司	15.36	25.55
西安亚秦果品有限公司	15.36	25.55

表6.3(续)

出口/生产企业	加权平均倾销幅度（%）	修改后的加权平均倾销幅度（%）
陕西咸阳富安果汁有限公司	15.36	14.88
长沙市工矿产品进出口有限公司	15.36	14.88
山东省食品进出口公司	15.36	14.88

2000年5月30日，美国国际贸易委员会做出裁决：以不公平的价格从中国进口的非冷冻浓缩苹果汁对美国的非冷冻浓缩苹果汁产业造成了实质性损害。

3. 征收反倾销税

2000年6月5日，美国海关对中国的非冷冻浓缩苹果汁征收了最高为51.74%的反倾销税，进口商要求按从中国进口的非冷冻浓缩苹果汁的反倾销税率交现金押金；对1999年11月23日以后进口的中国非冷冻浓缩苹果汁具有追溯效力，征收反倾销税，对最终裁决征收反倾销税的税额小于初步裁定征收临时反倾销税的税额部分予以返还。公司特定的反倾销税率仅仅作为海关来年收取现金押金的依据。如果要求行政复审的话，最终反倾销税将按对未来12个月实际的进口价格进行行政复审的结果征收。

二、案例启示

1. 遭遇反倾销的原因

从上述案例分析，我们可以得出我国农产品遭受反倾销的原因主要有以下几点：

①产业结构不合理，导致农产品生产相对过剩；

②各企业缺乏统一的协调，无序竞争、低价竞销；

③出口农产品价格低廉，出口市场过于集中；

④对国外相关产业造成了实质性损害，或对这些产业构成了损害威胁；

⑤中国企业应诉不积极，搭便车现象严重；

⑥中国的非市场经济地位；

⑦美国反倾销法中的“替代国”方法具有不可预见性，美国当局在执行的时候或多或少存在一些任意性和歧视性。

2. 应诉经验教训

通过案例分析，我们可以获得许多宝贵的经验教训，主要可以归纳为以下几点：

非市场经济地位及替代国方法扩大加深了中国企业遭受反倾销的广度及深度，使我国没有倾销的产品也容易被判为倾销，低幅度倾销的产品可能被判为高幅度倾销。撤销中国的非市场经济地位，或者争取有利于中国的替代国是取得低税率的基础。

积极应诉、充分准备是反倾销应诉取得胜利的最基本条件。由于我国许多被诉产品没有倾销或只存在低幅度倾销，因此积极应诉、充分准备往往能使企业取得较为理想的结果；相反，如果不应诉、企图搭便车，企业就会被征收高额反倾销税，并最终丧失整个市场。

由于行业协会的功能优势，行业协会能在申诉、应诉中发挥积极作用，直接影响申诉、应诉的结果。在国外，行业协会已经成了反倾销申诉、应诉的主体；在国内，行业协会通过协调企业与企业之间、企业与政府之间的关系促进了反倾销应诉的胜利。

由于我国企业不熟悉国外法律并缺乏应诉经验，因此聘请国外优秀律师成了反倾销应诉胜利的关键环节。按照对方反倾销法律规定收集证据，用事实说话，不要存在想当然的想法，然后以理力争，可以大大增加获胜的机会。

由于反倾销是我国企业面临的一个相对较新的贸易问题，国内缺乏相关的专业人才，企业应诉经验不足，对国外相关反倾销法律也不够熟悉，因此，应加快培养这方面的专业人才。

由于国外反倾销调查程序的时间限制、诉方的故意拖延及隐瞒事实、国外执法机构对我国企业的不公正待遇以及我国企业应诉能力不高及应诉态度不够认真，因此我国企业没能做充分应诉准备，有些应诉权利被无形地剥夺了。

在对国外的反倾销应诉中，坚持以下原则有利于取得应诉胜利：①尽可能提出多种供仲裁机构使用的替代价格方案，这样即使最优方案没有被采用，也不至于使用对方的方案，而使用有利于中方企业的次要方案；②与调查期越接近的数据越容易被仲裁机构采用；③重视先例的作用，从中总结应诉经验，并作为应诉的证据。

美国反倾销法中的“替代国”方法具有不可预见性，美国当局在执行的时候或多或少存在一些任意性和歧视性。因此在一些比较模糊的问题上，美国商务部和国际贸易委员会往往会采取有利于美方企业的替代价格，偏袒美方企业，最大限度地扩大中方企业的倾销幅度。

中国市场经济体制发育不够完善，企业会计制度还不完整，有些地方不符合国际标准，从而使我国企业生产成本及销售价格不被国外接受，因此必须使我国会计制度尽快与国际接轨。

我国企业在产品遭到反倾销之后企图通过各种方法规避反倾销，但是许多国家已经建立了较完善的反规避法，因此规避不是应对反倾销的长久之路。

3. 对策与建议

通过案例分析，要最大限度地避免反倾销起诉，我们必须从以下几个方面进行准备：

（1）合理调整我国农业内部产业结构。

加入世贸组织后，我国农业的内部产业结构需要按国际比较优势进行重大调整，许多不具有比较优势的产品可能会遭受巨大的冲击，许多具有比较优势的产品会因国际市场的开放而扩大商机。但是如果只注重眼前利益，调整力度过大，各企业势必一拥而上，产量迅速上升，在国内市场变化不大、国际市场还未充分打开的情况很可能出现产品的相对过剩。加上中国的大国效应，中国国内产量的急剧增加会导致国际市场价格迅速下滑，占他国的市场份额也会迅速增加，从而容易造成倾销，也容易被当地行业提起反倾销起诉。因此，政府要按市场容量和发展前景从宏观上进行调控，制订长远发展规划，合理调整我国农业的内部产业结构。首先，迅速加强和壮大现有的地方企业，提高其质量和效益，增强其国际竞争能力，而不是盲目引进，在同一地区重复建新厂；其次，要加快淘汰落后、过剩的生产能力，加强行业协调管理，加强企业自律。

（2）组建和完善行业协会，规范行业发展，整顿出口秩序。

我国农产品遭受反倾销的一个主要原因是出口秩序混乱，各企业无序竞争、低价竞销，但是我们一味地把责任推卸在企业身上是不对的。因为我国企业众多，几乎处于自由竞争状态，单个企业或几个企业几乎没有市场力量，价格会随着供求变化剧烈波动。在供大于求的情况下，总有一两个企业会主动降价，所以价格下降是一种必然。如果哪个企业不降价，产品就不可能卖出去，从而形成恶性的降价竞争。而在国家放开出口经营权之后，靠行政干预已经不可能解决这个问题了。唯一的办法是在国家的引导和帮助下有针对性地建立全国范围的行业协会，行业协会通过各种激励机制和行业规章来约束管理各企业的经营及出口行为，改变国内企业无序竞争、低价竞销的混乱局面。行业协会至少可以在以下几个方面有所作为：①要求各企业按照行业自律控制出口总量；②积极开发新市场，从新市场寻求出路；③制定农产品出口最低限价；④由核心组组成核查小组对农产品出口情况进行核查，核查小组接受举报或依照海关统计核查低价出口企业，查实后由核心组做出处理决定；⑤开展相关的国际研究。

（3）提高农产品质量，避免价格陷阱。

我国出口农产品的特征是价格低廉，出口企业之间的竞争也往往是价格竞争，而不是质量竞争。这对一个行业的长远发展来说是非常不利的，也往往容易引起反倾销诉讼。有时候国外企业还可能利用这个弱点给中国企业设圈套，先利用中国国内行业无序竞争以及成本低等特征，拼命压低我国产品的价格，然后以我国产品低价倾销为由进行反倾销起诉，把我国产品赶出该国市场，如节能灯案。因此要想避免反倾销，各企业必须提防价格陷阱，时刻注意国际市场价格，向国际市场价格靠拢，对一些敏感商品决不能以是否获利进行简单定价。各企业应在提高产品质量、争创名牌上下功夫，走质量兴国之路。

（4）注重国内市场，积极开拓国际市场，避免对当地产业造成巨大冲击。

我国产品遭受反倾销的一个直接原因是对当地产业造成了巨大冲击。我们可以从两个方面着手，避免对外国当地产业造成巨大冲击。首先，注重国内市场的开发。中国是世界上最具潜力的消费市场，随着中国经济的发展，这个潜力将被不断地释放出来。比如果汁业，随着居民生活水平的提高，国内的果汁需求市场急骤扩张，潜力巨大。其次，各企业之间应该相互协调、配合，全方位、多层次地开拓国际市场，改变出口市场过于集中的局面，避免对当地产业造成冲击。

（5）积极改变我国的非市场经济地位。

按中国入世议定书的规定，一旦中国按照世贸组织有关成员的国内法规确立了市场经济地位，该议定书中有关非市场经济方法的规定即应终止。虽然世贸组织各成员的国内法规各不相同，取得市场经济地位的方法也各异，但只要我们充分做好有关准备工作，选择好时机与突破口，解决此问题并非毫无可能。比如美国，根据中国入世议定书的有关规定，美国在中国入世后的 15 年中仍可在反倾销调查中对中国产品适用非市场经济方法，但议定书的有关规定为中国公司在美国反倾销案件中争取适用其价格与成本提供了更大的机会。按照议定书的有关规定，只要被调查的中国公司能够清楚表明有关工业是在市场经济条件下制造、生产及销售有关产品，美国就应当适用中国公司的国内价格与成本；并且美国一旦依其国内法确定中国某一工业或行业是在市场经济条件下运行，美国在以后的反倾销调查中对该工业或行业就不得再适用非市场经济方法。值得注意的是，该议定书的用词是“清楚表明”，而非“充分证明”等标准。虽然该标准的具体宣言还有待澄清，但就一般的法律意义而言，此种标准相对于其他的法律证据标准是比较宽松的。这就为中国公司要求美国在反倾销调查中适用其国内价格及成本提供了国际法上的依据。因此，从法律理论上讲，中国公司在以后的反倾销案件中，更易于获取分别税率的裁决。

（6）建立反倾销预警机制。

通过案例分析，我们发现进口国提起反倾销都会有一个酝酿过程。如果我国能够建立一个反倾销预警机制，及时了解对方的动向，并做出调整，如控制出口节奏、适当提高出口产品价格，则可以使我国企业在其他国家欲提起反倾销调查前获得信息并做好准备，同时又可把部分尚未提起的反倾销调查消灭于萌芽状态，从而减轻反倾销对我国出口造成的压力。

我国的反倾销预警机制虽已初见成效，但目前仍很不完善，因此必须从三个方面着手尽快完善我国的反倾销预警机制，即市场预警机制、政策预警机制和政府企业间的协调机制。市场预警机制是预警机制的核心，就是从市场的销售、价格、数量等信息判断市场的状况。如果我国的某种出口商品价格出现异常波动，与前期价格相差甚远，市场预警机制可以迅速把信息反馈给出口企业，便于企业迅速制定相应对策。政策预警机制主要探测外国的贸易政策、政策取向是否由宽松转向保护，产品标准是否发生变化。政府企业间的协调机制则主要负责企业和政府之间信息的沟通。政府的有关职能部门有着丰富的反倾销应诉经验，还掌握着大量的信息，能有效地为企业提供帮助、指导。在反倾销预警机制中，国外进口商的作用不可忽视。一方面，国外进口商与我国出口企业在利益上是一致的，二者能及时、有效地沟通。另一方面，国外进口商熟悉本国市场状况，消息灵通，我国出口企业可充分利用国外进口商发挥反倾销预警机制的作用。

在发挥政府、行业协会作用的同时，企业应是反倾销预警机制的主体。因为企业是市场的主体，对市场变化比政府、行业协会敏感；另外，无论政府如何指导、行业协会如何组织，最终反倾销官司仍要由企业来打。

4. 如何应对反倾销起诉

企业通过积极防范能有效地减少反倾销案件，但是遭受反倾销起诉不可避免。如果受到了倾销起诉，我们就应该通过积极应诉取得反倾销的胜利。通过案例分析，我们可以得出从以下几个方面积极应对能最大限度地取得反倾销应诉的胜利的结论。

（1）坚持“谁应诉谁受益”的原则，鼓励企业积极应诉。

政府应针对国内企业不敢应诉的心态，研究建立应诉与受益对称机制；积极探索多种筹集资金的方式，研究建立行业内应诉基金，对积极应诉企业提供资助。根据“谁应诉谁受益”的原则，通过行业协会的自律、自诉、自组、自享，彻底改变“一家应诉、多家受益”的现象，解决应诉企业担心费用高而犹豫不决导致利益受损的问题。对于应诉不积极，甚至想搭便车的企业，有关部门应采取一定的惩罚措施，减少或取消其出口配额和数量，情节严重的暂停其进出口经营权，决不允许其坐享其成。目前，除欧盟外，其他国家和地区已经普遍采取了给予中国应诉企业分别裁决待遇的做法，也就是集体应诉、分别裁决。它直接影响应诉利益的分配，可以充分调动企业应诉的积极性，从根本上解决我国企业应诉率低的问题。

（2）充分发挥中介组织与政府在应诉中的作用。

反倾销往往针对的是一个行业，牵涉的企业较多，而且反倾销还涉及一些政治问题，因此光凭单个企业很难取得应诉胜利，必须充分发挥中介组织与政府在应诉中的作用。政府的工作应该是加强对外交涉的力度，努力为出口贸易营造良好的外部环境，做好规划指导工作。各地中介组织，包括进出口商会及行业协会，应进一步加强行业自律和互律，协同政府部门组织和协调会员参与应诉工作。中介组织应做好对会员企业的预警服务，就预防国外的进口限制措施、规范出口经营秩序向政府提出建议，加强对会员企业的出口应诉培训等。当企业遭受反倾销起诉时应当组织联合涉案企业进行积极应诉。

（3）组织反倾销应诉基金会。

目前，我国参与反倾销应诉的组织者都是进出口商会，一个案子发生了，往往需要经过了解涉案企业出口情况、召集相关企业开会、宣传政策并征求意见、确定应诉企业、确定委托律师等前期程序。只有明确有人支付应诉费后，应诉工作才真正开始启动。因此，如果能够组织一个反倾销应诉基金会，将会大大提高应诉效率。由于我国现行招标商品基本上是有偿使用的，出口配额使用费的金额巨大，建议每年拿出1%~2%作为相关部门专门用来支付反倾销的应诉费用。事实上，我国已设立了中央对外贸易发展基金，但商会没有基金使用主动权，只能靠政府下拨使用。因此，应给予有关商会自主掌握合理应诉基金的权力，一旦接到反倾销调查，立即选聘律师，通知所有相关企业准备材料，进行有理、有据、有节的答辩；不再要求企业先出资后答辩，相信相关企业都会踊跃应诉。如果反倾销应诉败诉，则所有应诉费用从基金中列支；如果胜诉，有关商会可根据情况，确定年度配额数量，由应诉企业有偿使用，可采用协议招标方式分配。

（4）聘请中外律师共同办案，提高应诉效率

由于中国律师对反倾销规则了解不深、办理反倾销应诉案件的经验不足，以及各国司法权等问题，聘请国外优秀律师成了反倾销应诉不可缺少的条件，但是我们也应该认识到中国律师的优点，比如他们一般都比较了解中国企业，便于与企业进行沟通等。因此，可以聘请中外律师共同办案，互为补充、取长补短，提高应诉效率。

（5）争取分别裁决待遇，甚至是市场经济地位。

国外的替代国方法具有歧视性、不可预见性和任意性，严重地扭曲了我国企业的实际生产及销售情况。因此我国企业应该按世界贸易组织的规则努力争取市场经济地位，至少应该争取分别裁决待遇。当然，由于西方国家企图用反倾销来扼制我国的对外贸易，我国很难在短时期内取得市场经济地位，但目前许多国家已经承认我国是市场经济或市场经济转型国家，因此如果我国企业能够提供充分证据，取得分别裁决还是比较容易实现的。

（6）积极选择有利于我方的替代国。

替代国是计算我国产品正常价值的基础，而在一个案件中往往有多个备选替代国，按不同的替代国计算的正常价值差别很大，也直接影响倾销幅度的大小。因此，我方应诉小组在美国商务部调查前或调查中，应尽可能地多收集有关商品生产国或出口国的资料和数据，积极选择对我国有利的第三国，并主动向美国商务部建议用该第三国作为我们的替代国。如果有确凿证据，成功的可能性极大。

（7）争取无损害结案。

外国当地产业提起反倾销申请的一个主要原因是受到来自中国产品的潜在威胁。如果我们能够证明我国产品不会对外国市场形成冲击，不可能对当地同类产品的产业造成损害或损害威胁，就有可能获得无损害结案。如果我国产品的确会对该国产业构成损害威胁，那么我们就应该主动与对方协商，承诺出口数量和出口价格，让对方主动撤诉。

（8）加强人才建设。

人才尤其是优秀人才奇缺是我国反倾销面临的一个突出问题，因此要加强产业安全方面的宣传、培训和国际交流，在政府和企业里加速培养一大批精通世贸规则的高级专门人才，特别是培养从事反倾销、反补贴、保障措施调查和应诉的高级人才。

（9）企业要建立完善的管理体制及符合国际要求的财务制度。

反倾销调查问卷要求提供调查期内详尽的相关数据，涉及面广，甚至会要求提供每一张发票。只有具有完善的管理体制和财务制度的企业才可能及时提供如此详

细的资料。否则按各国反倾销调查程序规定的时间限制，很容易耽误应诉资料的提交。而且企业财务制度必须符合国际会计标准，这样我们的财务资料才会被国外法庭接受。

（10）加强反倾销案例研究，积累应诉经验。

虽然我国的反倾销研究尚处于起步阶段，但国际反倾销已有上百年的历史，因此一方面可以从我国遭遇的反倾销实践中积累应诉经验，另一方面可以借鉴国外成功的案例，进行研究，加快我国反倾销及应诉研究。

（11）要有长期的思想准备。

中国果汁企业在这次反倾销应诉中取得了较好成绩，但这并不表明从此就可以高枕无忧。按照国际惯例，反倾销裁定征税有效期为 5 年，但在这期间及 5 年以后双方仍可以根据新出现的情况申请复审，以确定新的税率。因此企业要有长期的思想准备，在提高产品的档次和附加值上下功夫，以减少国外的反倾销困扰。政府应采取必要的行政措施，限制低价苹果汁出口，同时引导企业提高产品质量，拓宽信息和销售渠道。

案例四　美国对中国大蒜征收反倾销税案例分析

一、案例介绍

2008 年 1 月 2 日，美国商务部对原产于中国的新鲜大蒜采取普遍税率 376. 67%的反倾销措施。

大蒜是我国农产品出口的主项之一，年产量 600 万吨左右，其中一半产自山东，仅济南就有七八家专营大蒜出口的企业。近年来，中国大蒜屡屡遭遇进口国不合理的反倾销，目前已有美国、加拿大、南非、巴西、墨西哥等国家对我国大蒜实行高反倾销税，严重影响了我国大蒜的正常出口。

美国对中国大蒜的反倾销始于 1994 年 2 月。在以美国大蒜协会为主导的起诉商对中国大蒜提出反倾销诉讼后，美国商务部于 1994 年 2 月对原产于中国的新鲜大蒜进行反倾销立案调查。1994 年 9 月 26 日，美国商务部做出终裁，对中国出口的大蒜普遍税率为 376. 67%；1994 年 11 月 16 日，美国商务部针对中国大蒜正式在联邦通告上发布反倾销令。

根据美国相关法规，反倾销令颁布后每满一周年为一轮行政复审的复审期，大蒜产品的复审期即为每年 11 月到下一年 10 月。美国对反倾销税的征收采用回溯课征的方式。在每一个复审年度美国商务部均可以根据当事人的申请，对前 12 个月的进口进行审核，以确定一个准确的税率来清算上一轮的反倾销税，并据此向进口商预征下一轮的倾销税保证金，这也就是所谓的年度行政复审制度。

纵观近几年大蒜反倾销终裁加权平均税率，我们可以很直观地看出税率的递增预示着这种贸易保护趋势的抬头。

反倾销税率（或倾销幅度）与替代财务比率成正比关系：财务比率越高，反倾销税率越高。在第 11 轮、12 轮复审中，美国商务部采用的财务比率替代数据来自印度的一家茶叶公司——LIMTEX 的报表，这家公司的综合财务替代比率数值约为 11%。而在第 13 轮终裁的财务比率计算过程中，美国商务部加入了印度 TATA TEA 与 ADF 公司的报表数据（这两家公司的综合财务替代比率数值分别为 131% 和 90%），并采用三家公司的平均值，导致综合财务替代比率升至77%，比前两轮高出了 66%。这是自中国出口商应诉美国大蒜反倾销以来的最高的财务比率数据。

需要说明的是：TATA TEA 是一个集团公司，主要生产绿茶、黑茶、速溶茶、咖啡等产品，有自己的种植农场，它的分公司遍布全球，依靠品牌优势，销售金额及利润在印度全国名列前茅；ADF 是生产速冻蔬菜和罐头的集团公司，主要产品有速冻洋葱、土豆、菠菜、水果罐头等。

美国商务部曾在连续多轮的大蒜反倾销复审中拒绝使用 TATA TEA 公司的财务比率数据，理由是 TATA TEA 公司生产速溶茶，而速溶茶的生产与大蒜加工没有可比性。然而，到了第 13 轮复审，正值美国的经济危机时期，在此形势下，美国商务部断然使用自己以前否决的相对很高的替代财务比率数据，蓄意提高中国大蒜的反倾销税率，其贸易保护的操作痕迹非常明显。

自 1994 年美国对我国大蒜提出反倾销，许多国家都开始不同程度地对我国大蒜出口采取反倾销措施。1995 年，巴西贸易保护部门对中国大蒜实行反倾销措施，对每箱 10 千克装的蒜头另征 4 美元的关税。1999 年，韩国因中国大蒜进口量激增而采取了临时保障措施。2000 年，南非对中国大蒜采取反倾销措施，对来自中国的大蒜征收 6.07 兰特/千克的反倾销税。2006 年 2 月 15 日至 5 月 1 日，加拿大对从中国进口的新鲜或冷冻大蒜征收反倾销税。在印度，大蒜是限制进口商品，每年只允许进口 1.5 万至 2 万吨。2003 年 1 月，印度取消大蒜进口数量限制，但将大蒜进口关税从 30%提高到 100%。泰国对包括大蒜在内的多种农产品实行关税配额管理，在配额内实行低关税，在配额外实行高关税。

二、美国及其他国家对我国大蒜提出反倾销的原因

1. 内部原因

（1）大蒜出口存在的问题。

①企业规模小、行业自律性差、大蒜出口无序竞争。

山东省农产品出口企业普遍规模小，竞争力弱。同时由于农产品出口行业的行业协会发展落后、组织化程度低，众多小企业单独进入国际市场，不仅抵御市场风险和突破贸易壁垒能力差，而且出现竞相压价的现象，使得其他国家的相关企业无

法承受这种价格竞争，纷纷向本国提出对来自我国的产品展开反倾销调查。这是导致其他国家对我国产品征收反倾销税的一个直接原因。

2008年，冷藏大蒜总量仍然维持在280万吨左右。一些具有出口能力的保鲜企业接受了上年的教训，为减少风险，进入冷藏蒜销售期，首先出售自己贮藏的大蒜。而既无国外客商，又无国内销路的保鲜企业通过降低销售价格来显示自己的优势，从而出现了无序竞争、低价竞销的局面，也决定了大蒜总体价格下滑的趋势，虽然有利于大蒜销售，但价格过低，为他国采取反倾销带来可能。巴西、美国、加拿大等国多次对我国大蒜进行反倾销。

②出口结构不合理。

长期以来，金乡大蒜出口以蒜头为主，极少出口其他蒜产品。深加工产品，如蒜粉、蒜片、蒜粒、蒜米等出口量不大，特别是科技含量较高的蒜汁饮料、蒜素微胶囊等仅有少数企业出口，且出口量较小。2007年，金乡出口蒜头65.6万吨，同比增1倍，但出口平均价格为每吨342美元，较去年同期下降7.6%。

随着人们越来越重视生活质量的改善和提高，大蒜深加工产品的需求量以每年20%的速度递增，且需求层次呈现多样化。蒜汁饮料、蒜素微胶囊等产品有着广阔的市场空间。目前出口到国外的金乡蒜头，经过进一步的深加工，身价倍增，然后才以各种产品形式进入市场销售。由此可见，金乡大蒜单一的出口结构使其损失了很大一部分利润空间。

③缺乏品牌建设。

山东省农产品出口虽然整体规模不断扩大，但由于品牌建设和品牌保护不利，缺乏在国际市场上知名的农产品品牌。

从国内市场来说，我国农产品零售交易主要发生在城市交易市场，在长期的经营意识中形成“重数量、轻质量”的思想，加之传统的单个家庭的生产方式的影响，对农产品的生产者来说，缺少工厂观念熏陶，品牌意识很淡薄。这种落后的观念不仅影响了国内农产品的销售，形成难卖的局面，而且影响到我国农产品的外销，造成很大的经济损失，现在已经影响到我国农产品的国际竞争实力。如山东蔬菜的出口量大且质量很好，大部分出口到日本、韩国，但在国外市场上很难看到中国山东标识的蔬菜，我们只能给国外商人提供初级产品，然后贴上他们的商标销售。在农产品的宣传上，我国企业更是使用老套的做法，只突出地域特色，而不突出品牌形象。

（2）我国并未全面取得市场经济国家待遇。

一些国家在反倾销调查过程中，采取歧视性政策，视中国为非市场经济国家，用不合理的替代国价格比较办法来衡量中国产品是否倾销。例如：在对中国产蘑菇的反倾销调查中，美国商务部选用印度尼西亚为替代国。印尼的蘑菇是在空调条件下生长，二者的生产成本绝对不同。但美国商务部拒绝从印尼的生产成本中扣除空调费用，因而裁定中国蘑菇倾销，使中国企业蒙受不白之冤。

（3）大多数企业应诉不积极。

我国企业在应诉反倾销时经常表现不积极，其原因主要有：①有的担心无力承担昂贵的应诉成本。我国以经营农产品为主的小生产型企业占大多数，农产品规模小，利润率低，即使愿意应诉，也是心有余而力不足。②有的不重视受到反倾销调查的市场。因为我国农产品在外销时价格偏低，有的企业不重视受到调查的市场，认为没有这个市场还可以去别的市场，就是因为这样，才会轻而易举地被别人抓住把柄。③有的期望借助其他企业的应诉保住自己的出口市场，坐享其成。

2. 外部原因

（1）反倾销国家不断增多，反倾销已成为贸易保护主义排挤他国的常用武器。

20 世纪 90 年代，对我国农产品实施反倾销主要集中在美国、欧盟等发达国家和地区。近年来，一些发展中国家，比如巴西，也对我国农产品实施反倾销。其原因主要有两个方面：第一，我国某一出口农产品在国外遭到反倾销指控后，其他国家担心这一中国商品会大量向其涌入，因而也采用反倾销指控进行预防；第二，某一农产品受到反倾销指控后，会助长对我国其他农产品的反倾销。

（2）保护主义的抬头和农产品的重要地位。

近年来，西方发达国家贸易逆差不断上升，导致许多发达国家大幅增加农业补贴和提高农产品进口税。我国一些具有比较优势的农产品出口大幅增长，许多国家担心我国农产品会冲击其国内市场。为了保护本国的农业，一些国家对我国出口的农产品实施反倾销政策。

大蒜作为农产品在国民经济中占有十分重要地位，而农产品历来都受各国高度保护。在传统的国际贸易格局中，世界各主要农产品的进口国和出口国大多保持着较高的农业保护率。

三、应对反倾销的对策

目前，我国农业和农产品面临的主要问题是竞争力较弱，通过扩大出口可以更好地发挥农业的比较优势，形成一批有竞争力的出口农产品，从而巩固农业的发展基础，提高农产品的综合竞争力水平。

（1）加大对新产品特别是高附加值产品的开发力度。

目前，山东大蒜出口品种主要是原蒜，加工也只是停留在腌制、切片、烘干等简单加工上，附加值低。而大蒜深加工产品不仅在国际市场上卖价较高，而且能转化掉更多的原蒜。据测算，每生产 1 吨大蒜油可消耗 300~400 吨鲜蒜；每提取 1 吨大蒜素粉可消耗 5 吨鲜蒜，以每吨鲜蒜 1 500 元计算，除去各种成本，每吨大蒜素粉在国内市场上的净利润在 20 万元左右，在国际市场中的利润空间更大，市场潜力也更大。据专家估计，面对并不宽松的国际市场环境，原蒜市场进一步开拓的潜力已经不大。所以作为大蒜生产大省的山东，应引进先进技术设备，积极引导企业开展蒜素、蒜粉等制品的加工出口，促进大蒜深加工、高附加值产品的发展，尽快走出增产不增收的困境。

（2）重点培育一批农产品出口龙头企业。

政府要支持出口农产品龙头企业发展，重点扶持和培育一批技术装备水平高、国际竞争力强、出口规模大、效益好的农产品出口龙头企业。

（3）强化主体意识，提高应诉能力。

一方面，当我国农产品在国外被诉倾销时，企业要积极应诉，认真回答外方提出的问题。另一方面，企业在积极应诉的同时，要协同作战，但应避免由行业协会统一协调反倾销应诉。由行业协会统一应诉，无形中给外国的反倾销调查部门造成这样一种假象：中国农产品出口企业都相互通气，价格和成本也是互通的，所以只能征收单一的反倾销税。

（4）健全反倾销预警机制。

依托行业协会及主管部门，尽快建立重要农产品的数量、价格监测系统，争取产业保护的主动权，发现有削价销售和对某一市场出口大幅增加时，要发出警报。从以往反倾销案中，我们发现，进口国提起反倾销都会有一个过程。因此，我国可依托行业协会及主管部门建立一个反倾销预警机制，以及时了解对方的动向，并做出调整，加强宣传引导，防范和应对各种危机，尽量在最短的时间内解决问题，将各种损失的可能降到最小。

（5）加快发展大蒜行业协会，充分发挥行业协会的积极作用。

如何培育更市场化的非政府组织，是目前政府的当务之急。而且农产品的合作经济组织与其他领域相比，面对的是散、弱的农户和涉农企业。它们具有弱质性和公益性的特点，想要得到发展更离不开政府诸多方面的支持。山东省应采取切实有效的措施，鼓励现有的大蒜协会及其他一些组织机构逐步发展完善，并进一步提高组织化程度，提高参与国内外市场竞争的能力。此外，要加强山东省大蒜经济信息网络建设，促进国内外大蒜市场信息的综合和发布工作，及时提供国内外大蒜市场供求和价格等动态信息。

参考文献

[1] 石敏俊，吴子平，陈志钢，等. 食品安全、绿色壁垒与农产品贸易争端——发达国家食品安全管理与贸易争端解决的经验 [M]. 北京：中国农业出版社，2005.

[2] 王世平. 食品标准与法规 [M]. 北京：科学出版社，2010.

[3] 蔡珍贵. WTO 时代的国际贸易新壁垒研究 [M]. 北京：中国市场出版社，2007.

[4] 郭波. 新贸易壁垒论 [M]. 北京：中国经济出版社，2008.

[5] 曲如晓. WTO 框架下的贸易壁垒及应对机制研究 [M]. 北京：北京师范大学出版社，2010.

[6] 邵继勇. 食品安全与国际贸易 [M]. 北京：化学工业出版社，2006.

[7] 朱钟棣. 合规性贸易壁垒的应对和应用研究 [M]. 北京：人民出版社，2007.

[8] 鲁丹萍. 国际贸易壁垒战略研究 [M]. 北京：人民出版社，2006.

[9] 朱于勤，姜茹娇. 世界贸易组织 WTO 法律规则 [M]. 北京：中国政法大学出版社，2000.

[10] 王金南. 绿色壁垒与国际贸易 [M]. 北京：中国环境科学出版社，2003.

[11] 林国华，林卿，王庆. 农产品贸易应对绿色贸易壁垒研究 [M]. 北京：中国环境科学出版社，2011.

[12] 艾志录，鲁茂林. 食品标准与法规 [M]. 南京：东南大学出版社，2006.

[13] 李红，张天，成斌，等. 食品安全政策与标准 [M]. 北京：中国商业出版社，2012.

［14］张建新，陈宗道．食品标准与法规［M］．北京：中国轻工业出版社，2006.

［15］钱和．HACCP 原理与实施［M］．北京：中国轻工业出版社，2006.

［16］秦富，王秀清，辛贤，等．欧美食品安全体系研究［M］．北京：中国农业出版社，2003.

［17］镇咸辉．浅析我国外贸企业应对“反倾销”的策略［J］．中南民族大学学报（人文社会科学版），2006（S1）：162-163.

［18］林云华．中国企业：如何应对加拿大反倾销法的挑战［J］．当代经济，2004（7）：81-82.

［19］刘静．欧盟反倾销法及我国的应对策略［J］．法律适用，2001（8）：19-23.

［20］刘颖，李民．对我国反倾销法程序问题的探析［J］．经济师，2004（1）：69-70.

［21］谢玉梅，陈晓红．食品贸易法规政策解析［M］．北京：化学工业出版社，2007.

［22］陈亚平．国际农产品贸易绿色壁垒法律规制研究［J］．江西社会科学，2010（4）：23-27.

［23］郭文慧．我国应对农产品出口技术性贸易壁垒的策略［J］．黑龙江对外经贸，2011（3）：14-15.

［24］王菁．欧美食品领域技术性贸易壁垒体系的特点与发展趋势［J］．中国食物与营养，2009（10）：27-29.

［25］全毅．浅析美国食品技术性贸易壁垒体系［J］．世界经济与政治论坛，2006（1）：54-59.

［26］王漫淳．后危机时代技术性贸易壁垒的新特点及其应对措施［J］．技术与市场，2011（2）：83.

［27］林伟，黄冠胜，王力舟，等．美国食品安全技术性贸易措施体系解析［J］．中国标准化，2006（8）：12-13.

［28］孟雨，张博源．与食品安全相关的绿色壁垒法律问题研究［J］．中国卫生法制，2011（2）：18-22.

［29］张雪莹，王殿华．食品安全视角：技术性贸易壁垒对我国食品出口的影响［J］．现代财经，2011（1）：45-48.

［30］郭春晖．浅析国际贸易中的绿色壁垒［J］．北京石油管理干部学院学报，2011（1）：31-34.

［31］厉国，林祥田．中美食品安全标准体系建设的比较研究［J］．中国卫生监督杂志，2010（5）：434-438.

［32］董新昕．小标签背后的大问题——应对美国食品营养标签技术壁垒分析

[J]. WTO 经济导刊，2004 (12)：83-84.

[33] 席兴军，刘俊华，刘文. 美国食品安全技术法规及标准体系的现状与特点 [J]. 标准科学，2006 (4)：18-20.

[34] 李耘，陈晨. 美国《食品质量保护法》推动风险评估技术走向透析 [J]. 农业质量标准，2008 (1)：48-51.

[35] 杨晓云，黄福高. 中美贸易视角下食品安全标准对中国农业食品出口的影响 [J]. 世界农业，2011 (9)：31-32.

[36] John Eldred. 美国食品添加剂法规及食品制成品的进口和市场销售的规定 [J]. 中国食品添加剂，2004 (4)：1-5.

[37] 戴芬，袁玉伟，杨桂玲，等. 美国食品安全进口预警概述及对我国的借鉴 [J]. 浙江农业科学，2010 (6)：1173-1177.

[38] 李克强. 浅谈美国食品安全监管体系 [J]. 淮海工学院学报（人文社会科学版），2011 (12)：77-78.

[39] 杨明亮，刘进. 美国食品安全体系中存在的弊端及改革动向 [J]. 中国卫生法制，2005 (3)：13-15.

[40] 陈孟裕，江山宁，翁志平. 美国食品安全体系构成特点及对我国的启示 [J]. 检验检疫科学，2007 (4)：31-32.

[41] 陈锐，张凤，吴勇卫，等. 美国食品安全监督管理现状 [J]. 中国卫生监督杂志，2011 (1)：64-69.

[42] 王玉娟. 美国食品安全法律体系和监管体系. 经营与管理 [J]，2010 (6)：57-58.

[43] 赵平，吴彬. 美国食品安全监管体系解析 [J]. 郑州航空工业管理学院学报，2009 (15)：101-104.

[44] 刘雯，方晓阳. 美国食品安全监管体系 [J]. 安徽医药，2005 (1)：57-58.

[45] 赵维田. 绿色壁垒抑或绿色通途——解读《TBT 协定》基本规则 [J]. 国际贸易，2004 (5)：39-44.

[46] 林森. WTO/TBT 协定与我国技术法规体系建设 [J]. 国际商务（对外经济贸易大学学报），2008 (1)：86-91.

[47] 杨松，张蓉. WTO/SPS 协定与食品安全 [J]. 中国卫生标准管理，2010 (1)：55-56.

[48] 沈国兵. 中美贸易平衡问题研究 [M]. 北京：中国财政经济出版社，2007.

[49] 马尔萨斯. 人口原理 [M]. 北京：商务印书馆，1996.

[50] 田素华，尹翔硕. 论经济增长过程中的要素约束与发展对外贸易 [J]. 复旦学报（社会科学版），2006 (2)：61-67.

[51] 冈德森. 美国经济史新编 [M]. 北京：商务印书馆，1994.

[52] 韩擎，杨斐然. 从产业结构看中美贸易摩擦的特征、原因及趋势 [J]. 改革与开放，2004 (2)：25-27.

[53] 侯秀兰. 地理环境与国际贸易的相关分析 [J]. 图书情况导刊，2004 (8)：81-82.

[54] 何倩，徐立清. 发展有机食品，促进农业持续发展 [J]. 商场现代化，2006 (10)：268-269.

[55] 周其琦，张国林. 比较优势理论在中国现阶段的适用性实证 [J]. 西南政法大学学报，2007 (3)：80-81.

[56] 王孝存，刘厚俊. 国外应对技术性贸易壁垒的最新实践及对我国的启示 [J]. 南京社会科学，2003 (5)：1-8.

[57] 赛妍妍. 技术性贸易壁垒对我国农产品出口的影响 [J]. 对外经贸实务，2007 (10)：63-65.

[58] 李卫东，刘志英. 美国食品安全管理体系及其对我国的启示 [J]. 江西食品工业，2009 (2)：45-49.

[59] 戴芬，袁玉伟，杨桂玲，等. 人工添加剂对我国食品出口的影响 [J]. 浙江农业科学，2010 (6)：1173-1177.

[60] 李红霞. 广东食品出口遭遇美国技术性贸易壁垒问题分析 [J]. 农产品贸易，2010 (6)：63-65.

[61] 徐立青，刘小丽. 人工添加剂对我国食品出口的影响 [J]. 江南大学学报，2013 (1)：117-123.

[62] 韩可卫. 美国技术性贸易壁垒的典范 [J]. 企业改革与管理，2005 (11)：68-69.

[63] 周建华. 外贸出口预警机制的建立与行业协会 [J]. 国际贸易问题，2005 (2)：26-28.

[64] 夏友富. 技术性贸易壁垒体系与当代国际贸易 [J]. 中国工业经济，2001 (5)：14-20.

[65] 李春顶. 技术性贸易壁垒对出口国的经济效应综合分析 [J]. 国际贸易问题，2005 (7)：74-79.

[66] 杭争. 技术性贸易壁垒对我国对外贸易的影响及对策 [J]. 国际贸易问题，2003 (2)：35-37.

[67] 郑燕燕，康丽蓉. 我国食品安全现状分析 [J]. 经济管理，2010 (1)：92-93.

[68] 徐晓新. 中国食品安全：问题、成因、对策 [J]. 农业经济问题，2002 (10)：45-48.

[69] 黄浩，周清杰. 食品市场中的市场失灵与政府规制 [J]. 河南商业高等专

科学校学报，2007（2）：28-30.

[70] 谢敏．从市场失灵角度对食品安全问题的分析［J］．消费经济，2007（6）：72-75.

[71] 程启智，李光德．食品安全卫生社会性规制变迁的特征分析［J］．山西财经大学学报，2004（3）：42-47.

[72] 韩沛新．农产品质量安全认证体系的经济学意义［J］．农业质量标准，2004（3）：35-37.

[73] 晏绍庆，康俊生，秦玉青，等．国内外食品安全信息预报预警系统的建设现状［J］．现代食品科技，2007（12）：63-66.

[74] 唐晓存．多视角下的食品安全预警体系［J］．中国软科学，2008（6）：150-160.

[75] 胡慧希，季任天．我国食品安全预警系统的完善［J］．食品工业科技，2008（3）：252-256.

[76] 许世卫，李志强，李哲敏，等．农产品质量安全与预警类别分析［J］．中国科技论坛，2009（1）：102-106.

[77] 曹孝斌，张建．现代科技革命与我国食品安全问题［J］．中国西部科技，2009，8（2）：23-24.

[78] 唐晓纯．食品安全预警理论、方法与应用［M］．北京：中国轻工业出版社，2008.

[79] 张守文．当前我国围绕食品安全内涵及相关立法的研究热点［J］．食品科技，2005（9）：10.

[80] 王秀清，孙云峰．我国食品市场上的质量信号问题［J］．中国农村经济，2002（5）：35-36.

[81] 周应恒．现代食品安全与管理［M］．北京：经济管理出版社，2008.

[82] 许建军，周若兰．美国食品安全预警体系及其对我国的启示［J］．世界标准化与质量管理，2008（3）：47-49.

[83] 武力．从“农田到餐桌”的食品安全风险评价研究［J］．食品工业科技，2010（9）：304-327.

[84] 杨丽．美国食品安全风险分析与评价［J］．中国食物与营养，2005（1）：15-18.

[85] 季任天，赵素华，王明卓．食品安全预警系统框架的构建［J］．中国渔业经济，2008（26）：61-65.

[86] 高向勇．我国绿色食品出口中的信息不对称问题研究［D］．杭州：浙江大学，2003.

[87] 张荣鼎，朱晓勤．国际贸易中的“技术壁垒”［J］．国际贸易问题，1995（6）：16-18.

［88］柯大钢，冯宗宪. 技术壁垒及其跨越方式［J］. 西安交通大学学报（社会科学版），1999（3）：9-12.

［89］王志明，袁建新. 技术性贸易壁垒的影响及中国的对策［J］. 世界经济，2003（7）：31-34.

［90］张小蒂，李晓钟. 影响比较优势转化为竞争优势的主要因素分析［J］. 数量经济技术经济研究，2003（8）：78-81.

［91］张小蒂，李晓钟. 中国绿色食品贸易中的信息障碍及其化解的制度安排［J］. 学术月刊，2005（11）：35-44.

［92］李晓钟，张小蒂. 我国绿色食品出口贸易中存在的问题及对策探析［J］. 生态经济，2007（12）：82-86.

［93］苏方宁，刘竞波，李杨. 我国出口食品技术性贸易壁垒及应对策略［J］. 食品与药品，2007（12）：68-71.

［94］朱玉春. 我国绿色食品发展中存在的问题及对策［J］. 农业现代化研究，2002（5）：365-368.

［95］李晓钟. 产业比较优势动态性的实证分析［J］. 国际贸易问题，2004（7）：17-20.

［96］刘志雄，董运来，何忠伟. 我国食品加工业的国际比较及发展趋势研究［J］. 世界农业，2009（1）：28-31.

［97］谢瑾岚. 中国绿色食品发展现状与趋势展望［J］. 中国食物与营养. 2006（8）：61-64.

［98］王琳. 我国绿色食品国际竞争力探析［J］. 商业经济，2007（10）：7-8.

［99］陆婧，安玉发. 美国有机食品市场现状分析［J］. 中国农业信息，2008（5）：41-44.

［100］屈小博，霍学喜. 我国农产品出口结构与竞争力的实证分析［J］. 农业经济导刊，2007（6）：130-136.

［101］高松. 消除贸易壁垒，促进我国食品出口［J］. 财经分析，2009（2）：24-25.

［102］孙泽生，阮尹，惠丰廷，等. 中小企业应对技术性贸易壁垒的对策研究框架［J］. 财贸研究，2006（2）：12-15.

［103］王志明，袁建新. 技术性贸易壁垒的影响及中国的对策［J］. 世界经济，2003（7）：31-34.

［104］王仲辉，黄亦薇. 从食品贸易争端看我国行业协会作用的缺失和对策［J］. 工业技术经济，2008（3）：8-10.

［105］翁东玲. 我国企业在应对技术性贸易壁垒中存在的问题与对策［J］. 亚太经济，2006（4）：50-54.

［106］吴秀敏，林坚. 技术性贸易壁垒对中国农产品出口的消极影响分析［J］.

国际贸易问题，2006（1）：96-98.

［107］肖利华. 中国主要水产品出口国的技术性贸易壁垒浅析［J］. 农业经济与管理，2006（4）：2-6.

［108］杨波. 技术性贸易壁垒成因：博弈与实证分析［J］. 世界经济研究，2007（10）：41-47.

［109］张海东. 技术性贸易壁垒形成机制的经济学分析［J］. 财贸经济，2004（3）：61-65.

［110］周锦秀. 非关税壁垒的重要形式——中国农产品及食品出口受阻的技术壁垒分析［J］. 国际贸易，2005（5）：16-19.

附表

表 1　　　　美国食品中农药残留限量查询

序号	农兽药名称	食品名称	限量要求	使用限制及备注	生效日期
1	(Z) -11-十六醛	见备注	见备注	当引诱剂用于洋蓟控制洋蓟羽毛蛾时，杀虫剂（信息素）(Z) -11-十六醛残留容已经建立豁免	Apr. 7，1982
2	(Z) -7，8-环氧-2-甲基十八烷	见备注	见备注	当 (Z) -7，8-环氧-2-甲基十八烷（舞毒蛾性引诱剂）用于处理树、灌木和牧场，且造成对非预定目标（包括非食品、食品和饲料作物）的无意喷溅和冲洗时，其残留容许量豁免	Jun. 13，2008
3	1，1 -双（4 氯苯基）- 2，2，2 -三氯	灰胡桃	0. 1 ppm	残留物：Tolerances are established for residues of the insecticide dicofol，including its metabolites and degradates，in or on the commodities. Compliance with the tolerance levels specified is to be determined by measuring only dicofol as the sum of its p，p-dicofol and o，p-dicofol isomers	Sept. 26，2012
4	1，3-二氯丙烯	葡萄	0. 018 ppm	残留物：1，3-二氯丙烯反式-和顺式 -1，3-二氯丙烯及其代谢物反式-和顺式 -3-氯丙烯酸，和反式-和顺式-3-氯烯丙基酒精的残留容许量	Feb. 13，2008
5	1，4-二甲基萘	见备注	见备注	An exemption from the requirement of a tolerance is established for the residues of the plant growth regulator，1，4-dimethylnaphthalene（1，4-DMN），when applied postharvest to all sprouting root，tuber，and bulb crops in accordance with good agricultural practices.	Nov. 16，2012
6	1-甲基环丙烯	见备注	见备注	水果和蔬菜上 1-甲基环丙烯残留容许量豁免	Apr. 9，2008
7	1-萘乙酸	鳄梨	0. 05 ppm	Residue：Tolerances are established for the residues of 1-naphthaleneacetic acid，including its metabolites and degradates in or on the commodities . Compliance with the tolerance levels specified is to be determined by measuring only 1-naphthaleneacetic acid and its conjugates，calculated as the Stoichiometric equivalent of 1-naphthaleneacetic acid	May 22，2013
8	2-（硫氰酸甲基巯基）苯并噻唑	大麦谷粒	0. 1（N）ppm	残留物：2-（硫氰酸甲基巯基）苯并噻唑	Sept. 9，2009

表1（续）

序号	农兽药名称	食品名称	限量要求	使用限制及备注	生效日期
9	2，2，5-三甲基-3-二氯乙酰基-1，3-恶唑烷	见备注	见备注	当作为除草剂S-乙基二丙基硫代氨基甲酸酯、S-丙基二丙基硫代氨基甲酸酯和S-乙基二异丁基硫代氨基甲酸酯中的惰性成分，且最大用量为每英亩（1英亩≈0.4047公顷）0.5磅惰性成分，用于未出土的玉米植物时，2，2，5-三甲基-3-二氯乙酰基-1，3-恶唑烷残留容许量豁免	Aug. 1，1980
10	2，2-Dimethyl-1，3-benzodioxol-4-ol methylcarbamate	见备注	见备注	The insecticide 2，2-dimethyl-1，3-benzodioxol-4-yl methylcarbamate may be safely used in spot and/or crack and crevice treatments in animal feed handling establishments，including feed manufacturing and processing establishments，such as stores，supermarkets，dairies，meat slaughtering and packing plants，and canneries until the tolerance expiration/revocation date of April 26，2005.	Sept. 29，2004
11	2，4-滴	甜玉米秣草	50ppm	残留物：2，4-D，including its metabolites and degradates. Compliance with the tolerance levels is to be determined by measuring residues of 2，4-D（2，4-dichlorophenoxyacetic acid），both free and conjugated，determined as the acid	Sept. 9，2011
12	2，4-二硝基-6-辛基苯基丁烯酸酯和2，6-二甲基-4-辛基苯基丁烯酸酯	苹果	0.1 ppm	2002年10月24日在美国未有苹果和葡萄上使用的注册。残留物：2，4-二硝基-6-辛基苯基丁烯酸酯和2，6-二甲基-4-辛基苯基丁烯酸酯的混合物的合并可忽略残留容许量	Jul. 23，2004
13	2，6-Diisopropylnaphthalene（2，6-DIPN）	马铃薯湿皮	6 ppm	残留物：生长抑制剂2，6-DIPN及其代谢物和降解物的残留限量，仅检测2，6-Diisopropylnaphthalene的残留限量	Jun. 1，2012
14	2，6-二甲基十三烷基吗啉	香蕉	1 ppm	在美国没有注册。残留物：2，6-二甲基十三烷基吗啉	Sept. 24，2008
15	2-［4，5-二氢-4-甲基-4-（1-甲乙烷基）-5-氧-1H-咪唑-2-基］-3-喹啉羧基酸	大豆种子	0.05 ppm	残留物：2-［4，5-二氢-4-甲基-4-（1-甲乙烷基）-5-氧-1H-咪唑-2-基］-3-喹啉羧基酸	Apr. 2，1986
16	2-氨基-4，5-二氢-6-甲基-4-丙基-s-三唑酮（1，5-α）吡啶-5-酮	见备注	见备注	当作为催吐剂，在百草枯二氯化合物中含量不超过0.3%时，惰性成分2-氨基-4，5-二氢-6-甲基-4-丙基-s-三唑酮（1，5-α）吡啶-5-酮容许量豁免。获得豁免的另一个限制是这一成分不能宣传为催吐剂，百草枯也不能由于含有这种惰性成分以任何方式宣传	Aug. 10，2005
17	3，7，11-三甲基-1，6，10-十二碳三烯-1-醇和3，7，11-三甲基-2，6，10-十二碳三烯-3-醇	见备注	见备注	含活性成分3，7，11-三甲基-1，6，10-十二碳三烯-1-醇和3，7，11-三甲基-2，6，10-十二碳三烯-3-醇的昆虫信息素在所有初级农产品内/表残留容许量豁免	Aug. 5，1987
18	3-decen-2-one	见备注	见备注	An exemption from the requirement of a tolerance is established for residues of the biochemical pesticide，3-decen-2-one，in or on potatoes when applied as a potato sprout inhibitor and used in accordance with label directions and good agricultural practices	Feb. 20，2013
19	3-氨基甲酰-2，4，5-三氯苯甲酸	见备注	见备注	直接将百菌清作用于§180.275（a）和（b）中提到的农作物产生残留或由于作用于§180.275（a）和（b）中的农作物由于百菌清的土壤代谢而出现无意残留，或当根据已获批准的农业操作规范使用，通过旋转庄稼而后被后续吸收时，3-氨基甲酰-2，4，5-三氯苯甲酸在所有初级农产品内/表残留容许量豁免	Jun. 10，1992
20	4-（2-甲基-4-氯苯氧基）丁酸	豌豆	0.1（N）ppm	残留物：4-（2-甲基-4-氯苯氧基）丁酸	Nov. 12，2008

表1(续)

序号	农兽药名称	食品名称	限量要求	使用限制及备注	生效日期
21	4-（二氯乙酰基）-1-氧-4-氮螺［4，5］癸烷	大田玉米草料	0.005 ppm	2002年6月17日未有在美国注册任何含4-（二氯乙酰基）-1-氧-4-氮螺［4，5］癸烷的产品。残留物：4-（二氯乙酰基）-1-氧-4-氮螺［4，5］癸烷	Jan. 29，2003
22	4-2，4-二氯苯氧基丁酸	紫花苜蓿草料	0.7 ppm	残留物：4-2，4-二氯苯氧基丁酸，由酸决定，在游离和结合态下的残留容许量	Sept. 9，2009
23	5- 5-乙氧基-3-三氯甲基-1，2，4-硫代二唑	大麦谷粒	0.1 ppm	残留物：5- 5-乙氧基-3-三氯甲基-1，2，4-硫代二唑及其代谢物-羧基-5-乙氧基-1，2，4-硫代二唑的残留容许量	Sept. 24，2008
24	5-硝基愈创木酚钠	见备注	见备注	当作为植物生长调节剂以0.1%的重量浓度在终端产品上使用，并以不超过20克每英亩的比率使用时，生化5-硝基愈创木酚钠在所有食品商品内/表残留容许量豁免	Nov. 3，2000
25	6-苄基腺嘌呤	见备注	见备注	当以每人每英亩≤182克活性成分的比率作用于苹果和梨，或以每季每英亩≤60克活性成分的比率作用于阿月浑子果实，生化植物调节剂6-苄基腺嘌呤在果实内/表残留容许量豁免	Mar. 21，2007
26	Alternariadestruens 菌株059	见备注	见备注	当根据标签说明，作用于所有初级农产品内或上时，微生物杀虫剂 Alternaria destruens 菌株059可豁免于容许量的要求	May 18，2005
27	Amisulbrom	葡萄	0.4 ppm	Tolerances are established for residues of the fungicide amisulbrom，including its metabolites and degradate. Compliance with the tolerance levels is to be determined by measuring only amisulbrom	Sept. 28，2011
28	Aureobasidium pullulans strains DSM 14940 and DSM 14941	见备注	见备注	当微生物农药 Aureobasidium pullulans strains DSM 14940 and DSM 14941 在作物采收前根据优良农业操作规范使用时，其在所有食品商品内/表的残留容许量豁免	Feb. 15，2012
29	Bacillus amyloliquefaciens strain D747	见备注	见备注	该微生物农药免除限量要求的条件是根据良好农业规范使用	Jan. 20，2012
30	Bacillus pumilus strain GHA 180	见备注	见备注	当农药 Bacillus pumilus strain GHA 180 根据优良农业操作规范使用时，其在所有食品商品内/表的残留容许量豁免	Mar. 30，2012
31	Bacillus pumilus strain QST 2808	见备注	见备注	An exemption from the requirement of a tolerance is established for residues of the microbial pesticide Bacillus pumilus strain QST 2808 when used in or on all agricultural commodities when applied/used in accordance with label directions	Nov. 3，2004
32	Bacillus subtilis strain CX-9060	见备注	见备注	An exemption from the requirement of a tolerance is established for residues of the microbial pesticide Bacillus subtilis strain CX-9060，in or on all food commodities，when applied or used in accordance with good agricultural practices	Jan. 11，2012
33	Bacteriophage of clavibacter michiganensis subspecies michiganens	见备注	见备注	An exemption from the requirement of a tolerance is established for residues of lytic bacteriophage of Clavibacter michiganensis subspecies michiganensis produced in Clavibacter michiganensis subspecies michiganensis in or on tomato when applied as a bactericide in accordance with good agricultural practices	Oct. 26，2011
34	Banda de Lupinus albus doce（BLAD）	见备注	见备注	An exemption from the requirement of a tolerance is established for the residues of Banda de Lupinus albus doce（BLAD），a naturally occurring polypeptide from the catabolism of a seed storage protein（β-conglutin）of sweet lupines（Lupinus albus），in or on all food commodities when applied as a fungicide and used in accordance with label directions and good agricultural practices	Mar. 22，2013

表1(续)

序号	农兽药名称	食品名称	限量要求	使用限制及备注	生效日期
35	C12-C18 脂肪酸钾盐	见备注	见备注	当根据优良农业操作规范使用时，C12-C18 脂肪酸（饱和的和不饱和的）钾在所有初级农产品内/表残留容许量豁免	Jul. 5，1995
36	C8、C10 和 C12 脂肪酸甘油单酯和脂肪酸丙二醇单酯	见备注	见备注	当根据获注册商标比率和优良农业操作规范使用时，C8、C10 和 C12 脂肪酸甘油单酯（单辛酸甘油酯、单葵酸甘油酯、单月桂酸甘油酯）和脂肪酸丙二醇单酯（单辛酸丙二醇酯、单葵酸丙二醇酯和单月桂酸丙二醇酯）在所有食品商品内部或表面的容许量豁免	Jun. 23，2004
37	Candida oleophila Strain O	见备注	见备注	微生物农药假丝酵母菌属酵母菌株 O，作为生物杀真菌剂用于采收后的苹果和梨时免除于残留限量	May 13，2009
38	Chenopodium ambrosioides near ambrosioides 萃取物	见备注	见备注	Chenopodium ambrosioides near ambrosioides 萃取物作为杀虫剂/杀螨剂用于所有食品时，免除于残留限量要求	Jan. 7，2009
39	Chlorethoxyfos	大田玉米草料	0.01 ppm	残留物：chlorethoxyfos，including its metabolites and degradates. Compliance with the tolerance levels specified is to be determined by measuring only chlorethoxyfos，O，O－diethyl O－（1，2，2，2-tetrachloroethyl）phosphorothioate	Apr. 27，2011
40	Chromobacterium subtsugae strain PRAA4-1T	见备注	见备注	An exemption from the requirement of a tolerance is established for residues of Chromobacterium subtsugae strain PRAA4-1T in or on all food commodities when applied as an insecticide or miticide and used in accordance with good agricultural practices	Sept. 7，2011
41	Codlure，（E，E）-8，10-十二碳二烯-1-醇	见备注	见备注	其使用应仅限于符合以下条件的 codlure 配方：（1）商品暴露应仅限于无意物理接触。药剂的设计必须排除由于其初级农产品组成，或与初级农产品接触过的商品生产的加工食品/饲料，或由于其物理大小而引起的任何污染。药剂的大小和结构需在使用时很容易地被识别。（2）药剂必须分散使用。例如，以一种不影响以后取回的方式放置于容易识别的不同位置。这一豁免并不适用于以广撒方式应用于小块农作物土地或独立植物的 codlure	Mar. 2，1994
42	Complex Polymeric Polyhydroxy Acids	见备注	见备注	An exemption from the requirement of a tolerance is established for the residues of complex polymeric polyhydroxy acids in or on all food commodities when applied as a plant growth regulator and used in accordance with good agricultural practices	Jul. 31，2013
43	Cyantraniliprole	杏仁外壳	8 ppm	Tolerances are established for the combined residues of the insecticide cyantraniliprole，3-bromo-1-（3-chloro-2-pyridinyl）-N-［4-cyano-2-methyl-6-［（methylamino）carbonyl］phenyl］-1H-pyrazole-5-carboxamide，including its metabolites and degradates，in or on commodities. Compliance with the tolerance levels specified is to be determined by measuring only cyantraniliprole	Feb. 5，2014
44	Cyprosulfamide	去皮带穗甜玉米棒	0.01 ppm	残留物：cyprosulfamide，N－［［4-［（环丙基氨基）碳酰基］苯基］磺酰基］-2-甲氧基苯甲酰胺	Oct. 15，2008
45	d-柠檬烯	见备注	见备注	（1）杀虫剂 d-柠檬烯可在食品或饲料处理公司的有害生物排斥桌布和排斥带上安全使用。（2）为确保安全使用杀虫剂，其标签和标注应与在美国环境保护署的注册相一致。其使用应遵照标签或标注	Sept. 21，2005
46	Eat－killed Burkholderia spp. strain A396 cells and spent fermentation media	见备注	见备注	An exemption from the requirement of a tolerance is established for residues of heat-killed Burkholderia spp. strain A396 cells and spent fermentation media in or on all food commodities when applied as a biological insecticide to agricultural crops and used in accordance with label directions and good agricultural practices	Mar. 21，2014

表1(续)

序号	农兽药名称	食品名称	限量要求	使用限制及备注	生效日期
47	Endothall (7 - oxabicyclo - (2, 2, 1) heptane 2, 3 - dicarboxylic acid	糖用甜菜	0.2 ppm	临时限量	Sept. 26, 2012
48	Escherichia coli O157: H7 specific bacteriophages	见备注	见备注	A temporary exemption from the requirement of a tolerance is established for residues of lytic bacteriophages that are specific to Escherichia coli O157: H7, sequence negative for shiga toxins I and II, and grown on atoxigenic host bacteria when used/applied on food contact surfaces in food processing plants in accordance with the terms of Experimental Use Permit (EUP) No. 74234-EUP-2. This temporary exemption expires on April 1, 2013	Apr. 13, 2011
49	Es-生物丙烯菊酯	杏仁外壳	5 ppm	残留物：氰戊菊酯((S)-氰基-(3-苯氧苯基)甲基(S)-4-氯-α-(1-甲乙基)苯醋酸盐	Sept. 11, 2009
50	Ethyl - 2E, 4Z - decadienoate (Pear Ester)	见备注	见备注	An exemption from the requirement of a tolerance is established for residues of the biochemical pesticide, ethyl-2E, 4Z-decadienoate (pear ester), in or on all food commodities, when used in accordance with label directions and good agricultural practices	Aug. 28, 2013
51	Ethyl - 2E, 4Z - decadienoate (Pear Ester)	见备注	见备注	An exemption from the requirement of a tolerance is established for residues of the biochemical pesticide, ethyl-2E, 4Z-decadienoate (pear ester), in or on all food commodities, when used in accordance with label directions and good agricultural practices	Aug. 28, 2013
52	Fenpropidin	香蕉	10 ppm	Tolerances are established for the residues of fenpropidin, including its metabolites and degradates, in or on the commodities. Compliance with the tolerance levels specified is to be determined by measuring only fenpropidin (1- [3- [4-(1, 1-dimethylethyl) phenyl] -2-methylpropyl] piperidine). I There are no U. S. registrations as of December 13, 2013	Feb. 11, 2014
53	Fenpyrazamine	杏仁	0.02 ppm	Tolerances are established for residues of the fungicide fenpyrazamine, in or on the commodities. Compliance with the tolerance levels specified is to be determined by measuring only fenpyrazamine S-allyl 5-amino-2-isopropyl-4- (2-methylphenyl) -3-oxo-2, 3-dihydropyrazole-1-carbothioate, in or on the commodities	Mar. 6, 2013
54	Fluxapyroxad	杏仁外壳	4 ppm	Tolerances are established for residues of the fungicide fluxapyroxad, including its metabolites and degradates, in or on the commodities. Compliance with the tolerance levels specified is to be determined by measuring only fluxapyroxad, 3-(difluoromethyl) -1-methyl-N- (3′, 4′, 5′-trifluoro [1, 1′-biphenyl] -2-yl) -1H-pyrazole-4-carboxamide	Feb. 26, 2014
55	GBM-ROPE	见备注	见备注	含活性成分(Z)-9-脱癸烯醋酸酯和(Z)-11-四癸烯醋酸酯的葡萄卷叶蛾信息素(GBM-ROPE)在与密封聚乙烯管在果园里用于控制葡萄卷叶蛾时，葡萄卷叶蛾信息素残留容许量豁免	Jun. 3, 2009
56	GS-omega/kappa-Hxtx-Hv1a	见备注	见备注	An exemption from the requirement of a tolerance is established for residues of the pesticide GS-omega/kappa-Hxtx-Hv1a in or on all food commodities when applied or used in accordance with label directions and good agricultural practices	Feb. 26, 2014
57	Indaziflam	杏仁外壳	0.15 ppm	残留物：indaziflam, N- [(1R, 2S) -2, 3-dihydro-2, 6-dimethyl-1 H -inden-1-yl] -6- (1-fluoroethyl) -1, 3, 5-triazine-2, 4-diamine	Apr. 6, 2011

表1(续)

序号	农兽药名称	食品名称	限量要求	使用限制及备注	生效日期
58	Isaria fumosorosea (formerly Paecilomyces fumosoroseus) Apopka strain 97	见备注	见备注	An exemption from the requirement of a tolerance is established for residues of Isaria fumosorosea (formerly Paecilomyces fumosoroseus) Apopka strain 97 in or on all food commodities when applied as an insecticide or miticide and used in accordance with good agricultural practices	Sept. 28, 2011
59	Isopyrazam	苹果	0.7 ppm	Tolerances are established for residues of the fungicide isopyrazam, including its metabolites and degradates, in or on the commodities . Compliance with the tolerance levels specified is to be determined by measuring only isopyrazam (3-(difluoromethyl) -1-methyl-N- [1, 2, 3, 4-tetrahydro -9- (1-methylethyl) -1	Dec. 27, 2013
60	Killed, nonviable Streptomyces acidiscabies strain RL -110T	见备注	见备注	Killed, nonviable Streptomyces acidiscabies strain RL - 110T 作为芽前和芽后除草剂并遵守良好农业操作规范使用时，可免除残留限量要求	Jun. 13, 2012
61	L-谷氨酸	见备注	见备注	当根据优良农业操作规范使用时，L-谷氨酸在所有食品商品内/表残留容许量豁免	Jun. 21, 2001
62	Meptyldinocap	葡萄	0.2 ppm	残留物：meptyldinocap，2- (1-methylheptyl) -4, 6-dinitrophenyl (2E) -2-butenoate 和 2, 4-DNOP, 2, 4-dinitro-6- (1-methylheptyl) phenol 以 meptyldinocap 计	Sept. 23, 2009
63	Metarhizium anisopliae strain F52	见备注	见备注	An exemption from the requirement of a tolerance is established for residues of Metarhizium anisopliae strain F52 in or on all food commodities when applied as an insecticide, miticide, or ixodicide and used in accordance with good agricultural practices	May 6, 2011
64	Methyl jasmonate	见备注	见备注	An exemption from the requirement of a tolerance is established for residues of methyl jasmonate in or on all food commodities when methyl jasmonate is applied pre-harvest	Apr. 17, 2013
65	Methyl parathion	黑麦	0.5 ppm	临时限量 l Expiration/revocation date：12/31/13	Sept. 26, 2012
66	N -1-萘基酞氨酸	哈密瓜	0.1 (N) ppm	残留物：N -1-萘基酞氨酸	Oct. 26, 1998
67	N- (正-辛基) -2-吡咯烷酮和 N- (正-十二烷基) -2-吡咯烷酮	见备注	见备注	N- (n-octyl) -2-pyrrolidone and N- (n-dodecyl) -2-pyrrolidone are exempt from the requirement of a tolerance when used as solvents in cotton defoliant formulations containing thidiazuron and diuron as active ingredients	Feb. 26, 2014
68	N-癸基双环庚基二羧基亚胺	所有食品	5 ppm	残留物：N-癸基双环庚基二羧基亚	Sept. 29, 2010
69	N-甲基-N- (1-氧八烷基) 氨基己酸	见备注	见备注	该物质在含草甘膦的农药配方中以不超过 10% 的比率作为惰性成分（表面活性剂）使用时，残留容许量豁免	Dec. 6, 1999
70	N-甲基-N- (1-氧十二烷基) 氨基己酸	见备注	见备注	该物质在含草甘膦的农药配方中以不超过 10% 的比率作为惰性成分（表面活性剂）使用时，残留容许量豁免	Dec. 6, 1999
71	N-甲基-N- (1-氧十四烷基氨基) 己酸	见备注	见备注	该物质在含草甘膦的农药配方中以不超过 10% 的比率作为惰性成分（表面活性剂）使用时，残留容许量豁免	Dec. 6, 1999
72	N-肉豆蔻酰肌氨酸	见备注	见备注	该物质在含草甘膦的农药配方中以不超过 10% 的比率作为惰性成分（表面活性剂）使用时，残留容许量豁免	Dec. 6, 1999
73	N-酰基肌氨酸	见备注	见备注	该物质在含草甘膦的农药配方中以不超过 10% 的比率作为惰性成分（表面活性剂）使用时，残留容许量豁免	Dec. 6, 1999
74	N-椰油酰基肌氨酸	见备注	见备注	该物质在含草甘膦的农药配方中以不超过 10% 的比率作为惰性成分（表面活性剂）使用时，残留容许量豁免	Dec. 6, 1999

表1(续)

序号	农兽药名称	食品名称	限量要求	使用限制及备注	生效日期
75	N-椰油酰基肌氨酸钠盐混合物	见备注	见备注	该物质在含草甘膦的农药配方中以不超过10%的比率作为惰性成分（表面活性剂）使用时，残留容许量豁免	Dec. 6，1999
76	N-硬脂酰肌氨酸	见备注	见备注	该物质在含草甘膦的农药配方中以不超过10%的比率作为惰性成分（表面活性剂）使用时，残留容许量豁免	Dec. 6，1999
77	N-油酰基肌氨酸	见备注	见备注	该物质在含草甘膦的农药配方中以不超过10%的比率作为惰性成分（表面活性剂）使用时，残留容许量豁免	Dec. 6，1999
78	N-月桂酰肌氨酸	见备注	见备注	该物质在含草甘膦的农药配方中以不超过10%的比率作为惰性成分（表面活性剂）使用时，残留容许量豁免	Dec. 6，1999
79	Pasteuria nishizawae-Pn1	见备注	见备注	当Pasteuria nishizawae-Pn1作为杀线虫剂根据优良农业操作规范使用时，其在所有食品商品内/表的残留容许量豁免	Feb. 15，2012
80	Pasteuria spp.（Rotylenchulus reniformis nematode）-Pr3	见备注	见备注	作为杀线虫药根据标签说明和良好农业操作规范使用时，可免除残留限量要求	Jul. 9，2012
81	Penflufen	紫花苜蓿草料	0.01 ppm	杀菌剂penflufen及其代谢物和降解物的残留限量，检测penflufen N－［2-（1，3-dimethylbutyl）phenyl］-5-fluoro-1，3-dimethyl-1 H-pyrazole-4-carboxamide的含量	May 14，2012
82	Penthiopyrad	杏仁外壳	6 ppm	penthiopyrad及其代谢物和降解物的残留限量，检测penthiopyrad（N－［2-（1，3-dimethylbutyl）-3-thienyl］-1-methyl-3-（trifluoromethyl）-1H-pyrazole-4-carboxamide）的含量	Mar. 9，2012
83	Piperonyl butoxide	见备注	见备注	When applied to growing crops，in accordance with good agricultural practice，the pesticide chemicals are exempt from the requirement of a tolerance	Sept. 26，2012
84	Potassium hypochlorite	见备注	见备注	An exemption from the requirement of a tolerance is established for residues of potassium hypochlorite in or on all commodities	Mar. 2，2011
85	Petroleum oils	见备注	见备注	When applied to growing crops，in accordance with good agricultural practice，the pesticide chemicals are exempt from the requirement of a tolerance	Sept. 26，2012
86	Saflufenacil	棉花轧棉副产品	0.45 ppm	Tolerances are established for residues of saflufenacil，including its metabolites and degradates，in or on the commodities. Compliance with the tolerance levels specified is to be determined by measuring only the sum of saflufenacil	Feb. 21，2014
87	Saflufenacil	棉籽，20C亚组	0.2 ppm	Tolerances are established for residues of saflufenacil，including its metabolites and degradates，in or on the commodities. Compliance with the tolerance levels specified is to be determined by measuring only the sum of saflufenacil	Feb. 21，2014
88	Saflufenacil	柑橘类水果，10组	0.03 ppm	Tolerances are established for residues of saflufenacil，including its metabolites and degradates，in or on the commodities. Compliance with the tolerance levels specified is to be determined by measuring only the sum of saflufenacil	Feb. 21，2014
89	Saflufenacil	梨果，11组	0.03 ppm	Tolerances are established for residues of saflufenacil，including its metabolites and degradates，in or on the commodities. Compliance with the tolerance levels specified is to be determined by measuring only the sum of saflufenacil	Feb. 21，2014

表1(续)

序号	农兽药名称	食品名称	限量要求	使用限制及备注	生效日期
90	Saflufenacil	核果,12组	0.03 ppm	Tolerances are established for residues of saflufenacil, including its metabolites and degradates, in or on the commodities. Compliance with the tolerance levels specified is to be determined by measuring only the sum of saflufenacil	Feb. 21, 2014
91	Saflufenacil	绵羊肝脏	2.5 ppm	Tolerances are established for residues of saflufenacil, including its metabolites and degradates, in or on the commodities. Compliance with the tolerance levels specified is to be determined by measuring only saflufenacil	Feb. 21, 2014
92	Saflufenacil	绵羊肉	0.01 ppm	Tolerances are established for residues of saflufenacil, including its metabolites and degradates, in or on the commodities. Compliance with the tolerance levels specified is to be determined by measuring only saflufenacil	Feb. 21, 2014
93	Saflufenacil	绵羊肉副产品,肝脏除外	0.05 ppm	Tolerances are established for residues of saflufenacil, including its metabolites and degradates, in or on the commodities. Compliance with the tolerance levels specified is to be determined by measuring only saflufenacil	Feb. 21, 2014
94	Saflufenacil	香蕉	0.03 ppm	Tolerances are established for residues of saflufenacil, including its metabolites and degradates, in or on the commodities. Compliance with the tolerance levels specified is to be determined by measuring only the sum of saflufenacil	Feb. 21, 2014
95			Saflufenacil	青咖啡豆	
96	Saflufenacil	分选谷物颗粒	10 ppm	Tolerances are established for residues of saflufenacil, including its metabolites and degradates, in or on the commodities. Compliance with the tolerance levels specified is to be determined by measuring only the sum of saflufenacil	Feb. 21, 2014
97			Saflufenacil	粮谷类草料、饲料和秸秆,16组	
98	Saflufenacil	粮谷类,15组	0.03 ppm	Tolerances are established for residues of saflufenacil, including its metabolites and degradates, in or on the commodities. Compliance with the tolerance levels specified is to be determined by measuring only the sum of saflufenacil	Feb. 21, 2014
99	Saflufenacil	葡萄	0.03 ppm	Tolerances are established for residues of saflufenacil, including its metabolites and degradates, in or on the commodities. Compliance with the tolerance levels specified is to be determined by measuring only the sum of saflufenacil	Feb. 21, 2014
100	Saflufenacil	芒果	0.03 ppm	Tolerances are established for residues of saflufenacil, including its metabolites and degradates, in or on the commodities. Compliance with the tolerance levels specified is to be determined by measuring only the sum of saflufenacil	Feb. 21, 2014
101	Saflufenacil	树生坚果,14组	0.03 ppm	Tolerances are established for residues of saflufenacil, including its metabolites and degradates, in or on the commodities. Compliance with the tolerance levels specified is to be determined by measuring only the sum of saflufenacil	Feb. 21, 2014
102	Saflufenacil	豌豆类和豆类,大豆除外,6C亚组	0.3 ppm	Tolerances are established for residues of saflufenacil, including its metabolites and degradates, in or on the commodities. Compliance with the tolerance levels specified is to be determined by measuring only the sum of saflufenacil	Feb. 21, 2014
103	Saflufenacil	豌豆类和豆类,去壳多汁,6B亚组	0.03 ppm	Tolerances are established for residues of saflufenacil, including its metabolites and degradates, in or on the commodities. Compliance with the tolerance levels specified is to be determined by measuring only the sum of saflufenacil	Feb. 21, 2014
104	Saflufenacil	豌豆,干草	17 ppm	Tolerances are established for residues of saflufenacil, including its metabolites and degradates, in or on the commodities. Compliance with the tolerance levels specified is to be determined by measuring only the sum of saflufenacil	Feb. 21, 2014

表1(续)

序号	农兽药名称	食品名称	限量要求	使用限制及备注	生效日期
105	Saflufenacil	开心果	0.03 ppm	Tolerances are established for residues of saflufenacil, including its metabolites and degradates, in or on the commodities. Compliance with the tolerance levels specified is to be determined by measuring only the sum of saflufenacil	Feb. 21, 2014
106	Saflufenacil	油菜籽,20A亚组	0.45 ppm	Tolerances are established for residues of saflufenacil, including its metabolites and degradates, in or on the commodities. Compliance with the tolerance levels specified is to be determined by measuring only the sum of saflufenacil	Feb. 21, 2014
107	Saflufenacil	大豆外壳	0.5 ppm	Tolerances are established for residues of saflufenacil, including its metabolites and degradates, in or on the commodities. Compliance with the tolerance levels specified is to be determined by measuring only the sum of saflufenacil	Feb. 21, 2014
108	Saflufenacil	大豆种子	0.1 ppm	Tolerances are established for residues of saflufenacil, including its metabolites and degradates, in or on the commodities. Compliance with the tolerance levels specified is to be determined by measuring only the sum of saflufenacil	Feb. 21, 2014
109	Saflufenacil	甘蔗	0.05 ppm	Tolerances are established for residues of saflufenacil, including its metabolites and degradates, in or on the commodities. Compliance with the tolerance levels specified is to be determined by measuring only the sum of saflufenacil, 2-chloro-5-[3, 6-dihydro-3-methyl-2, 6-dioxo-4-(trifluoromethyl) -1 (2H) -pyrimidinyl] -4-fluoro-N-[[methyl (1-methylethyl) amino] sulfonyl] benzamide, and its metabolites N-[2-chloro-5-(2, 6-dioxo-4-(trifluoromethyl) -3, 6-dihydro-1 (2H) -pyrimidinyl) -4-fluorobenzoyl] -N'-isopropylsulfamide and N-[4-chloro-2-fluoro-5-({[(isopropylamino) sulfonyl] amino} carbonyl) phenyl] urea, calculated as the stoichiometric equivalent of saflufenacil | No U. S. registration as of February 21, 2014	Feb. 21, 2014
110	Saflufenacil	甘蔗糖蜜	0.08 ppm	Tolerances are established for residues of saflufenacil, including its metabolites and degradates, in or on the commodities. Compliance with the tolerance levels specified is to be determined by measuring only the sum of saflufenacil	Feb. 21, 2014
111	Saflufenacil	向日葵,20B亚组	1 ppm	Tolerances are established for residues of saflufenacil, including its metabolites and degradates, in or on the commodities. Compliance with the tolerance levels specified is to be determined by measuring only the sum of saflufenacil	Feb. 21, 2014
112	Saflufenacil	豆类蔬菜叶子及梗和枝,7组,豌豆和干草除外	0.1 ppm	Tolerances are established for residues of saflufenacil, including its metabolites and degradates, in or on the commodities. Compliance with the tolerance levels specified is to be determined by measuring only the sum of saflufenacil	Feb. 21, 2014
113	Saflufenacil	可食用的豆类蔬菜,6A亚组	0.03 ppm	Tolerances are established for residues of saflufenacil, including its metabolites and degradates, in or on the commodities. Compliance with the tolerance levels specified is to be determined by measuring only the sum of saflufenacil, 2-chloro-5-[3, 6-dihydro-3-methyl-2, 6-dioxo-4-(trifluoromethyl) -1 (2H) -pyrimidinyl] -4-fluoro-N-[[methyl (1-methylethyl) amino] sulfonyl] benzamide, and its metabolites N-[2-chloro-5-(2, 6-dioxo-4-(trifluoromethyl) -3, 6-dihydro-1 (2H) -pyrimidinyl) -4-fluorobenzoyl] -N'-isopropylsulfamide and N-[4-chloro-2-fluoro-5-({[(isopropylamino) sulfonyl] amino} carbonyl) phenyl] urea, calculated as the stoichiometric equivalent of saflufenacil	Feb. 21, 2014

表1(续)

序号	农兽药名称	食品名称	限量要求	使用限制及备注	生效日期
114	Saflufenacil	牛脂肪	0.01 ppm	Tolerances are established for residues of saflufenacil, including its metabolites and degradates, in or on the commodities. Compliance with the tolerance levels specified is to be determined by measuring only saflufenacil, 2-chloro-5-[3, 6-dihydro-3-methyl-2, 6-dioxo-4-(trifluoromethyl)-1(2H)-pyrimidinyl]-4-fluoro-N-[[methyl(1-methylethyl)amino]sulfonyl]benzamide	Feb. 21, 2014
115	Saflufenacil	牛肝脏	2.5 ppm	Tolerances are established for residues of saflufenacil, including its metabolites and degradates, in or on the commodities. Compliance with the tolerance levels specified is to be determined by measuring only saflufenacil, 2-chloro-5-[3, 6-dihydro-3-methyl-2, 6-dioxo-4-(trifluoromethyl)-1(2H)-pyrimidinyl]-4-fluoro-N-[[methyl(1-methylethyl)amino]sulfonyl]benzamide	Feb. 21, 2014
116	Saflufenacil	牛肉	0.01 ppm	Tolerances are established for residues of saflufenacil, including its metabolites and degradates, in or on the commodities. Compliance with the tolerance levels specified is to be determined by measuring only saflufenacil, 2-chloro-5-[3, 6-dihydro-3-methyl-2, 6-dioxo-4-(trifluoromethyl)-1(2H)-pyrimidinyl]-4-fluoro-N-[[methyl(1-methylethyl)amino]sulfonyl]benzamide	Feb. 21, 2014
117	Saflufenacil	牛肉副产品，肝脏除外	0.05 ppm	Tolerances are established for residues of saflufenacil, including its metabolites and degradates, in or on the commodities. Compliance with the tolerance levels specified is to be determined by measuring only saflufenacil	Feb. 21, 2014
118	Saflufenacil	淡水银鱼	0.01 ppm	Tolerances are established for residues of saflufenacil, including its metabolites and degradates, in or on the commodities. Compliance with the tolerance levels specified is to be determined by measuring only saflufenacil	Feb. 21, 2014
119	Saflufenacil	贝类，甲壳类水产品	0.01 ppm	Tolerances are established for residues of saflufenacil, including its metabolites and degradates, in or on the commodities. Compliance with the tolerance levels specified is to be determined by measuring only saflufenacil	Feb. 21, 2014
120	Saflufenacil	山羊脂肪	0.01 ppm	Tolerances are established for residues of saflufenacil, including its metabolites and degradates, in or on the commodities. Compliance with the tolerance levels specified is to be determined by measuring only saflufenacil, 2-chloro-5-[3, 6-dihydro-3-methyl-2, 6-dioxo-4-(trifluoromethyl)-1(2H)-pyrimidinyl]-4-fluoro-N-[[methyl(1-methylethyl)amino]sulfonyl]benzamide	Feb. 21, 2014
121	Saflufenacil	山羊肝脏	2.5 ppm	Tolerances are established for residues of saflufenacil, including its metabolites and degradates, in or on the commodities. Compliance with the tolerance levels specified is to be determined by measuring only saflufenacil, 2-chloro-5-[3, 6-dihydro-3-methyl-2, 6-dioxo-4-(trifluoromethyl)-1(2H)-pyrimidinyl]-4-fluoro-N-[[methyl(1-methylethyl)amino]sulfonyl]benzamide	Feb. 21, 2014
122	Saflufenacil	山羊肉	0.01 ppm	Tolerances are established for residues of saflufenacil, including its metabolites and degradates, in or on the commodities. Compliance with the tolerance levels specified is to be determined by measuring only saflufenacil	Feb. 21, 2014
123	Saflufenacil	山羊肉副产品，肝脏除外	0.05 ppm	Tolerances are established for residues of saflufenacil, including its metabolites and degradates, in or on the commodities. Compliance with the tolerance levels specified is to be determined by measuring only saflufenacil	Feb. 21, 2014
124	Saflufenacil	猪脂肪	0.01 ppm	Tolerances are established for residues of saflufenacil, including its metabolites and degradates, in or on the commodities. Compliance with the tolerance levels specified is to be determined by measuring only saflufenacil	Feb. 21, 2014

表1(续)

序号	农兽药名称	食品名称	限量要求	使用限制及备注	生效日期
125	Saflufenacil	牛肝脏	2.5 ppm	Tolerances are established for residues of saflufenacil, including its metabolites and degradates, in or on the commodities. Compliance with the tolerance levels specified is to be determined by measuring only saflufenacil	Feb. 21, 2014
126	Saflufenacil	牛肉	0.01 ppm	Tolerances are established for residues of saflufenacil, including its metabolites and degradates, in or on the commodities. Compliance with the tolerance levels specified is to be determined by measuring only saflufenacil	Feb. 21, 2014
127	Saflufenacil	牛肉副产品，肝脏除外	0.05 ppm	Tolerances are established for residues of saflufenacil, including its metabolites and degradates, in or on the commodities. Compliance with the tolerance levels specified is to be determined by measuring only saflufenacil, 2-chloro-5-[3, 6-dihydro-3-methyl-2, 6-dioxo-4- (trifluoromethyl) -1 (2H) -pyrimidinyl] -4-fluoro-N- [[methyl (1-methylethyl) amino] sulfonyl] benzamide	Feb. 21, 2014
128	Saflufenacil	淡水银鱼	0.01 ppm	Tolerances are established for residues of saflufenacil, including its metabolites and degradates, in or on the commodities. Compliance with the tolerance levels specified is to be determined by measuring only saflufenacil	Feb. 21, 2014
129	Saflufenacil	贝类，甲壳类水产品	0.01 ppm	Tolerances are established for residues of saflufenacil, including its metabolites and degradates, in or on the commodities. Compliance with the tolerance levels specified is to be determined by measuring only saflufenacil	Feb. 21, 2014
130	Saflufenacil	山羊脂肪	0.01 ppm	Tolerances are established for residues of saflufenacil, including its metabolites and degradates, in or on the commodities. Compliance with the tolerance levels specified is to be determined by measuring only saflufenacil	Feb. 21, 2014
131	Saflufenacil	山羊肝脏	2.5 ppm	Tolerances are established for residues of saflufenacil, including its metabolites and degradates, in or on the commodities. Compliance with the tolerance levels specified is to be determined by measuring only saflufenacil, 2-chloro-5-[3, 6-dihydro-3-methyl-2, 6-dioxo-4- (trifluoromethyl) -1 (2H) -pyrimidinyl] -4-fluoro-N- [[methyl (1-methylethyl) amino] sulfonyl] benzamide	Feb. 21, 2014
132	Saflufenacil	山羊肉	0.01 ppm	Tolerances are established for residues of saflufenacil, including its metabolites and degradates, in or on the commodities. Compliance with the tolerance levels specified is to be determined by measuring only saflufenacil, 2-chloro-5-[3, 6-dihydro-3-methyl-2, 6-dioxo-4- (trifluoromethyl) -1 (2H) -pyrimidinyl] -4-fluoro-N- [[methyl (1-methylethyl) amino] sulfonyl] benzamide	Feb. 21, 2014
133	Saflufenacil	山羊肉副产品，肝脏除外	0.05 ppm	Tolerances are established for residues of saflufenacil, including its metabolites and degradates, in or on the commodities. Compliance with the tolerance levels specified is to be determined by measuring only saflufenacil, 2-chloro-5-[3, 6-dihydro-3-methyl-2, 6-dioxo-4- (trifluoromethyl) -1 (2H) -pyrimidinyl] -4-fluoro-N- [[methyl (1-methylethyl) amino] sulfonyl] benzamide	Feb. 21, 2014
134	Saflufenacil	猪脂肪	0.01 ppm	Tolerances are established for residues of saflufenacil, including its metabolites and degradates, in or on the commodities. Compliance with the tolerance levels specified is to be determined by measuring only saflufenacil, 2-chloro-5-[3, 6-dihydro-3-methyl-2, 6-dioxo-4- (trifluoromethyl) -1 (2H) -pyrimidinyl] -4-fluoro-N- [[methyl (1-methylethyl) amino] sulfonyl] benzamide	Feb. 21, 2014

表1(续)

序号	农兽药名称	食品名称	限量要求	使用限制及备注	生效日期
135	Saflufenacil	猪肝脏	0. 8 ppm	Tolerances are established for residues of saflufenacil, including its metabolites and degradates, in or on the commodities. Compliance with the tolerance levels specified is to be determined by measuring only saflufenacil, 2-chloro-5-[3, 6-dihydro-3-methyl-2, 6-dioxo-4- (trifluoromethyl) -1 (2H) -pyrimidinyl] -4-fluoro-N- [[methyl (1-methylethyl) amino] sulfonyl] benzamide	Feb. 21, 2014
136	Saflufenacil	猪肉	0. 01 ppm	Tolerances are established for residues of saflufenacil, including its metabolites and degradates, in or on the commodities. Compliance with the tolerance levels specified is to be determined by measuring only saflufenacil, 2-chloro-5-[3, 6-dihydro-3-methyl-2, 6-dioxo-4- (trifluoromethyl) -1 (2H) -pyrimidinyl] -4-fluoro-N- [[methyl (1-methylethyl) amino] sulfonyl] benzamide	Feb. 21, 2014
137	Saflufenacil	猪肉副产品，肝脏除外	0. 02 ppm	Tolerances are established for residues of saflufenacil, including its metabolites and degradates, in or on the commodities. Compliance with the tolerance levels specified is to be determined by measuring only saflufenacil, 2-chloro-5-[3, 6-dihydro-3-methyl-2, 6-dioxo-4- (trifluoromethyl) -1 (2H) -pyrimidinyl] -4-fluoro-N- [[methyl (1-methylethyl) amino] sulfonyl] benzamide	Feb. 21, 2014
138	Saflufenacil	马脂肪	0. 01 ppm	Tolerances are established for residues of saflufenacil, including its metabolites and degradates, in or on the commodities. Compliance with the tolerance levels specified is to be determined by measuring only saflufenacil, 2-chloro-5-[3, 6-dihydro-3-methyl-2, 6-dioxo-4- (trifluoromethyl) -1 (2H) -pyrimidinyl] -4-fluoro-N- [[methyl (1-methylethyl) amino] sulfonyl] benzamide	Feb. 21, 2014
139	Saflufenacil	马肝脏	2. 5 ppm	Tolerances are established for residues of saflufenacil, including its metabolites and degradates, in or on the commodities. Compliance with the tolerance levels specified is to be determined by measuring only saflufenacil, 2-chloro-5-[3, 6-dihydro-3-methyl-2, 6-dioxo-4- (trifluoromethyl) -1 (2H) -pyrimidinyl] -4-fluoro-N- [[methyl (1-methylethyl) amino] sulfonyl] benzamide	Feb. 21, 2014
140	Saflufenacil	马肉	0. 01 ppm	Tolerances are established for residues of saflufenacil, including its metabolites and degradates, in or on the commodities. Compliance with the tolerance levels specified is to be determined by measuring only saflufenacil, 2-chloro-5-[3, 6-dihydro-3-methyl-2, 6-dioxo-4- (trifluoromethyl) -1 (2H) -pyrimidinyl] -4-fluoro-N- [[methyl (1-methylethyl) amino] sulfonyl] benzamide	Feb. 21, 2014
141	Saflufenacil	马肉副产品，肝脏除外	0. 05 ppm	Tolerances are established for residues of saflufenacil, including its metabolites and degradates, in or on the commodities. Compliance with the tolerance levels specified is to be determined by measuring only saflufenacil, 2-chloro-5-[3, 6-dihydro-3-methyl-2, 6-dioxo-4- (trifluoromethyl) -1 (2H) -pyrimidinyl] -4-fluoro-N- [[methyl (1-methylethyl) amino] sulfonyl] benzamide	Feb. 21, 2014
142	Saflufenacil	乳	0. 01 ppm	Tolerances are established for residues of saflufenacil, including its metabolites and degradates, in or on the commodities. Compliance with the tolerance levels specified is to be determined by measuring only saflufenacil, 2-chloro-5-[3, 6-dihydro-3-methyl-2, 6-dioxo-4- (trifluoromethyl) -1 (2H) -pyrimidinyl] -4-fluoro-N- [[methyl (1-methylethyl) amino] sulfonyl] benzamide	Feb. 21, 2014

表1(续)

序号	农兽药名称	食品名称	限量要求	使用限制及备注	生效日期
143	Saflufenacil	绵羊脂肪	0.01 ppm	Tolerances are established for residues of saflufenacil, including its metabolites and degradates, in or on the commodities. Compliance with the tolerance levels specified is to be determined by measuring only saflufenacil, 2-chloro-5-[3, 6-dihydro-3-methyl-2, 6-dioxo-4-(trifluoromethyl)-1(2H)-pyrimidinyl]-4-fluoro-N-[[methyl(1-methylethyl)amino]sulfonyl]benzamide	Feb. 21, 2014
144	利谷隆	芹菜	0.5 ppm	残留物：根据§180.1(m)定义的地区注册容许量，是以利谷隆计算的除草剂利谷隆(3-(3，4-二氯芬基)-1-甲氧基-1-甲基脲)及其代谢物3，4-二氯苯胺和其代谢物3，4-二氯苯胺合并残留而设定	Feb. 21, 2014
145	利谷隆	马铃薯	0.2 ppm	根据§180.1(m)定义的地区注册容许量，是为以利谷隆计算的除草剂利谷隆(3-(3，4-二氯芬基)-1-甲氧基-1-甲基脲)及其代谢物3，4-二氯苯胺和其代谢物3，4-二氯苯胺合并残留而设定	Feb. 21, 2014
146	利谷隆	猪肉	0.05 ppm	Tolerances are established for residues of the herbicide linuron (3-(3, 4-dichlorophenyl)-1-methoxy-1-methylurea), including its metabolites and degradates, in or on the commodities. Compliance with the tolerance levels specified is to be determined by measuring only those linuron residues convertible to 3, 4-dichloroaniline, calculated as the stoichiometric equivalent of linuron, in or on the commodity	Feb. 21, 2014
147	利谷隆	猪肉副产品	0.1 ppm	Tolerances are established for residues of the herbicide linuron (3-(3, 4-dichlorophenyl)-1-methoxy-1-methylurea), including its metabolites and degradates, in or on the commodities. Compliance with the tolerance levels specified is to be determined by measuring only those linuron residues convertible to 3, 4-dichloroaniline, calculated as the stoichiometric equivalent of linuron, in or on the commodity	Feb. 21, 2014
148	利谷隆	马脂肪	0.2 ppm	Tolerances are established for residues of the herbicide linuron (3-(3, 4-dichlorophenyl)-1-methoxy-1-methylurea), including its metabolites and degradates, in or on the commodities. Compliance with the tolerance levels specified is to be determined by measuring only those linuron residues convertible to 3, 4-dichloroaniline, calculated as the stoichiometric equivalent of linuron, in or on the commodity	Feb. 21, 2014
149	利谷隆	马肾脏	2 ppm	Tolerances are established for residues of the herbicide linuron (3-(3, 4-dichlorophenyl)-1-methoxy-1-methylurea), including its metabolites and degradates, in or on the commodities. Compliance with the tolerance levels specified is to be determined by measuring only those linuron residues convertible to 3, 4-dichloroaniline, calculated as the stoichiometric equivalent of linuron, in or on the commodity	Feb. 21, 2014
150	利谷隆	马肉副产品，肾脏和肝脏除外	0.1 ppm	Tolerances are established for residues of the herbicide linuron (3-(3, 4-dichlorophenyl)-1-methoxy-1-methylurea), including its metabolites and degradates, in or on the commodities. Compliance with the tolerance levels specified is to be determined by measuring only those linuron residues convertible to 3, 4-dichloroaniline, calculated as the stoichiometric equivalent of linuron, in or on the commodity	Feb. 21, 2014
151	利谷隆	乳	0.05 ppm	Tolerances are established for residues of the herbicide linuron (3-(3, 4-dichlorophenyl)-1-methoxy-1-methylurea), including its metabolites and degradates, in or on the commodities. Compliance with the tolerance levels specified is to be determined by measuring only those linuron residues convertible to 3, 4-dichloroaniline, calculated as the stoichiometric equivalent of linuron, in or on the commodity	Feb. 21, 2014

表1(续)

序号	农兽药名称	食品名称	限量要求	使用限制及备注	生效日期
152	利谷隆	甜玉米草料	1 ppm	Tolerances are established for residues of the herbicide linuron (3- (3, 4-dichlorophenyl) -1-methoxy-1-methylurea), including its metabolites and degradates, in or on the commodities. Compliance with the tolerance levels specified is to be determined by measuring only those linuron residues convertible to 3, 4-dichloroaniline, calculated as the stoichiometric equivalent of linuron, in or on the commodity	Feb. 21, 2014
153	利谷隆	去皮带穗甜玉米棒	0.25 ppm	Tolerances are established for residues of the herbicide linuron (3- (3, 4-dichlorophenyl) -1-methoxy-1-methylurea), including its metabolites and degradates, in or on the commodities. Compliance with the tolerance levels specified is to be determined by measuring only those linuron residues convertible to 3, 4-dichloroaniline, calculated as the stoichiometric equivalent of linuron, in or on the commodity	Feb. 21, 2014
154	苯锈啶	香蕉	10 ppm	Tolerances are established for the residues of fenpropidin, including its metabolites and degradates, in or on the commodities. Compliance with the tolerance levels specified is to be determined by measuring only fenpropidin (1- [3- [4- (1, 1-dimethylethyl) phenyl] -2-methylpropyl] piperidine). I There are no U. S. registrations as of December 13, 2013	Feb. 21, 2014
155	氯虫酰胺	金虎尾	2 ppm	Tolerances are established for residues of the insecticide chlorantraniliprole, including its metabolites and degradates, in or on the commodities. Compliance with the tolerance levels specified is to be determined by measuring only chlorantraniliprole, 3-bromo-N- [4-chloro-2-methyl-6- [(methylamino) carbonyl] phenyl] -1- (3-chloro-2-pyridinyl) -1H-pyrazole-5-carboxamide	Feb. 21, 2014
156	氯虫酰胺	紫花苜蓿种子	7 ppm	Tolerances are established for residues of the insecticide chlorantraniliprole, including its metabolites and degradates, in or on the commodities. Compliance with the tolerance levels specified is to be determined by measuring only chlorantraniliprole, 3-bromo-N- [4-chloro-2-methyl-6- [(methylamino) carbonyl] phenyl] -1- (3-chloro-2-pyridinyl) -1H-pyrazole-5-carboxamide	Feb. 7, 2014
157	氯虫酰胺	杏仁外壳	5 ppm	Tolerances are established for residues of the insecticide chlorantraniliprole, including its metabolites and degradates, in or on the commodities. Compliance with the tolerance levels specified is to be determined by measuring only chlorantraniliprole, 3-bromo-N- [4-chloro-2-methyl-6- [(methylamino) carbonyl] phenyl] -1- (3-chloro-2-pyridinyl) -1H-pyrazole-5-carboxamide	Feb. 7, 2014
158	氯虫酰胺	非草类动物饲料，18组，草料	25 ppm	Tolerances are established for residues of the insecticide chlorantraniliprole, including its metabolites and degradates, in or on the commodities. Compliance with the tolerance levels specified is to be determined by measuring only chlorantraniliprole, 3-bromo-N- [4-chloro-2-methyl-6- [(methylamino) carbonyl] phenyl] -1- (3-chloro-2-pyridinyl) -1H-pyrazole-5-carboxamide	Feb. 7, 2014
159	氯虫酰胺	非草类动物饲料，18组，干草	90 ppm	Tolerances are established for residues of the insecticide chlorantraniliprole, including its metabolites and degradates, in or on the commodities. Compliance with the tolerance levels specified is to be determined by measuring only chlorantraniliprole, 3-bromo-N- [4-chloro-2-methyl-6- [(methylamino) carbonyl] phenyl] -1- (3-chloro-2-pyridinyl) -1H-pyrazole-5-carboxamide	Feb. 7, 2014

表1(续)

序号	农兽药名称	食品名称	限量要求	使用限制及备注	生效日期
160	氯虫酰胺	苹果渣	2.5 ppm	Tolerances are established for residues of the insecticide chlorantraniliprole, including its metabolites and degradates, in or on the commodities. Compliance with the tolerance levels specified is to be determined by measuring only chlorantraniliprole, 3-bromo-N-［4-chloro-2-methyl-6-［(methylamino) carbonyl］phenyl］-1-(3-chloro-2-pyridinyl)-1H-pyrazole-5-carboxamide	Feb. 7, 2014
161	氯虫酰胺	球形朝鲜蓟	4 ppm	Tolerances are established for residues of the insecticide chlorantraniliprole, including its metabolites and degradates, in or on the commodities. Compliance with the tolerance levels specified is to be determined by measuring only chlorantraniliprole, 3-bromo-N-［4-chloro-2-methyl-6-［(methylamino) carbonyl］phenyl］-1-(3-chloro-2-pyridinyl)-1H-pyrazole-5-carboxamide	Feb. 7, 2014
162	氯虫酰胺	芦笋	13 ppm	Tolerances are established for residues of the insecticide chlorantraniliprole, including its metabolites and degradates, in or on the commodities. Compliance with the tolerance levels specified is to be determined by measuring only chlorantraniliprole, 3-bromo-N-［4-chloro-2-methyl-6-［(methylamino) carbonyl］phenyl］-1-(3-chloro-2-pyridinyl)-1H-pyrazole-5-carboxamide	Feb. 7, 2014
163	氯虫酰胺	凤梨释迦	4 ppm	Tolerances are established for residues of the insecticide chlorantraniliprole, including its metabolites and degradates, in or on the commodities. Compliance with the tolerance levels specified is to be determined by measuring only chlorantraniliprole, 3-bromo-N-［4-chloro-2-methyl-6-［(methylamino) carbonyl］phenyl］-1-(3-chloro-2-pyridinyl)-1H-pyrazole-5-carboxamide	Feb. 7, 2014
164	Cyantraniliprole	杏仁外壳	8 ppm	Tolerances are established for the combined residues of the insecticide cyantraniliprole, 3-bromo-1-(3-chloro-2-pyridinyl)-N-［4-cyano-2-methyl-6-［(methylamino) carbonyl］phenyl］-1H-pyrazole-5-carboxamide, including its metabolites and degradates, in or on commodities. Compliance with the tolerance levels specified is to be determined by measuring only cyantraniliprole	Feb. 5, 2014
165	Cyantraniliprole	头茎芸苔, 5A 亚组	3 ppm	Tolerances are established for the combined residues of the insecticide cyantraniliprole, 3-bromo-1-(3-chloro-2-pyridinyl)-N-［4-cyano-2-methyl-6-［(methylamino) carbonyl］phenyl］-1H-pyrazole-5-carboxamide, including its metabolites and degradates, in or on commodities. Compliance with the tolerance levels specified is to be determined by measuring only cyantraniliprole	Feb. 5, 2014
166	苯酰菌胺	葡萄	3 ppm	残留物：草酰胺（3，5-二氯-N-（3-氯-1-乙基-1-甲基-2-氧丙基）-4-甲基苯甲酰胺）	Jul. 18, 2014
167	苯酰菌胺	葡萄干	15 ppm	残留物：草酰胺（3，5-二氯-N-（3-氯-1-乙基-1-甲基-2-氧丙基）-4-甲基苯甲酰胺）	Jul. 18, 2014
168	苯酰菌胺	番茄	2 ppm	残留物：草酰胺（3，5-二氯-N-（3-氯-1-乙基-1-甲基-2-氧丙基）-4-甲基苯甲酰胺）	Jul. 18, 2014

表1(续)

序号	农兽药名称	食品名称	限量要求	使用限制及备注	生效日期
169	乙草胺	豌豆类和豆类，大豆除外，6C 亚组	0.05 ppm	Tolerances are established for indirect or inadvertent residues of acetochlor, including its metabolites and degradates, in or on the raw agricultural commodities when present therein as a result of application of acetochlor to the growing crops in the table to paragraph (a) of this section. Compliance with the tolerance levels specified is to be determined by measuring only acetochlor, 2-chloro-2′-methyl-6-ethyl-N-ethoxymethylacetanilide, and its metabolites containing the ethyl methyl aniline (EMA) moiety and the hydroxyethyl methyl aniline (HEMA) moiety. Both parent and the named metabolites shall be determined as ethyl methyl aniline (EMA) and hydroxyethyl methyl aniline (HEMA), and calculated as the stoichiometric equivalents of acetochlor	Jan. 22, 2014
170	乙草胺	小麦谷粒	0.02 ppm	Tolerances are established for indirect or inadvertent residues of acetochlor, including its metabolites and degradates, in or on the raw agricultural commodities when present therein as a result of application of acetochlor to the growing crops in the table to paragraph (a) of this section. Compliance with the tolerance levels specified is to be determined by measuring only acetochlor, 2-chloro-2′-methyl-6-ethyl-N-ethoxymethylacetanilide, and its metabolites containing the ethyl methyl aniline (EMA) moiety and the hydroxyethyl methyl aniline (HEMA) moiety. Both parent and the named metabolites shall be determined as ethyl methyl aniline (EMA) and hydroxyethyl methyl aniline (HEMA), and calculated as the stoichiometric equivalents of acetochlor	Jan. 22, 2014
171	乙草胺	小麦干草	2 ppm	Tolerances are established for indirect or inadvertent residues of acetochlor, including its metabolites and degradates, in or on the raw agricultural commodities when present therein as a result of application of acetochlor to the growing crops in the table to paragraph (a) of this section. Compliance with the tolerance levels specified is to be determined by measuring only acetochlor, 2-chloro-2′-methyl-6-ethyl-N-ethoxymethylacetanilide, and its metabolites containing the ethyl methyl aniline (EMA) moiety and the hydroxyethyl methyl aniline (HEMA) moiety. Both parent and the named metabolites shall be determined as ethyl methyl aniline (EMA) and hydroxyethyl methyl aniline (HEMA), and calculated as the stoichiometric equivalents of acetochlor	Jan. 22, 2014
172	呋虫胺	缓生浆果，草莓除外，13-07H 亚组	0.2 ppm	Tolerances are established for residues of dinotefuran, (RS)-1-methyl-2-nitro-3-((tetrahydro-3-furanyl) methyl) guanidine, including its metabolites and degradates, in or on the commodities. Compliance with the tolerance levels specified is to be determined by measuring only the sum of dinotefuran and its metabolites DN, 1-methyl-3-(tetrahydro-3-furylmethyl) guanidine, and UF, 1-methyl-3-(tetrahydro-3-furylmethyl) urea, calculated as the stoichiometric equivalent of dinotefuran, in or on the commodities	Jan. 22, 2014
173	呋虫胺	豆瓣菜	8 ppm	Tolerances are established for residues of dinotefuran, (RS)-1-methyl-2-nitro-3-((tetrahydro-3-furanyl) methyl) guanidine, including its metabolites and degradates, in or on the commodities. Compliance with the tolerance levels specified is to be determined by measuring only the sum of dinotefuran and its metabolites DN, 1-methyl-3-(tetrahydro-3-furylmethyl) guanidine, and UF, 1-methyl-3-(tetrahydro-3-furylmethyl) urea, calculated as the stoichiometric equivalent of dinotefuran, in or on the commodities	Jan. 22, 2014

表1（续）

序号	农兽药名称	食品名称	限量要求	使用限制及备注	生效日期
174	呋虫胺	牛脂肪	0. 05 ppm	Tolerances are established for residues of dinotefuran, (RS) -1-methyl-2-nitro-3- ((tetrahydro-3-furanyl) methyl) guanidine, including its metabolites and degradates, in or on the commodities. Compliance with the tolerance levels specified is to be determined by measuring only the sum of dinotefuran, (RS) -1-methyl-2-nitro-3- ((tetrahydro-3-furanyl) methyl) guanidine in or on the commodities	Jan. 22, 2014
175	呋虫胺	牛肉	0. 05 ppm	Tolerances are established for residues of dinotefuran, (RS) -1-methyl-2-nitro-3- ((tetrahydro-3-furanyl) methyl) guanidine, including its metabolites and degradates, in or on the commodities. Compliance with the tolerance levels specified is to be determined by measuring only the sum of dinotefuran, (RS) -1-methyl-2-nitro-3- ((tetrahydro-3-furanyl) methyl) guanidine in or on the commodities	Jan. 22, 2014
176	呋虫胺	牛肉副产品	0. 05 ppm	Tolerances are established for residues of dinotefuran, (RS) -1-methyl-2-nitro-3- ((tetrahydro-3-furanyl) methyl) guanidine, including its metabolites and degradates, in or on the commodities. Compliance with the tolerance levels specified is to be determined by measuring only the sum of dinotefuran, (RS) -1-methyl-2-nitro-3- ((tetrahydro-3-furanyl) methyl) guanidine in or on the commodities	Jan. 22, 2014
177	呋虫胺	蛋	0. 01 ppm	Tolerances are established for residues of dinotefuran, (RS) -1-methyl-2-nitro-3- ((tetrahydro-3-furanyl) methyl) guanidine, including its metabolites and degradates, in or on the commodities. Compliance with the tolerance levels specified is to be determined by measuring only the sum of dinotefuran, (RS) -1-methyl-2-nitro-3- ((tetrahydro-3-furanyl) methyl) guanidine in or on the commodities	Jan. 22, 2014
178	Pyroxasulfone	大田玉米谷粒	0. 02 ppm	pyroxasulfone 及其代谢物和降解物的总量，检测 pyroxasulfone, 3- [[[5- (difluoromethoxy) -1-methyl-3- (trifluoromethyl) -1 H -pyrazol-4-yl] methyl] sulfonyl] -4, 5-dihydro-5, 5-dimethylisoxazole, 及其代谢物 5- (difluoromethoxy) -1-methyl-3- (trifluoromethyl) -1 H -pyrazol-4-carboxylic acid (M-3) 的总量，以 pyroxasulfone 当量计	Jul. 18, 2014
179	Pyroxasulfone	爆米花型玉米谷粒	0. 015 ppm	pyroxasulfone 及其代谢物和降解物的总量，检测 pyroxasulfone, 3- [[[5- (difluoromethoxy) -1-methyl-3- (trifluoromethyl) -1 H -pyrazol-4-yl] methyl] sulfonyl] -4, 5-dihydro-5, 5-dimethylisoxazole, 及其代谢物 5- (difluoromethoxy) -1-methyl-3- (trifluoromethyl) -1 H -pyrazol-4-carboxylic acid (M-3) 的总量，以 pyroxasulfone 当量计	Jul. 18, 2014
180	Pyroxasulfone	去皮带穗甜玉米棒	0. 015ppm	pyroxasulfone 及其代谢物和降解物的总量，检测 pyroxasulfone, 3- [[[5- (difluoromethoxy) -1-methyl-3- (trifluoromethyl) -1 H -pyrazol-4-yl] methyl] sulfonyl] -4, 5-dihydro-5, 5-dimethylisoxazole, 及其代谢物 5- (difluoromethoxy) -1-methyl-3- (trifluoromethyl) -1 H -pyrazol-4-carboxylic acid (M-3) 的总量，以 pyroxasulfone 当量计	Jul. 18, 2014
181	Pyroxasulfone	大田玉米草料	0. 09ppm	Tolerances are established for residues of the herbicide pyroxasulfone, including its metabolites and degradates, in or on the commodities. Compliance with the tolerance levels specified is to be determined by measuring only the sum of pyroxasulfone	Jul. 18, 2014

表1(续)

序号	农兽药名称	食品名称	限量要求	使用限制及备注	生效日期
182	三环唑	稻米	3.0 ppm	Tolerances are established for residues of the fungicide tricyclazole, including its metabolites and degradates, in or on the commodities. Compliance with the tolerance levels specified is to be determined by measuring only tricyclazole (5-methyl-1, 2, 4-triazolo [3, 4-b] benzothiazole). | There are no U. S. Registrations on Rice as of June 11, 2014	Jul. 18, 2014
183	季酮螨酯	杏仁外壳	20 ppm	季酮螨酯（3-（2, 4-二氯苯基）-2-氧-1-氧杂螺[4.5]十-3-en-4-基 2, 2-二甲基丁酸）	Jul. 11, 2014
184	季酮螨酯	蛋黄果	1 ppm	季酮螨酯（3-（2, 4-二氯苯基）-2-氧-1-氧杂螺[4.5]十-3-en-4-基 2, 2-二甲基丁酸）	Jul. 11, 2014
185	粉唑醇	香蕉	0.3 ppm	Tolerances are established for the residues of flutriafol, [(±)-α-(2-fluorophenyl)-α-(4-fluorophenyl)-1H-1, 2, 4-triazole-1-ethanol], including its metabolites and degradates in or on the commodities. Compliance with the tolerances is to be determined by measuring flutriafol only | There are no U. S. registrations as of October 22, 2013	Jul. 6, 2014
186	化学农药	见备注	见备注	Residues of the chemical substances are exempted from the requirement of a tolerance when used in accordance with good manufacturing practice as ingredients in an antimicrobial pesticide formulation, provided that the substance is applied on a semi-permanent or permanent food-contact surface (other than being applied on food packaging) with adequate draining before contact with food	Jul. 6, 2014
187	咪唑甲烟酸铵	花生	0.1 ppm	Tolerances are established for residues of the herbicide imazapic, including its metabolites and degradates, in or on the commodities. Compliance with the tolerance levels specified is to be determined by measuring the sum of imazapic	Jul. 4, 2014
188	丁氟螨酯	杏仁外壳	4 ppm	Tolerances are established for residues of the insecticide cyflumetofen, including its metabolites and degradates, in or on the commodities. Compliance with the tolerance levels for cyflumetofen is to be determined by measuring only cyflumetofen, 2-methoxyethyl α-cyano-α-[4-(1, 1-dimethylethyl) phenyl]-β-oxo-2-(trifluoromethyl) benzenepropanoate, in or on the commodity	May 21, 2014
189	氯恶草唑	牛脂肪	0.05 ppm	残留物：氯恶草唑及其代谢物和降解物	May 21, 2014
190	氟嘧菌酯	缓生浆果，13-07G 亚组	1.9 ppm	Tolerances are established for residues of fluoxastrobin, including its metabolites and degradates. Compliance with the tolerance levels specified is to be determined by measuring only fluoxastrobin	Apr. 11, 2014
191	唑螨酯	杏仁外壳	3 ppm	Tolerances are established for residues of the insecticide fenpyroximate, including its metabolites and degradates, in or on the commodities. Compliance with the tolerance levels specified is to be determined by measuring only the sum of fenpyroximate	Jun. 17, 2013
192	唑啉草酯	大麦麸	1.6 ppm	残留物：唑啉草酯（8-（2, 6-二乙基-4-甲基苯基）-1, 2, 4, 5-四氢-7-氧-7H-吡唑[1, 2-d][1, 4, 5]二氮杂卓-9-基 2, 2-二甲基丁酯），及其代谢物 8-（2, 6-二乙基-4-甲基苯基）-1, 2, 4, 5-四氢-7-氧-7H-吡唑[1, 2-d][1, 4, 5]二氮杂卓-7, 9-二(M2)，及 8-（2, 6-二乙基-4-羟甲基-苯基）-四氢-吡唑[1, 2-d][1, 4, 5]二氮杂卓-7, 9-二(M4)，和 4-（7, 9-二氧-六氢-二氮杂卓[1, 2-d][1, 4, 5]二氮杂卓-8-基）-3, 5-二乙基-苯甲酸(M6)的游离和化合态，用唑啉草酯计算的合并残留容许量	Jul. 27, 2005
193	棕榈疫霉	见备注	见备注	棕榈疫霉在初级农产品柑橘内/表残留容许量豁免	Jun. 3, 2009

表1(续)

序号	农兽药名称	食品名称	限量要求	使用限制及备注	生效日期
194	种菌唑	棉花轧棉副产品	0.01 ppm	残留物：种菌唑（2-［（4-chlorophenyl）methyl］-5-（1-methylethyl）-1-（1H-1，2，4-triazole-1-ylmethyl）cyclopentanol）源于种子处理的残留限量	Mar. 19，2014
195	植物挥发性物质和信息素	见备注	见备注	植物挥发性物质环癸二烯，环癸烯，环十五碳三烯和癸三烯及信息素 Z-2-异丙烯基-1-甲基环丁烷乙醇；Z-3，3-二甲基1-Δ1，β-环己烷乙醇；Z-3，3-二甲基-Δ1，α-环己烷乙荃；E-3，3-二甲基-Δ1，α-环己烷乙荃合并物作用于空洞合成纤维素中棉花时，其残留容许量豁免	Jun. 22，1983
196	芝麻茎	见备注	见备注	无公害杀线虫剂 sesame stalk 在下列未加工农产品中免除于残留限量要求：杏、未去籽棉花、轧棉副产品、大豆种子、大豆草料、大豆干草、碾碎的谷粒、马铃薯、糖用甜菜根、糖用甜菜顶部、番茄、胡椒粉、南瓜、草莓、茄子、黄瓜、胡萝卜、萝卜根部、萝卜顶部、芜箐根部、芜箐顶部、洋葱、干豌豆、鲜豌豆、瓜、葡萄、胡桃、橘子、柚子、桑葚、桃子、苹果、杏、黑莓、罗甘莓、美洲山核桃、樱桃、李子和酸果蔓果	Jun. 3，2009
197	真菌 Muscodor albus QST 20799 及其在再水合时产生的挥发物	见备注	见备注	当真菌 Muscodor albus QST 20799 及其在再水合时产生的挥发物用于所有农业用途，包括种子、芽和采收后处理时，其在所有食品/饲料商品上的残留容许量豁免	Sept. 28，2005
198	增效醚	绵羊脂肪	0.1 ppm	残留物：胡椒基丁醚［butyl carbityl）（6-propyl piperonyl）ether］的残留容许量	Dec. 13，2006
199	皂树提取物（皂角苷）	见备注	见备注	在所有食品商品内/表皂树提取物（皂角苷）残留容许量豁免	Aug. 1，2007
200	在生产发酵麦芽饮料时使用的加工粮食熏剂	见备注	见备注	根据以下条件，加工粮食熏剂可被安全使用：（1）甲基溴化物由于熏剂的使用造成的无机溴化物（以 Br 计算）的总残留不能超过 125 ppm；（2）甲基溴化物用于发酵麦芽饮料生产中熏制玉米粗面粉和稻谷爆腰；（3）为确保安全使用熏剂，其标签和标注应与在美国环境保护署的注册相一致，其使用应遵照标签或标注；（4）由本部分（2）段描述的用于在发酵麦芽饮料生产中熏制玉米粗面粉和稻谷爆腰的无机溴化物总残留，及在此法案第 408 和 409 部分的其他规定下的使用造成的无机溴化物残留不能超过 25 每百万份数（以 Br 计）	Dec. 13，2006
201	二苯胺	采收前或采收后苹果，包括使用包装的苹果	10 ppm	残留物：二苯胺	Jun. 15，2011
202	碳酸钠	见备注	见备注	碳酸钠残留容许量豁免	Jun. 8，2005
203	松油	见备注	见备注	松树油在未加工农产品蜂蜜和蜂巢中免除于残留限量要求；松树油作为除臭剂，浓度不超过 12%，与驱蜂剂丁酸酐用于蜂房上方的吸收衬垫	Jun. 3，2009
204	四溴菊酯	绿花菜	0.5 ppm	Tolerances are established for residues of the insecticide tralomethrin, including its metabolites and degradates, in or on the commodities. Compliance with the tolerance levels specified is to be determined by measuring only the sum of tralomethrin	Sept. 26，2012
205	四氢糠醇	见备注	见备注	当根据优良农业操作规范，作为惰性成分仅在下列情况下使用时，四氢糠醇（THFA，CAS 注册号 97-99-4）在所有初级农产品内/表残留容许量豁免：（1）用作种子处理；（2）在种植前或种植中使用；（3）在棉花上使用；（4）在小麦和大麦发芽前在除草剂中使用一次，在加拿大油菜和大豆开花前使用两次；（5）在除草剂中到田间玉米长到 24 英寸（1 英寸=25.4 毫米）高（V5 阶段）前使用两次	Aug. 9，2006

表1(续)

序号	农兽药名称	食品名称	限量要求	使用限制及备注	生效日期
206	四螨嗪	杏仁外壳	5 ppm	Clofentezine, including its metabolites and degradates. Compliance with the tolerance levels specified is to be determined by measuring only clofentezine, 3, 6-bis (2-chlorophenyl) -1, 2, 4, 5-tetrazine	Apr. 27, 2011
207	四聚乙醛	球形朝鲜蓟	0.07 ppm	Tolerances are established for residues of the molluscicide metaldehyde, including its metabolites and degradates, in or on the commodities. Compliance with the specified tolerance levels is to be determined by measuring only metaldehyde, 2, 4, 6, 8-tetramethyl-1, 3, 5, 7-tetroxocane	Nov. 27, 2013
208	水解酿酒酵母提取物	见备注	见备注	当应用于植物疾病管理时，这个规章建立了对从酿酒酵母中得到的生物杀虫剂酵母膏水解物在所有食品商品上的残留容许量豁免制度	Mar. 3, 2004
209	霜脲氰	青洋葱，3-07B 亚组	1.1ppm	Tolerances are established for residues of the fungicide, cymoxanil, 2-cyano -N- [(ethylamino) carbonyl] -2- (methoxyimino) acetamide	Jun. 15, 2011
210	双乙酸钠	见备注	见备注	双乙酸钠作为杀真菌剂用于采收后的下列农产品时，免除残留限量要求：紫花苜蓿干草、狗牙根干草、牧草干草、雀麦草、干草、苜蓿干草、玉米、玉米棒子、燕麦、鸭茅草干草、高粱、意大利黑麦草干草	Jun. 3, 2009
211	双炔酰菌胺	洋葱鳞茎，3-07A 亚组	0.05 ppm	Tolerances are established for residues of mandipropamid, including its metabolites and degradates, in or on the commodities. Compliance with the tolerance levels specified is to be determined by measuring only mandipropamid (4-chloro-N- [2- [3-methoxy-4- (2-propynyloxy) phenyl] ethyl] -α- (2-propynyloxy) benzeneacetamide) in or on the commodity	Dec. 20, 2013
212	双氯磺草胺	花生	0.02 ppm	残留物：双氯磺草胺［N-(2, 6-二氯芬) -5-乙氧基-7-氟［1, 2, 4］三氮啶［1, 5-c］嘧啶-2-磺胺］	Mar. 8, 2000
213	双甲脒	牛脂肪	0.1 ppm	残留物：双甲脒（N′-［2, 4-二甲基苯基］-N-［［(2, 4-二甲基苯基) 亚氨基］甲基］- N-methyl-methanimidamide）及其含2, 4-二分之一二甲基苯胺的代谢物的残留容许量	Mar. 20, 2013
214	双草醚	水稻秸秆	0.02 ppm	残留物：双草醚（钠2, 6-二［(4, 6-二甲氧基-嘧啶-2-基) 氧］苯甲酸盐）	Feb. 2, 2011
215	双苯三唑醇	香蕉	0.5 ppm	残留物：双苯三唑醇	Sept. 16, 2009
216	双苯氟脲	马肝脏	1ppm	Tolerances are established for residues of the insecticide novaluron, including its metabolites and degradates. Compliance with the tolerance levels specified is to be determined by measuring only novaluron	Jul. 3, 2013
217	双苯恶唑酸	大田玉米草料	0.2 ppm	残留物：双苯噁唑酸（乙基5, 5-联苯-2-唑啉-3-羧酸酯，(CAS No. 163520-33-0)，及其代谢物4, 5-二氢-5, 5-联苯-2-唑啉-3-羧酸	Nov. 14, 2007
218	鼠李糖脂生物表面活性剂	见备注	见备注	当根据优良农业操作规范作为杀真菌剂使用时，鼠李糖脂生物表面活性剂的残留容许量豁免	Mar. 31, 2004
219	熟亚麻籽油	见备注	见备注	当作为S-乙基六氢-1氢-氮杂革-1——硫代甲酸酯涂层剂使用时，熟亚麻籽油（含不超过0.33%环烷酸锰和不超过0.33%环烷酸钴）残留容许量豁免。农药配方中“熟亚麻籽油”的含量不能超过15%。这一豁免条款仅适用于大米可食用部分形成前	Jun. 29, 1981
220	石硫合剂	见备注	见备注	石硫合剂残留容许量豁免	Jun. 8, 2005
221	石灰	见备注	见备注	石灰残留容许量豁免	Jun. 8, 2005

表1(续)

序号	农兽药名称	食品名称	限量要求	使用限制及备注	生效日期
222	生化农药植物花的挥发性引诱剂化合物：肉桂醛，肉桂醇，4-甲氧基肉桂醛，3-苯基丙醇，4-甲氧苯乙基酒精，吲哚，和1，2，4-三甲氧基苯	见备注	见备注	作为来自最终产品玉米食虫诱饵（一种杀虫诱饵）的生化农药植物花的挥发性引诱剂化合物，肉桂醛，肉桂醇，4-甲氧基肉桂醛，3-苯基丙醇，4-甲氧苯乙醇，吲哚，和1，2，4-三甲氧基苯在以下初级农产品内/表残留容许量豁免：紫花苜蓿、三叶草、棉花、蒲公英、花生（包括干草）、稻米、高粱（买罗高粱）、大豆、向日葵、甘薯、小麦，芦笋、豆（包括草料、干草）、甜菜、胡萝卜、芹菜、油菜作物（卷心菜、椰菜、抱子甘蓝、花椰菜）、羽衣甘蓝（羽衣甘蓝、芥菜叶、芜青叶、大头菜）、玉米、玉米饲料和草料、大白菜 、豇豆、瓜（黄瓜、倭瓜、南瓜）、茄子、菊苣（做沙拉的一种蔬菜）、山葵（萝卜、芜菁甘蓝、芜青根）、多叶的叶（菠菜、瑞士甜菜）、莴苣（头叶）、黄秋葵、欧芹、欧洲防风草、豌豆、带荚豌豆、辣椒、土豆、糖甜菜、番茄，杏仁、苹果、杏、浆果（黑莓、波森莓、悬钩子、罗甘莓、悬钩子）、蓝莓、樱桃、柑橘（柚子、金橘、柠檬、酸橙、橙、蜜柑与柚子的杂交果实、橘子）蔓越橘、葡萄、瓜（西瓜、蜜汁、克伦肖、哈密瓜、甜瓜、波斯瓜）、油桃、梨、美洲山核桃、桃、草莓	Apr. 5，1994
223	生长素	见备注	见备注	根据优良农业操作规范，当作为植物调节剂作用于植物、种子或插苗，或在采收后作用于食品商品时，植物生长素（特指：吲哚-3-醋酸和吲哚-3-酪酸）残留容许量豁免	Jun. 11，1999
224	麝香草酚	见备注	见备注	根据 EPA 授权的第 18 部分紧急豁免的杀虫剂的用法，麝香草酚在蜂蜜和蜂巢上的残留可获有时间限制的容许量豁免。麝香草酚残留有时间限制的豁免将在 2007 年 6 月 30 日期满	Mar. 25，2009
225	山梨糖醇辛酸酯	见备注	见备注	当根据标签说明使用时，山梨糖醇辛酸酯在所有食品商品内/表残留容许量豁免	Jan. 27，2006
226	山梨酸钾	见备注	见备注	山梨酸钾残留容许量豁免	Jun. 8，2005
227	杀线威	块茎和球茎蔬菜，1C 亚组	0. 1 ppm	残留物：杀线威，甲基 N，N-二甲基- N -［（甲基氨基甲酰）-oxy］-1-thiooxamimidate，及其代谢物甲基 N，N-二甲基- N -羟基-1-thiooxamimidate 的残留容许量	Sept. 24，2008
228	杀扑磷	高粱草料	2 ppm	Tolerances are established for residues of the insecticide methidathion, including its metabolites and degradates. Compliance with the tolerance levels specified is to be determined by measuring only methidathion	Sept. 14，2011
229	杀螟硫磷	小麦面筋	3 ppm	杀螟硫磷 O，O-二甲基 O -（4-硝基- m-甲苯基）硫代磷酸酯	Sept. 24，2008
230	杀虫威	禽肉	3 ppm	Poultry, meat (of which no more than 3 ppm is tetrachlorvinphos per se) ｜残留物：Tolerances are established for the combined residues of the insecticide tetrachlorvinphos	Aug. 30，2013
231	杀草敏	菜用甜菜根	0. 9 ppm	残留物：杀草敏及其代谢物（以杀草敏计算）的残留容许量	Sept. 10，200
232	三唑酮	菠萝	2 ppm	残留物：三唑酮 1-（4-氯苯氧基）-3，3-二甲基-1-（1 H -1，2，4-三氮唑-1-yl）-2-丁酮，和氯苯氧基二甲乙基三唑乙醇，β-（4-氯苯氧基）-α-（1，1-二甲乙烷基）-1 H -1，2，4-三唑-1-乙醇，用三唑酮表示的合并残留容许量	Jun. 15，2011
233	三唑并嘧啶类杀菌剂	青洋葱，3-07B 亚组	20 ppm	三唑并嘧啶类杀菌剂及其代谢物和降解物的总量，检测 ametoctradin（5-ethyl-6-octyl［1，2，4］triazolo［1，5-a］pyrimidin-7-amine）的含量	May 9，2012

表1(续)

序号	农兽药名称	食品名称	限量要求	使用限制及备注	生效日期
234	三异丙醇铝和仲丁醇铝	见备注	见备注	当三异丙醇铝（CAS 注册号 555-31-7）和仲丁醇铝（CAS 注册号 2269-22-9）根据优良农业操作规范，作为杀虫剂双甲脒［N′-（2，4-二甲基苯基）-N-［［（2，4-二甲基苯基）氨基］-N-甲基乙酸甲脒］中的稳定剂作用于生长中的农作物或动物时，容许量豁免	Sept. 21，1988
235	三乙基膦酸铝	鳄梨	25 ppm	残留物：铝三（O-乙基磷酸酯）及其代谢物和降解物	Apr. 27，2011
236	三甲苯草酮	小麦草料	0. 05 ppm	残留物：2-［1-（乙氧亚氨基）丙基］-3-羟基-5-（2，4，6-三甲苯基）-（9Cl）	Nov. 23，2005
237	三环唑	稻米	3 ppm	Tolerances are established for residues of the fungicide tricyclazole，including its metabolites and degradates，in or on the commodities. Compliance with the tolerance levels specified is to be determined by measuring only tricyclazole（5-methyl-1，2，4-triazolo［3，4-b］benzothiazole）	Jun. 11，2014
238	三氟羧草醚钠盐	花生	0. 1 ppm	残留物：三氟羧草醚钠盐钠5-［2-氯-4-（三氟代甲基）苯氧基］-2-硝基苯甲酸盐及其代谢物（对应的酸、甲酯和氨基类似物）的残留容许量	Sept. 15，2006
239	三氟啶黄隆	杏仁	0. 02 ppm	残留物：三氟啶黄隆 N-［［（4，6-二甲氧基-2-嘧啶基）氨基］碳酰基］-3-（2，2，2-三氟乙氧基）-2-嘧啶磺胺	Sept. 17，2003
240	三氟丙磺隆	粮谷类草料、饲料和秸秆，16组，稻米饲料除外	0. 01 ppm	残留物：三氟丙磺隆及其代谢物和降解物	Dec. 18，2009
241	三苯乙烯基苯酚聚氧乙烯醚	见备注	见备注	poly（oxy-1，2-ethanediyl），α-［2，4，6-tris（1-phenylethyl）phenyl］-ω-hydroxy-，（CAS Reg. No. 70559-25-0）and poly（oxy-1，2-ethanediyl），α-［tris（1-phenylethyl）phenyl］-ω-hydroxy-，（CAS Reg. No. 99734-09-5）作为惰性物质用于采收后的柑橘属作物 group 10 时，免除于残留限量要求	Mar. 25，2009
242	三苯基羟基锡	美洲山核桃	0. 05 ppm	残留物：三苯基羟基锡（TPTH）及其单苯基锡（MPTH）和二苯基锡（DPTH）的羟化或氧化代谢物的合并残留容许量，以母体 TPTH 表示	Aug. 1，2007
243	三（2-乙基己基）磷酸酯	见备注	见备注	（1）遵循良好农业操作规范使用；（2）Tris（2-ethylhexyl）phosphate 在农药制剂中和活性成分 pinoxaden，clodinafop-propargyl，tralkoxydium 作为惰性物质；（3）Tris（2-ethylhexyl）phosphate 每季使用不超过 2 次；（4）使用晚于 pre-boot 阶段（在形成可食用谷物部分之前）	Jun. 3，2009
244	噻唑磷	番茄	0. 02 ppm	残留物：fosthiazate，including its metabolites and degradates，in or on the commodity . Compliance with the tolerance level specified in this paragraph is to be determined by measuring only the sum of fosthiazate	Apr. 27，2011
245	噻唑菌胺	葡萄	6 ppm	残留物：噻唑菌胺 N-（氰基-2-噻吩甲基）-4-乙基-2-（乙基氨基）-5-噻唑甲酰胺	Sept. 27，2006
246	噻嗪酮	青咖啡豆	0. 35 ppm	Tolerances are established for residues of buprofezin，including its metabolites and degradates in or on the commodities. Compliance with the tolerance levels specified is to be determined by measuring only the buprofezin，2-［（1，1-dimethylethyl）imino］tetrahydro-3（1-methylethyl）-5-phenyl-4 H-1，3，5-thiadiazin-4-one，in the commodity	Jul. 30，1997
247	噻螨酮	杏仁外壳	10 ppm	残留物：噻螨酮反式-5-（4-氯苯基）-N-环己基-4-甲基-2-氧代噻唑啉-3-甲酰胺及其含（4-氯苯基）-4-甲基-2-oxo-3-二分之一噻唑啉的代谢物	Apr. 26，1989

表1(续)

序号	农兽药名称	食品名称	限量要求	使用限制及备注	生效日期
248	噻菌灵	苹果渣，湿	12 ppm	残留物：涕必灵（2-（4-噻唑基）苯并咪唑）及代谢物苯并咪唑（游离和结合态）的合并残留容许量	Jun. 28，1977
249	噻虫嗪	紫花苜蓿草料	0.05 ppm	残留物：Tolerances are established for residues of the insecticide thiamethoxam, including its metabolites and degradates, in or on the commodities. Compliance with the tolerance levels specified below is to be determined by measuring only thiamethoxam	Dec. 20，2000
250	噻虫啉	山羊脂肪	0.02 ppm	残留物：噻虫啉（［3-［（6-氯-3-吡啶基）甲基］-2-噻唑烷基］氨腈）及其保留完整噻唑烷基的代谢物，用噻虫啉计算和表示的合并残留容许量	Feb. 6，2013
251	噻虫胺	杏仁外壳	1.5 ppm	Tolerances are established for residues of the insecticide clothianidin, including its metabolites and degradates. Compliance with the tolerance levels specified is to be determined by measuring only clothianidin,（E）-N-［（2-Chloro-5-thiazolyl）methyl］-N′-methyl-N″-nitroguanidine, in or on the raw agricultural commodities	Mar. 29，2013
252	噻草啶	葡萄柚	0.05 ppm	残留物：噻唑烟酸（3-吡啶羧酸，2-（二氟甲基）-5-（4，5-二氢-2-噻唑基）-4-（2-甲基丙烷基）-6-（三氟甲基）-甲酯）及其代谢物2-（二氟甲基）-6-（三氟甲基）-3，4，5-嘧啶三羧基酸，以母体同类物表示的残留容许量	Mar. 5，1997
253	噻苯隆	牛脂肪	0.4 ppm	残留物：噻苯隆（N-苯基-N-1，2，3-噻二唑-5-脲）及其含苯胺的代谢物的合并残留容许量	Sept. 19，2007
254	乳酸	见备注	见备注	当作为植物生长调节剂使用时，乳酸（2-羟基丙酸）在所有初级农产品内/表残留容许量豁免	May 4，1988
255	乳氟禾草灵	食荚菜豆,多汁,利马豆除外	0.01 ppm	残留物：乳氟禾草灵及其代谢物和降解物	Apr. 27，2011
256	肉桂醛	见备注	见备注	当根据优良农业操作规范，作为杀真菌剂、杀冲击和除海藻剂使用时，肉桂醛在所有食品商品内/表的残留容许量豁免	Mar. 24，1999
257	溶血磷脂酰乙醇胺	见备注	见备注	所有食品商品内/表微生物农药溶血磷脂酰乙醇胺可豁免于容许量的要求	Apr. 11，2002
258	日本金龟颗粒病毒的包含体	见备注	见备注	有害微生物控制剂日本金龟颗粒病毒的包含体（苹果小卷蛾）在所有初级农产品内/表的残留容许量豁免	Aug. 16，1995
259	萁孢菌素	香蕉，进口	3 ppm	残留物：萁孢菌素（8-（1，1-二甲基乙基）-N-乙基-N-丙基-1，4-环己二酮单乙醚［4，5］-2-甲胺）及其含N-乙基-N-丙基-1，2-二羟基-3-半族氨基丙烷的代谢物，用母体同类物计算的残留容许量	Dec. 1，2010
260	壬酸	见备注	见备注	当壬酸作为抗菌剂，在稀释后的含量为每次170 ppm的壬酸溶液中作用于食品表面，如餐厅、食品供应处、奶制品店、酿酒厂、葡萄酒酿造厂、饮料和食品加工厂的设备、管道、箱、大桶、漏斗、蒸发器、巴氏消毒器和防腐设备上时，壬酸在所有初级农产品内或上或加工商品内的残留容许量豁免	Feb. 19，2003
261	炔草酯	小麦草料	0.1 ppm	Tolerances are established for clodinafop-propargyl, including its metabolites and degradates, in or on the commodities. Compliance with the tolerance levels specified is to be determined by measuring only clodinafop-propargy	Dec. 5，2012
262	炔苯酰草胺	马肾脏	0.4 ppm	残留物：戊炔草胺及其代谢物和降解物	Apr. 27，2011
263	球形芽孢杆菌	见备注	见备注	当作用于所有食品农作物内或上时，微生物农药球形芽孢杆菌可豁免于容许量的要求	Sept. 11，1998

表1(续)

序号	农兽药名称	食品名称	限量要求	使用限制及备注	生效日期
264	球孢白僵菌菌株GHA	见备注	见备注	当根据优良农业操作规范，作用于生长的农作物时，球孢白僵菌菌株 GHA 在所有初级农产品内/表残留容许量豁免	Apr. 12，1995
265	球孢白僵菌 HF23	见备注	见备注	当球孢白僵菌 HF23 用于鸡和牲畜设施的处理，包括鸡和牲畜粪便的处理时，其在所有食品/饲料商品的残留容许量豁免	Mar. 5，2010
266	庆大霉素	苹果	0. 1 ppm	残留物：庆大霉素及与其相关的根据 EPA 授权的第 18 部分紧急豁免的用法的有时间限制的残留容许量	Jul. 30，2008
267	氰霜唑	罗勒干叶	90 ppm	Tolerances are established for residues of the fungicide cyazofamid，including its metabolites and degradates，in or on the commodities. Compliance with the tolerance levels specified is to be determined by measuring only the sum of 4-chloro-2-cyano- N	Sept. 26，2012
268	氰氟虫腙	树生坚果，14组	0. 04 ppm	氰氟虫腙及其代谢物和降解物的残留限量。检测氰氟虫腙 metaflumizone（E and Z isomers；2-［2-（4-cyano-phenyl）-1-［3-（trifluoromethyl）phenyl］ethylidene］-N-［4-（trifluoromethoxy）phenyl］hydrazinecarboxamide）	Apr. 4，2014
269	氰氟草酯	稻米	0. 4 ppm	残留物：cyhalofop（cyhalofop-butyl，R-（+）-n-butyl-2-（4（4-cyano-2-fluorophenoxy）-phenoxy）propionate，plus cyhalofop acid，R-（+）-2-（4（4-cyano-2-fluorophenoxy）-phenoxy）propionic acid）	Dec. 30，2011
270	清澄亲油性苦楝油提取物	见备注	见备注	当作为植物学杀真菌剂/杀虫剂/杀螨剂使用时，清澄亲油性苦楝油提取物容许量豁免	Jun. 28，2002
271	氢氰酸	柑橘类水果	50 ppm	残留物：作用于氰化钠的杀虫剂氰化氢的残留容许量	Jul. 21，1999
272	嗪草酮	芦笋	0. 1 ppm	残留物：嗪草酮 4-氨基-6-特丁基-4，5-二氢-3-甲基硫-1，2，4-三嗪-5 -酮及其三嗪代谢物的残留容许量	Jul. 31，2002
273	嗪氨灵	蓝莓	1 ppm	Tolerances are established for residues of triforine，including its metabolites and degradates. Compliance with the tolerance levels specified in the following table is to be determined by measuring only triforine	Jun. 19，2013
274	芹菜夜蛾核型多角体病毒的包含体	见备注	见备注	当用于控制特定鳞翅类有害生物物种时，微生物虫害控制剂芹菜夜蛾核型多角体病毒的包含体在所有初级农产品内/表的残留容许量豁免	Jul. 19，1995
275	强固芽孢杆菌 I-1582	见备注	见备注	当用作土壤或种子处理时，强固芽孢杆菌 I-1582 在食品/饲料商品内/表的残留容许量豁免	May 7，2008
276	七氟菊酯	大田玉米草料	0. 06 ppm	残留物：七氟菊酯（2，3，5，6 四氟-4-甲苯基）甲基-（1α，3α）-（Z）-（±）-3（2-氯-3，3，3-三氟-1-丙烯基）-2，2-二甲基环丙烷羧酸酯及其代谢物（Z）-3-（2-氯-3，3，3-三氟-1-丙烯基）-2，2-二甲基环丙烷羧基酸	Sept. 9，2009
277	扑灭津	高粱草料	0. 25 ppm	残留物：扑灭津	Sept. 29，2010
278	扑草净	块根芹根	0. 05 ppm	残留物：扑草净（2，4-bis（isopropylamino）-6-methylthio- s -triazine）	Sept. 11，2013
279	偏硅酸钠	见备注	见备注	当根据注册商标比率和优良农业操作规范，作为植物干燥剂，以不超过水溶液重量的 4% 使用时，偏硅酸钠在所有食品商品内/表残留容许量豁免	Apr. 14，2006
280	硼酸及其盐，硼砂（十水四硼酸钠），八硼酸二钠，硼氧化物（硼酐），硼酸钠和偏硼酸钠	见备注	见备注	当根据优良农业操作规范，作为杀虫剂、除草剂或杀真菌剂中的活性成分在采收前或采收后使用时，杀虫剂化学品硼酸及其盐、硼砂（十水四硼酸钠）、四水合八硼酸二钠、硼氧化物（硼酐）、硼酸钠和偏硼酸钠在初级农产品内/表残留容许量豁免	Aug. 20，1993

表1(续)

序号	农兽药名称	食品名称	限量要求	使用限制及备注	生效日期
281	纳他霉素	见备注	见备注	当纳他霉素作为用于蘑菇防止真菌孢子萌发的抑真菌剂用于封闭的蘑菇生产设施种植的蘑菇时，残留限量可豁免	May 18，2012
282	内氟吡菌胺	头茎芸苔，5A亚组	5 ppm	残留物：fluopicolide［2，6-dichloro- N -［［3-chloro-5 -（trifluoromethyl）-2-pyridinyl］methyl］benzamide］，including its metabolites and degradates	Mar. 5，2014
283	木霉菌株 ICC 080	见备注	见备注	根据优良农业操作规范，当木霉菌株 ICC 080 应用于采收前，其在所有食品和饲料商品内/表的残留容许量豁免	Feb. 25，2010
284	茉莉酮	见备注	见备注	An exemption from the requirement of a tolerance is established for residues of the biochemical pesticide prohydrojasmon（PDJ）	Dec. 11，2013
285	磨坊机械的熏剂	见备注	见备注	在以下规定条件下，熏剂可在磨坊机械内或外安全使用：（1）熏剂含甲基溴化物；（2）为确保安全使用熏剂，其标签和标注应与在美国环境保护署的注册相一致，其使用用应遵照标签或标注；（3）所有熏剂的无机溴化物残留（以 Br 计算），包括磨坊机械的熏剂，不能超过 125 每百万份数	Jun. 24，1998
286	灭蝇胺	禽肉（蛋鸡和蛋种鸡）	0. 05 ppm	残留物：灭蝇胺及其代谢物和降解物	Apr. 27，2011
287	灭螨醌	杏仁外壳	2 ppm	残留物：灭螨醌 2-（乙酰氧）-3-十二烷基-1，4-萘醌，及其代谢物 2-十二烷基-3-羟基-1，4-萘醌，以灭螨醌计算的残留容许量	May 2，2012
288	灭菌唑	粮谷类草料、饲料和秸秆，16组，稻米除外	0. 1 ppm	残留物：灭菌唑（1RS）-（E）-5-［（4-氯苯基）亚甲基］-2，2-二甲基-1-（1 H -1，2，4-三唑-1-基甲基）环戊醇	Jan. 27，2010
289	灭菌丹	苹果	5 ppm	残留物：灭菌丹（N -（trichloromethylthio）phthalimide）的残留容许量	Aug. 1，2007
290	灭多威	紫花苜蓿草料	10 ppm	Tolerances are established for residues of the insecticide methomyl，including its metabolites and degradates，in or on the commodities. Compliance with the tolerance levels specified is to be determined by measuring only methomy	Sept. 26，2012
291	灭草烟	牛肉副产品，肾脏除外	0. 05 ppm	残留物：灭草烟［2-［4，5-二氢-4-甲基-4-（1-甲基乙烷基）-5-氧-1H-咪唑-2-基］-3-嘧啶羧基酸］	Apr. 9，2014
292	灭草松	干豆种子	0. 05 ppm	残留物：苯达松（3-异丙基-1 H -2，1，3-苯并噻二嗪-4（3 H）-1-2，2-二氧化物）及其 6- 和 8-羟基代谢物的残留容许量	May 26，1977
293	棉红铃虫性诱剂	见备注	见备注	棉红铃虫性诱剂（1：1 mixture of（Z，Z）- and（Z，E）-7，11-hexadecadien-1-ol acetate）在未加工农产品未去籽棉花中免除于残留限量要求，通过毛细管纤维应用于棉花	Jun. 3，2009

表 2　美国食品中其他污染物限量查询

序号	食品名称	污染物名称	限量	使用限制及备注
1	动物源性（包括鱼粉和水产品副产品）饲料成分，以及浓缩饲料、饲料添加剂、饲料预混料	多氯联苯	2 mg/kg	
2	鸡和大于四个月的育肥肉牛的饲料所用的粮谷及粮谷副产品中，建议这些粮谷及粮谷副产品在饲料中所占比例不超过20%	脱氧雪腐镰刀菌烯醇	10 mg/kg	
3	生产猪饲料所用的粮谷及粮谷副产品中，建议这些粮谷及粮谷副产品在饲料中所占比例不超过 20%	脱氧雪腐镰刀菌烯醇	5 mg/kg	
4	巴西坚果	黄曲霉毒素	20 μg/kg	
5	部分氢化和氢化鲱鱼油	镍	0. 5 ppm	
6	部分氢化和氢化鲱鱼油	汞	0. 5 ppm	
7	部分氢化和氢化鲱鱼油	砷	0. 1 ppm	
8	部分氢化和氢化鲱鱼油	铅	0. 1 ppm	
9	菜籽油	砷	3 ppm	
10	菜籽油	铅	10 ppm	
11	成人用的镀银碟子（6 个检测结果的平均值）	铅	限量	使用限制及备注中文
12	除胚的干燥磨制玉米产品（如：玉米渣、玉米粉，以干物质为基础的脂肪含量<2. 25 %）	伏马毒素总量（FB1+FB2+FB3）	限量	使用限制及备注中文
13	大麦芽	二甲基亚硝胺	7 ug/L	触发行动水平（ug/L 浸出液）
14	袋装完整的饮食、包装饲料、饲料成分、散装饲料、动物零食	钴-60 或铯-137 密封装置产生的伽马射线、由功率不超过 10 MeV 的机械源产生的电子	2 mg/kg	
15	蛋类	多氯联苯	10 μg/kg	
16	低矿物乳清	重金属（如铅）	吸收剂量：不超过 50 kGy	微生物的消毒，控制或消除；经辐照处理过的饲料和饲料成分应计算营养损失
17	低乳糖乳清	重金属（如铅）	0. 3 mg/kg	
18	儿童常食用的糖果	铅	10 ppm	

表2(续)

序号	食品名称	污染物名称	限量	使用限制及备注
19	发芽用种子	钴-60或铯-137密封装置产生的伽马射线；由功率不超过10 MeV的机械源产生的电子；由功率不超过5 MeV的机械源产生的X射线，但本节4(a)许可的除外；由能量不超过5 MeV的机械源产生的X射线	10 ppm	
20	非冷藏（冷冻）的未烹饪的肉、肉副产品和某些肉类食品	钴-60或铯-137密封装置产生的伽马射线；由功率不超过10 MeV的机械源产生的电子；由功率不超过5 MeV的机械源产生的X射线，但本节4(a)许可的除外；由能量不超过5 MeV的机械源产生的X射线	0. 1 ppm	触发行动水平
21	鲱鱼油	铅	限量	使用限制及备注中文
22	鲱鱼油	汞	0. 1 ppm	
23	干的或脱水的酶制剂（包括固化酶）	钴-60或铯-137密封装置产生的伽马射线；由功率不超过10 MeV的机械源产生的电子；由功率不超过5 MeV的机械源产生的X射线，但本节4(a)许可的除外；由能量不超过5 MeV的机械源产生的X射线	0. 5 ppm	
24	干燥磨制玉米麸	伏马毒素总量（FB1+FB2+FB3）	不超过10 kGy(1 mrad)	为了微生物消毒
25	蛤、蚌类、牡蛎（新鲜的、冷冻的和罐装的）	麻痹性贝毒素	4 mg/kg	
26	供45千克及以上重量的育肥猪使用的玉米和花生制品	黄曲霉毒素	80 μg/100g	肉中含量
27	供动物类或用途在上面没有专门列出，或用途不清楚时使用的玉米、花生制品、棉籽粕	黄曲霉毒素	200 μg/kg	
28	供肉牛、奶牛、猪或家禽使用的棉籽粕（不分日龄和饲养阶段）	黄曲霉毒素	20 μg/kg	
29	供育肥肉牛使用的玉米和花生制品	黄曲霉毒素	300 μg/kg	
30	供种肉牛、种猪或成熟期家禽使用的玉米和花生制品	黄曲霉毒素	300 μg/kg	
31	果汁产品	紫外线	100 μg/kg	
32	花生和花生制品	黄曲霉毒素	限量	使用限制及备注中文

表2(续)

序号	食品名称	污染物名称	限量	使用限制及备注
33	鸡和火鸡的可食用组织和蛋：蛋	砷	管内湍流最低雷诺数为 2 200	减少人类病原体等微生物；辐射源由释放波长 90% 为 253.7 纳米低压汞灯构成
34	鸡和火鸡的可食用组织和蛋：未煮的可食用副产品	砷	20 μg/kg	
35	鸡和火鸡的可食用组织和蛋：未煮的肉	砷	0.5 ppm	
36	家禽饲料或家禽饲料成分	钴-60 密封源产生的伽马射线	2 ppm	
37	甲壳动物	铅	0.5 ppm	
38	甲壳动物	镍	最低剂量 2 kGy (0.2 Mrad)；最大剂量 25 kGy (2.5 Mrad)	经辐照处理过的饲料应计算营养损失。若照射到饲料成分小于最终产品的 5%，最终产品可以不考虑经过辐照处理
39	甲壳动物	镉	1.5 ppm	
40	甲壳动物	铬	70 ppm	
41	甲壳动物	砷	3 ppm	
42	仅在国家航空或空间管理太空飞行计划项目中使用的冷冻、包装肉	钴-60 或铯-137 密封装置产生的伽马射线；由功率不超过 10 MeV 的机械源产生的电子；由功率不超过 5 MeV 的机械源产生的 X 射线，但本节 4 (a) 许可的除外；由能量不超过 5 MeV 的机械源产生的 X 射线	12 ppm	
43	进口白兰地酒	甲醇	限量	使用限制及备注中文
44	开心果	黄曲霉毒素	76 ppm	
45	冷藏或冷冻且未煮的属于 9 CFR 301.2 (rr) 范围内的肉，9 CFR 301.2 (tt) 范围内的肉副产品或 9 CFR 301.2 (uu) 范围内的肉类食品	钴-60 或铯-137 密封装置产生的伽马射线；由功率不超过 10 MeV 的机械源产生的电子；由功率不超过 5 MeV 的机械源产生的 X 射线，但本节 4 (a) 许可的除外；由能量不超过 5 MeV 的机械源产生的 X 射线	最小剂量为 44 kGy；若其食用的包装材料符合本章第 174 至 186 部分适用法规的规定，则不必符合 § 179.25 (c)	为了杀菌
46	麦芽酒精饮料	二甲基亚硝胺	0	
47	美国添加氟化物的瓶装水	氟化物	20 μg/kg	

表2(续)

序号	食品名称	污染物名称	限量	使用限制及备注
48	美国添加氟化物的瓶装水	氟化物	冷藏产品的最大剂量不超过4.5 kGy，冷冻产品的最大剂量不超过7.0 kGy	为了控制食源性致病菌，延长保质期
49	美国添加氟化物的瓶装水	氟化物	5 μg/kg	
50	美国添加氟化物的瓶装水	氟化物	1.7 mg/L	年度平均每日最高气温为53.7 ℉及以下
51	美国添加氟化物的瓶装水	氟化物	1.5 mg/L	年度平均每日最高气温为53.8~58.3 ℉
52	美国添加氟化物的瓶装水	氟化物	1.3 mg/L	年度平均每日最高气温为58.4~63.8 ℉
53	美国添加氟化物的瓶装水	氟化物	1.2 mg/L	年度平均每日最高气温为63.9~70.6 ℉
54	美国未添加氟化物的瓶装水	氟化物		
55	美国未添加氟化物的瓶装水	氟化物	限量	使用限制及备注中文
56	美国未添加氟化物的瓶装水	氟化物	1 mg/L	年度平均每日最高气温为70.7~79.2 ℉
57	美国未添加氟化物的瓶装水	氟化物	0.8 mg/L	年度平均每日最高气温为79.3~90.5 ℉
58	美国未添加氟化物的瓶装水	氟化物	0.8 mg/L	适用于进口瓶装水
59	美国未添加氟化物的瓶装水	氟化物	2.4 mg/L	年度平均每日最高气温为53.7 ℉及以下
60	美国未添加氟化物的瓶装水	氟化物	2.2 mg/L	年度平均每日最高气温为53.8~58.3 ℉
61	面粉、麸皮和胚芽等可能会被人类消耗的小麦产品	脱氧雪腐镰刀菌烯醇	2 mg/L	年度平均每日最高气温为53.8~58.3 ℉
62	牛奶	黄曲霉毒素 M1	1.8 mg/L	年度平均每日最高气温为63.9~70.6 ℉
63	牛奶（以脂肪为计算基础）	多氯联苯	1.6 mg/L	年度平均每日最高气温为70.7~79.2 ℉

表2(续)

序号	食品名称	污染物名称	限量	使用限制及备注
64	苹果汁、回兑苹果汁（如果是苹果汁浓缩物）或者食品中所含的苹果汁(如果苹果汁为食品组分)。本指南中苹果汁指未经浓缩的100%苹果汁	棒曲霉素	1.4 mg/L	年度平均每日最高气温为79.3~90.5 ℉
65	瓶装水	砷	1.4 mg/L	适用于进口瓶装水
66	瓶装水	锑	限量	使用限制及备注中文
67	瓶装水	钡	1 mg/kg	
68	瓶装水	铍	0.5 μg/kg	
69	瓶装水	镉	1.5 mg/kg	
70	瓶装水	铬	50 μg/kg	
71	瓶装水	铜	0.01 mg/L	
72	瓶装水	铅	0	
73	瓶装水	汞	2 mg/L	
74	瓶装水	镍	0.004 mg/L	
75	瓶装水	硒	0.005 mg/L	
76	瓶装水	铊	0.1 mg/L	
77	瓶装水	铁	限量	使用限制及备注中文
78	瓶装水	锰	1 mg/L	
79	瓶装水	锌	0.005 mg/L	
80	瓶装水	铝	0.002 mg/L	
81	瓶装水	银	0.1 mg/L	
82	瓶装水	氯化物	0.05 mg/L	
83	瓶装水	酚类	0.002 mg/L	
84	瓶装水	总溶解固体	0.3 mg/L	矿泉水豁免该限量要求
85	瓶装水	氰化物	0.05 mg/L	矿泉水豁免该限量要求
86	瓶装水	硝酸盐	5 mg/L	矿泉水豁免该限量要求
87	瓶装水	亚硝酸盐	0.2 mg/L	
88	瓶装水	硝酸盐和亚硝酸盐总量	限量	使用限制及备注中文
89	瓶装水	苯	0.1 mg/L	
90	瓶装水	四氯化碳	250 mg/L	矿泉水豁免该限量要求
91	瓶装水	邻二氯苯	0.001 mg/L	

表2（续）

序号	食品名称	污染物名称	限量	使用限制及备注
92	瓶装水	对二氯苯	500 mg/L	矿泉水豁免该限量要求
93	瓶装水	1，2-二氯乙烷	0. 2 mg/L	
94	瓶装水	1，1-二氯乙烯	10 mg/L	以氮含量计算
95	瓶装水	顺式-1，2 - 二氯乙烯	1 mg/L	以氮含量计算
96	瓶装水	反式-1，2 - 二氯乙烯	10 mg/L	以氮含量计算
97	瓶装水	二氯甲烷	0. 005 mg/L	
98	瓶装水	1，2 - 二氯丙烷	0. 005 mg/L	
99	瓶装水	乙苯	0. 6 mg/L	
100	瓶装水	一氯苯	0. 075 mg/L	
101	瓶装水	苯乙烯	0. 005 mg/L	
102	瓶装水	四氯乙烯	0. 007 mg/L	
103	瓶装水	甲苯	0. 07 mg/L	
104	瓶装水	1，2，4 - 三氯苯	0. 1 mg/L	
105	瓶装水	1，1，1 ACID	0. 005 mg/L	
106	瓶装水	1，1，2 酸	0. 005 mg/L	
107	瓶装水	三氯乙烯	0. 7 mg/L	
108	瓶装水	氯乙烯	0. 1 mg/L	
109	瓶装水	二甲苯	0. 1 mg/L	
110	瓶装水	硫酸盐	0. 005mg/L	
111	瓶装水	溴酸盐	1 mg/L	
112	瓶装水	绿泥石	0. 07 mg/L	
113	瓶装水	卤乙酸（五）（HAA5）	0. 20 mg/L	
114	瓶装水	总三卤甲烷（THM）	0. 005 mg/L	
115	瓶装水	氯胺	0. 005 mg/L	
116	瓶装水	氯	0. 002 mg/L	
117	瓶装水	二氧化氯	10 mg/L	
118	瓶装水	总α粒子活动（包括镭-226，但不包括氡和铀）	250 mg/L	矿泉水豁免该限量要求
119	瓶装水	来自人造放射性核素的β粒子和光子辐射	0. 01 mg/L	消毒副产品
120	瓶装水	铀	1 mg/L	消毒副产品
121	禽肉（以脂肪为计算基础）	多氯联苯	0. 06 mg/L	消毒副产品
122	全部或部分除胚的干燥磨制玉米产品（如：玉米渣、玉米粉，以干物质为基础的脂肪含量≥2. 25 %）	伏马毒素总量（FB1+FB2+FB3）	0. 08 mg/L	消毒副产品

表2(续)

序号	食品名称	污染物名称	限量	使用限制及备注
123	乳清	重金属（如铅）	4 mg/L	残留消毒剂
124	乳清蛋白浓缩物	重金属（如铅）	10 mg/L	残留消毒剂
125	乳制品（以脂肪为计算基础）	多氯联苯	10 mg/L	残留消毒剂
126	生产除猪、鸡、育肥牛以外的所有其他动物的饲料所用的粮谷及粮谷副产品中，建议这些粮谷及粮谷副产品在饲料中所占比例不超过40%	脱氧雪腐镰刀菌烯醇	15 pCi/L	
127	食品	黄曲霉毒素	按照每天摄入2升水计算，年度剂量相当于总体或任何内部器官每年4 millirems	
128	食品	钴-60或铯-137密封装置产生的伽马射线；由功率不超过10 MeV的机械源产生的电子；由功率不超过5 MeV的机械源产生的X射线，但本节4（a）许可的除外；由能量不超过5 MeV的机械源产生的X射线	30 mg/L	
129	食品	紫外线		
130	食品	锶-90	限量	使用限制及备注中文
131	食品	碘-131	3 mg/kg	
132	食品	铯-134 + 铯 m-137	4 mg/kg	
133	食品	钚-238 + 钚-239 + 镅-241	10 ppm	
134	食品	钌-103 +钌-106c	10 ppm	
135	双壳类软体动物	铬	1.5 mg/kg	
136	双壳类软体动物	砷	5 mg/kg	
137	双壳类软体动物	镍	20 μg/kg	
138	双壳类软体动物	镉	不超过1kGy（100 krad）	为了消灭节肢动物害虫
139	双壳类软体动物	铅	无臭氧生产：在真空或在惰性气体中辐照的高脂肪含量食品；辐照强度1W（of 2 537 A. radiation）per 5 to 10 ft. 2	用于控制表面微生物，辐射源由释放波长90%为253.7纳米低压汞灯构成
140	所有鱼	甲基汞	160 Bq/kg	导出干预水平
141	陶瓷扁平餐具（6个检测结果的平均值）	镉		

表2(续)

序号	食品名称	污染物 名称	限量	使用限制 及备注
142	陶瓷大盘（6个检测结果中的任何一个）	镉	限量	使用限制及备注中文
143	陶瓷器皿：杯子（6个检测结果中的任何一个）	铅	170 Bq/kg	导出干预水平
144	陶瓷器皿：扁平餐具（6个结果的平均值）	铅	1 200 Bq/kg	导出干预水平
145	陶瓷器皿：大盘（除大水罐，6个检测结果中的任何一个）	铅	2 Bq/kg	导出干预水平
146	陶瓷器皿：水罐（6个检测结果中的任何一个）	铅	(C3 / 6 800) + (C6 / 450) < 1 Bq/kg	导出干预水平
147	陶瓷器皿：小盘（除杯子，6个检测结果中的任何一个）	铅	13 ppm	
148	陶瓷小盘（6个检测结果中的任何一个）	镉	86 ppm	
149	未规定	丙烯酰胺	80 ppm	
150	未规定	二噁英	4 ppm	
151	喂养用于食品生产的动物的动物饲料成品（不包括下列动物饲料成品：浓缩饲料、饲料添加剂、饲料预混料）	多氯联苯	1. 7 ppm	
152	下述干燥或脱水的芳香型蔬菜产品，且当其仅用作小剂量香料或者调味料时：烹饪药材、种子、香料或用作调味而并不是当作蔬菜本身进行食用的蔬菜调味品，及上述产品的混合物。当姜黄和辣椒粉被用作色素添加剂时，也可被用于辐照。混合物可以含有氯化钠，此类混合物通常用于少量干食品成分	钴-60或铯-137密封装置产生的伽马射线；由功率不超过10 MeV的机械源产生的电子；由功率不超过5 MeV的机械源产生的X射线，但本节4(a)许可的除外；由能量不超过5 MeV的机械源产生的X射线	1 ppm	
153	小麦（仅在粉色谷粒中）	汞		
154	新鲜带壳蛋	钴-60或铯-137密封装置产生的伽马射线，由功率不超过10 MeV的机械源产生的电子，由功率不超过5 MeV的机械源产生的X射线	限量	使用限制及备注中文
155	新鲜的生菜和新鲜的菠菜	钴-60或铯-137密封装置产生的伽马射线，由功率不超过10 MeV的机械源产生的电子，由功率不超过5 MeV的机械源产生的X射线	0. 5μg/L	触发行动水平
156	新鲜或冷冻的甲壳类软体动物	钴-60或铯-137密封装置产生的伽马射线，由功率不超过10 MeV的机械源产生的电子，由功率不超过5 MeV的机械源产生的X射线	0. 25 ug/L	触发行动水平

表2(续)

序号	食品名称	污染物名称	限量	使用限制及备注
157	新鲜或冷冻的未煮的家禽产品，包括：(1) 9 CFR 381.1（b）中定义的“拟用于蒸煮的家禽”的屠体全部及部分（或其他部分）；(2) 机械分割的家禽产品（整个家禽屠体或其部分经机械去骨产生的分割物）	钴-60或铯-137密封装置产生的伽马射线，由功率不超过10 MeV的机械源产生的电子，由功率不超过5 MeV的机械源产生的X射线	0.5 ug/L	触发行动水平
158	新鲜食品	钴-60或铯-137密封装置产生的伽马射线，由功率不超过10 MeV的机械源产生的电子，由功率不超过5 MeV的机械源产生的X射线	3.0 ug/L	触发行动水平
159	已加工的谷物种子	汞	1 ug/L	触发行动水平
160	饮料	苯	0.5 ug/L	触发行动水平（ug/L 浸出液）
161	饮用水	苯	2 ug/L	触发行动水平
162	饮用水	紫外线	0.5 ug/L	触发行动水平
163	婴儿和儿童食物	多氯联苯	未规定	
164	婴儿和儿童用的镀银碟子（6个检测结果的平均值）	铅	未规定	
165	用来制作爆米花的干净玉米	伏马毒素总量（FB1+FB2+FB3）	限量	使用限制及备注中文
166	用于喂食大于或等于三个月的肉用反刍动物以及用来生产毛皮的貂的玉米及玉米副产品	伏马毒素总量（FB1+FB2+FB3）	0.2 mg/kg	
167	用于喂食马科动物及兔子的玉米及玉米副产品	伏马毒素总量（FB1+FB2+FB3）	不超过 30 kGy（3 mrad）	为了微生物消毒
168	用于喂食肉用家禽的玉米及玉米副产品（在饲料中的比例不超过50%）	伏马毒素总量（FB1+FB2+FB3）	1 ppm	CPG 578.400
169	用于喂食所有其他种类别的家畜及宠物的玉米及玉米副产品	伏马毒素总量（FB1+FB2+FB3）	不超过 3 kGy	为了控制沙门氏菌
170	用于喂食育种反刍动物、家禽以及貂的玉米及玉米副产品，包括产奶期的奶牛及产蛋期的母鸡	伏马毒素总量（FB1+FB2+FB3）	不超过 4 kGy	为了控制食源性致病菌和延长保质期
171	用于喂食猪及鲶鱼的玉米及玉米副产品	伏马毒素总量（FB1+FB2+FB3）	不超过 5.5 kGy	为了控制弧菌和其他食源性微生物
172	用于制作饼或糊的干净玉米	伏马毒素总量（FB1+FB2+FB3）	不超过 3 Kgy（300 krad）	为了控制食源性致病菌，使用的包装不排除氧气
173	用作人类食品、成品动物饲料、动物饲料成分的纸质包装材料	多氯联苯	不超过 1 kGy（100 krad）	为了抑制成长和成熟
174	鱼、贝、甲壳及其他水声动物（新鲜、冷冻或加工）	甲基汞	1 ppm	

表2(续)

序号	食品名称	污染物名称	限量	使用限制及备注
175	鱼和渔产品	麻痹性贝毒素	5 μg/L	
176	鱼和渔产品	神经贝类毒素	限量	使用限制及备注中文
177	鱼和渔产品	腹泻性贝类毒素	5 μg/L	
178	鱼和渔产品	雪卡毒素鱼类毒素	不产生臭氧；吸收系数每平方厘米0.19或更低；流量 100 gal/h per watt of 2 537 A. radiation；水深1厘米或以下；灯的工作温度36~46℃	消毒食品生产中使用的水；辐射源由释放波长90%为253.7纳米低压汞灯构成
179	鱼和渔产品	雪卡毒素鱼类毒素	0.2 mg/kg	
180	鱼和渔产品	原多甲藻酸贝类毒素	0.5 ug/L	触发行动水平
181	鱼和渔产品（不包括珍宝蟹的内脏）	记忆丧失性贝类毒素	3 mg/kg	
182	鱼类及贝类动物可食部分（鱼类的可食部分，不包括头、鳞片、内脏、不可食用的骨头）	多氯联苯	60 ppm	在饲料中的比例不超过50%，以干物质计
183	玉米、花生制品、其他动物饲料和饲料成分，但不含用于未成熟动物的棉籽粕	黄曲霉毒素	5 mg/kg	在饲料中的比例不超过20%，以干物质计
184	珍宝蟹的内脏	记忆丧失性贝类毒素	100 mg/kg	
185	猪的食用组织：未煮过的肝脏和肾脏	砷	10 ppm	在饲料中的比例不超过50%，以干物质计
186	猪的食用组织：未煮过的肉及副产品，不包括肝脏和肾脏	砷	30 mg/kg	在饲料中的比例不超过50%，以干物质计
187	猪胴体或新鲜且未经热处理的分割猪胴体	钴-60或铯-137密封装置产生的伽马射线；由功率不超过10 MeV的机械源产生的电子；由功率不超过5 MeV的机械源产生的X射线，但本节4(a)许可的除外；由能量不超过7.5 MeV，以钽或金作为目标材料的机械源产生的X射线		

表 3　　美国食品中微生物限量规定

序号	微生物名称	食品名称	使用限制及备注	采纳日期
1	大肠埃希氏菌	猪	判定阴性所有的基准研究方法的敏感度至少为 5 cfu/cm^2 畜体表面积	2009
2	大肠埃希氏菌	鸭	数据收集项目完成后，相应值将被加上。对于表中无 m/N 标准的产品，企业应用统计加工控制技术评估检测结果	2009
3	沙门氏菌	新鲜猪肉肠	执行标准是 FSIS 根据全国微生物调查项目数据计算出的针对生产品沙门氏菌全国流行情况的值。对于新鲜猪肉肠，在数据收集项目完成后，相应值将被加上	2009
4	大肠埃希氏菌	新鲜及冷冻蟹肉	直接查封的推荐标准	
5	大肠埃希氏菌	新鲜、冷冻或罐装蛤、贻贝及牡蛎进口产品	参考 Sec 560. 600 Compliance Policy Guide	2001
6	需氧菌平板计数	新鲜、冷冻或罐装蛤、贻贝及牡蛎进口产品	参考 Sec 560. 600 Compliance Policy Guide	2001
7	大肠埃希氏菌或粪大肠菌群	新鲜、冷冻或罐装蛤、贻贝及牡蛎国产产品	参考 Compliance Program 7303. 842	2001
8	需氧菌平板计数	新鲜、冷冻或罐装蛤、贻贝及牡蛎国产产品	参考 Compliance Program 7303. 842	2001
9	沙门氏菌	小公牛	执行标准是 FSIS 根据全国微生物调查项目数据计算出的针对生产品沙门氏菌全国流行情况的值。对于新鲜猪肉肠，在数据收集项目完成后相应值将被加上	2009
10	沙门氏菌类	所有鱼	参考 Sec 555. 300 Compliance Policy Guide	2001
11	大肠埃希氏菌	猪	判定阴性所有的基准研究方法的敏感度至少为 5 cfu/cm^2 畜体表面积	2009
12	大肠埃希氏菌	鸭	数据收集项目完成后相应值将被加上。对于表中无 m/N 标准的产品，企业应用统计加工控制技术评估检测结果	2009
13	沙门氏菌	新鲜猪肉肠	执行标准是 FSIS 根据全国微生物调查项目数据计算出的针对生产品沙门氏菌全国流行情况的值。对于新鲜猪肉肠，在数据收集项目完成后相应值将被加上	2009
14	大肠埃希氏菌	新鲜及冷冻蟹肉	直接查封的推荐标准	

表3(续)

序号	微生物名称	食品名称	使用限制及备注	采纳日期
15	大肠埃希氏菌	新鲜、冷冻或罐装蛤、贻贝及牡蛎进口产品	参考 Sec 560. 600 Compliance Policy Guide	2001
16	需氧菌平板计数	新鲜、冷冻或罐装蛤、贻贝及牡蛎进口产品	参考 Sec 560. 600 Compliance Policy Guide	2001
17	大肠埃希氏菌或粪大肠菌群	新鲜、冷冻或罐装蛤、贻贝及牡蛎国产产品	参考 Compliance Program 7303. 842	2001
18	需氧菌平板计数	新鲜、冷冻或罐装蛤、贻贝及牡蛎国产产品	参考 Compliance Program 7303. 842	2001
19	沙门氏菌	小公牛	执行标准是 FSIS 根据全国微生物调查项目数据计算出的针对生产品沙门氏菌全国流行情况的值。对于新鲜猪肉肠，在数据收集项目完成后相应值将被加上	2009
20	沙门氏菌类	所有鱼	参考 Sec 555. 300 Compliance Policy Guide	2001
21	结肠弯曲菌	乳制品	直接查封的推荐标准	2005
22	小肠结肠炎耶尔森（氏）菌或单核细胞增生李斯特氏菌	乳制品	直接查封的推荐标准	2005
23	葡萄球菌肠毒素	乳制品	直接查封的推荐标准	2005
24	沙门氏菌	肉鸡	执行标准是 FSIS 根据全国微生物调查项目数据计算出的针对生产品沙门氏菌全国流行情况的值	2009
25	大肠埃希氏菌	平胸鸟	数据收集项目完成后相应值将被加上。对于表中无 m/N 标准的产品，企业应用统计加工控制技术评估检测结果	2009
26	沙门氏菌	平胸鸟	执行标准是 FSIS 根据全国微生物调查项目数据计算出的针对生产品沙门氏菌全国流行情况的值。对于火鸡、雏鸟、平胸鸟类，在数据收集项目完成后相应值将被加上	2009
27	大肠埃希氏菌	牛	判定阴性所有的基准研究方法的敏感度至少为 5 cfu/cm^2 畜体表面积	2009
28	沙门氏菌	母牛/公牛	执行标准是 FSIS 根据全国微生物调查项目数据计算出的针对生产品沙门氏菌全国流行情况的值。对于新鲜猪肉肠，在数据收集项目完成后相应值将被加上	2009

表3(续)

序号	微生物名称	食品名称	使用限制及备注	采纳日期
29	大肠埃希氏菌	进口干酪及干酪产品	参考合适的符合性政策指南及进口预警信息，以获得进一步指导。如果无 CPG 或预警信息，通知 CFSAN/ DOEP 以获得进一步指导	
30	产肠毒素大肠埃希氏菌	进口干酪及干酪产品	参考合适的符合性政策指南及进口预警信息，以获得进一步指导。如果无 CPG 或预警信息，通知 CFSAN/ DOEP 以获得进一步指导	
31	产肠毒素大肠埃希氏菌（0157：H7）	进口干酪及干酪产品	参考合适的符合性政策指南及进口预警信息，以获得进一步指导。如果无 CPG 或预警信息，通知 CFSAN/ DOEP 以获得进一步指导	
32	金黄色葡萄球菌	进口干酪及干酪产品	参考合适的符合性政策指南及进口预警信息，以获得进一步指导。如果无 CPG 或预警信息，通知 CFSAN/ DOEP 以获得进一步指导	
33	组胺	金枪鱼、鬼头刀及其他鱼类	参考 Sec540. 525 Compliance Policy Guide	2001
34	大肠埃希氏菌	坚果肉	直接查封的推荐标准	2005
35	大肠埃希氏菌	坚果肉	采取法律行动的推荐标准	2005
36	产肠毒素大肠埃希氏菌	即食水产品（消费者仅需稍微烹煮）	参考 Compliance Program 7303. 842	2001
37	单核细胞增生李斯特氏菌	即食水产品（消费者仅需稍微烹煮）	参考 Compliance Program 7303. 842	2001
38	霍乱弧菌	即食水产品（消费者仅需稍微烹煮）	参考 Compliance Program 7303. 842	2001
39	副溶血弧菌	即食水产品（消费者仅需稍微烹煮）	参考 Compliance Program 7303. 842	2001
40	创伤弧菌	即食水产品（消费者仅需稍微烹煮）	参考 Compliance Program 7303. 842	2001
41	大肠埃希氏菌	鸡		2009
42	沙门氏菌	火鸡	执行标准是 FSIS 根据全国微生物调查项目数据计算出的针对生产品沙门氏菌全国流行情况的值。对于火鸡、雏鸟、平胸鸟类，在数据收集项目完成后相应值将被加上	2009
43	大肠埃希氏菌	火鸡	数据收集项目完成后相应值将被加上。对于表中无 m/N 标准的产品，企业应用统计加工控制技术评估检测结果	2009
44	大肠埃希氏菌	国产或进口身份的干酪及干酪产品	通知 CFSAN/ DOEP 以获得进一步指导	

表3（续）

序号	微生物名称	食品名称	使用限制及备注	采纳日期
45	产肠毒素大肠埃希氏菌	国产或进口身份的干酪及干酪产品	通知 CFSAN/ DOEP 以获得进一步指导	
46	产肠毒素大肠埃希氏菌（0157：H7）	国产或进口身份的干酪及干酪产品	通知 CFSAN/ DOEP 以获得进一步指导	
47	金黄色葡萄球菌	国产或进口身份的干酪及干酪产品	通知 CFSAN/ DOEP 以获得进一步指示	
48	产肠毒素大肠埃希氏菌	干酪及干酪产品	采取法律行动的推荐标准	2005
49	沙门氏菌	肥猪肉	执行标准是 FSIS 根据全国微生物调查项目数据计算出的针对生产品沙门氏菌全国流行情况的值。对于新鲜猪肉肠，在数据收集项目完成后相应值将被加上	2009
50	大肠埃希氏菌	鹅	数据收集项目完成后相应值将被加上。对于表中无 m/N 标准的产品，企业应用统计加工控制技术评估检测结果	2009
51	大肠埃希氏菌	雏鸟	数据收集项目完成后相应值将被加上。对于表中无 m/N 标准的产品，企业应用统计加工控制技术评估检测结果	2009
52	沙门氏菌	雏鸟	执行标准是 FSIS 根据全国微生物调查项目数据计算出的针对生产品沙门氏菌全国流行情况的值。对于火鸡、雏鸟、平胸鸟类，在数据收集项目完成后相应值将被加上	2009
53	沙门氏菌	除乳品外的所有食品	直接查封的标准	2009